教育魅力

——青年教师成长钥匙——

如果你想让一个孩子的生命有所不同，成为一位教师吧！

于漪 ◎ 主编

华东师范大学出版社

·上海·

图书在版编目(CIP)数据

教育魅力/于漪主编. —上海:华东师范大学出
版社,2013.3
ISBN 978 - 7 - 5675 - 0506 - 3

Ⅰ.①教… Ⅱ.①于… Ⅲ.①教师-修养-研究
Ⅳ.①G451.6

中国版本图书馆 CIP 数据核字(2013)第 060620 号

教育魅力
——青年教师成长钥匙

主　　编　于　漪
责任编辑　刘　佳
审读编辑　许环环
责任校对　赖芳斌
装帧设计　孙　震　陈军荣

出版发行　华东师范大学出版社
社　　址　上海市中山北路 3663 号　邮编 200062
网　　址　www.ecnupress.com.cn
电　　话　021 - 60821666　行政传真 021 - 62572105
客服电话　021 - 62865537　门市(邮购)电话 021 - 62869887
地　　址　上海市中山北路 3663 号华东师范大学校内先锋路口
网　　店　http://hdsdcbs.tmall.com

印 刷 者　浙江临安曙光印务有限公司
开　　本　787 毫米×1092 毫米　1/16
插　　页　2
印　　张　16.5
字　　数　278 千字
版　　次　2013 年 6 月第 1 版
印　　次　2024 年 11 月第 34 次
书　　号　ISBN 978 - 7 - 5675 - 0506 - 3/G·6330
定　　价　48.00 元

出 版 人　王　焰

目　录

高端访谈一^①

叶　澜　王厥轩

访谈者：叶澜　华东师范大学终身教授、博士生导师

采访者：王厥轩　原上海市教委教研室主任、研究员

王：您当教师多年了，教师与医生、律师、建筑师、工程师、作家相比，其相同之处在哪儿？不同之处在哪儿？在今天的条件下，您认为教师的使命是什么？

叶：教师、医生和律师、建筑师、工程师是不一样的。一类是跟物质生产相关，一类跟人相关。教师和医生，尽管都与人打交道，但医生的对象是人的身体，现在还增加了关注人的心理。医生在工作时，不会把为什么这么治病告诉你。作为教师，他关注儿童、青少年的精神世界及其整个生命的发展。这两者之间的差异是清晰的，不难区别。

今天教师的使命就是使学生能够适应这个变化的时代，活出生命的意义和价值，实现他自己的人生价值，以及对这个社会尽一个公民的责任。每一代的教师都会面对一个时代对教师使命的新要求，但教师使命也有一些不变的内容，那就是教师的事业始终是对人的一生负责任的事业。你给学生的东西是积极的还是消极的，是有益的还是有害的，是促进了他的发展还是阻碍了他的发展，教师要经常自问。尽管学生不完全被教师左右，但教师的教育会成为一种力量，可引导人前进和向上。一个教师有可能对儿童、青少年，对某一个人的发展变化留下深刻影响，让他在每一个前进的重要时刻会想到这位教师。这样的教师，就是在真实的意义上成了一位教师，而不仅仅是一

---

① 本次访谈于 2013 年 3 月 31 日在叶澜教授家中进行，由韩艳梅整理访谈录音，经叶澜、王厥轩修改、确认，最后成稿发表。

个知识的传递者，技能的教学者。

长久以来人们对教师认识上的一个偏差，就出在不把教师看作创造者，仅仅把他当作知识传递者。比如，教师上语文课，他的任务被认为就是教识字、读书、写字……教师往往也不把自己的工作当作是一种创造性劳动，故而总觉得自己低人一等。马克思讲得很深刻，只有创造性的工作才会有尊严。

今天我们特别强调认清教师的工作性质：他不是一个简单的传递者，他跟孩子一起创造他和他们的每一天的学校生活，也为学生的未来生活作创造。教师是丰富人生的很重要的工作。教师的创造还表现在"转化"上，他把人类的精神财富转化成学生个人成长的精神财富。这个转化也是教育的独特挑战与魅力。教师的创造性还表现在促使学生精神世界不断地丰富和完善，这样培养出来的新生代，就会与他的上一代不一样。这种代际传承与发展，本质上是把人类的知识与技能、精神，转化成个人的能力和精神的内存。这些东西内化在每一个不同的个体之中，而后，又会在社会实践中转化为促进人类社会发展的创造力。

我觉得教育事业和教育魅力一定要与创造联系起来。作为一个教师，如果只要求自己像蜡烛一样，成天勤勤恳恳地埋头苦干，以牺牲自己作为职业高尚的表达，而不是用一种创造的智慧去激发学生心中的精神潜力，那么工作对于他来说只有付出没有魅力，也难培养出有创造力的学生。教师是一种独特的创造性工作。你问我教师的魅力在哪里？就在于创造。

当然，教师的创造跟工程师的创造不一样，跟建筑师的创造不一样，跟作家也不一样。它是一种为了和直面人的生命发展的创造。这里面有"转化"的创造，教学工作自身还需要创造，从长远意义上，教学是让每一个生命具有创造的力量，也为社会的发展提供创造的永不枯竭的智慧源泉。我觉得在人类社会创造事业中，不能没有教师这个职业的创造性劳动。

王：中国长达数千年的封建社会，教师与官吏往往不分。到了近现代，教师才成为一种专业，但架构教育的是知识和思想，其背后是教人学做真人。您对当前"育分不育人"是怎么看的？它将对社会造成怎样的危害？

叶：这里涉及到第二个问题——近十多年来流行的一个看法：那就是把教师看作一种专业。教师专业化最早是美国提出的。简单而言，有两个不同的目的：一是为了改变教师地位,因为只有作为专业人员才能提升社会地位;二是为了作为一种专业人员的专业素养的提升。

现在许多人喜欢讲"提高教师的专业素养",我觉得不够。我不单提"教师专业发展",我提"教师发展"。教师作为一个专业人员,我们不怀疑。问题是,只强调教师的专业发展,是不是能造就一个优秀的、乃至合格的教师?教师自己作为一个全人的发展,也可能被忽视了。教师在学生面前呈现的是其全部的人格,而不只是"专业"。你的一言一行都在呈现你是谁,学生也在判断你是谁。学生对你有敬意或瞧不起,反抗或喜欢,都不是仅仅因为你的专业,而是你的全部人格。当然,没有专业是不行的,没有专业你连讲台都站不住。但是仅仅有专业,肯定也是不够的,重要的是教师作为整体的人的发展。

教师必须对自身的发展有认识,其中包括他对教育的理解,以及对教育责任的承担。中小学教师面对的是青少年,面对的是活蹦乱跳的成长中的生命,要有一种责任担当。学生的生命既是最柔软的,又是最脆弱的。有些东西一旦被打破了,很难再重新变得完美。所以青少年时期,老师留给他们是一些什么东西,会对其一生的发展有影响。一个人一辈子能够遇到一个好老师,是他的幸福。

在中国古代,教师受敬重,排位在天地君亲之后,也属"圣"之列。孔子就被称为"孔圣人"。孩子上私塾要向圣人、老师叩拜。对教师还有道德方面的高要求,那就是要"为人师表"。

在古代,有"书读百遍,其义自见"之说。它是有道理的。道理在哪里?古代的文言文,它是古代文人对世界及自我认识的一种文字表达方式,有很深的道理,也不同于口语。教书先生要孩子去理解,但孩子又缺少生活的体验和经历。为了将来考科举,学生又必须懂这些,那怎么办?就是你跟我读呀,背啊,多读几遍,内在的联系就慢慢浮现出来。这种方法是独特教育背景下的产物。古代对教育的理解,是以记诵为主的,是记诵之学。

这里就提出了一个问题,为什么到了近现代中小学教育还是如此强调记、背标准答案呢?近代科学知识大发展,大分化,出现学科化了。学科知识成了人类共同的知识,而不单单是地域的。当科学成为一种强大力量的时候,当科学分成了很多学科以后,这些知识就成了学习者必须掌握的,并被认为对他将来的生存有用,基础教育就成了儿童为未来人生做一种准备的事业。如何让学生达到对知识本身的记忆、熟练掌握其方法、技能，就成了学科教师的主要任务。教师往往因被自己的学科所占有，就忽视了教育人的任务。近代的教育学，大量强调的是把教育看作人类知识的传递，从上一代传到下一代。现在必须对教育这个概念有一个新的理解。

教师从事的是育人的事业，作为教师，首先要自己像人一样地活着，他才能对别人产生影响，一种使其成为人的影响。自己活得像个人，并不是说像一个圣人，而是说你很真实、很努力、有信仰，你在为这个信仰践行。教师也会有缺点，有时候也会有冲动，但只要你是真实的，你会冷静下来，孩子也会理解。所以我觉得跟人打交道，一定要做真人，不要去做一个假假的人。

"只育分不育人"是个太简单的事情。我觉得把"分"和"人"对立，是一种绝对两分的思维方式。抬高了"分"，把它与"人"等而视之，这是大误。其实教师真正的能耐是在育人的过程中，不难达到所谓的"分"的要求。如果有学校或教师宣称我只"育人"不"育分"，这不仅荒谬，家长也肯定不放心。因为现实世界不可能同意这样的观点：你教的学生考试是考不好的，然而你是个好教师。我一开始就不赞成把"应试"与"素质"对立的提法，这是两极化思维方式的产物。用这样的方式表达改革的目标，往往难以实现。教育不可能脱离现实的社会和当前的需求来完成改革。改革是一种超越，而非简单的否定。面对"育分"的畸形现实，我的回答是"育人"肯定能使他的"分"也上去，但"分"绝对不是教育的唯一目标，更不是终极目标。

我对长期以来批评"高考指挥棒"也有自己的看法，好像把基础教育的一切问题，一股脑儿用"高考指挥棒"造成的就能解释或解决；想用管住"出口"的方式，来改变整个教育教学的"过程"。一个孩子成长的过程这么长，他小学一年级与"高考指挥棒"之间有什么直接关系？高考的改革，不管是选拔式的还是鉴定式的，总归要通过测试。你不能把教师应承担的教育改革的责任，都交到改革高考方式、方法上。承担高考改革与承担中小学教育改革是两个不同的主体群，尽管这两件事相关，但他们各自承担的责任不能替代。

影响教育全过程的因素很多很多，绝对不只是高考出什么试题的问题。所以我说，我们可能抓错了源头。孩子从小到大要长十几年，孩子进小学的时候离高考还遥远。如果我们只强调高考改革了才能改革基础教育，这种说法会带来什么呢？中小学教师、校长可以说：你高考还没改好，我改革了会对不上你的高考，所以我没办法改革！其后果是中小学教育责任的承担者，可以对一个漫长的教育积累变化过程不着力去研究和承担责任,把希望寄托在别人身上,也为不改革找到了很好的理由。我不是说高考不要改,要改! 要指出的是,不能把基础教育改革的希望全都寄托到高考改革上。这也许是提出素质教育二十多年却进展不大的原因之一。

王:作为一名教师,您的幸福感是什么? 您在初当教师时感到的幸福,在壮年时,获取荣誉时感到的幸福,直到今天到了现在这个年龄感受到的幸福,其间有怎样的不同感受? 能讲讲原因吗?

叶:幸福,现在很喜欢讲幸福这个词。这个问题怎么说呢? 你对幸福的理解决定了你把什么当做幸福,你怎么去感受幸福。比如说你把胜利当做是幸福,那么遇到挫折的时候就一定感到不幸福;如果你把荣誉当做幸福,那么你得不到荣誉就不幸福。所以就个人而言,是你看重什么,你最在乎什么,什么就是你能感受到的幸福。从社会意义上来讨论幸福和从个体意义上来讨论幸福,那是两个概念。从社会的意义上,所谓让你有幸福感,就是起码应该为每一个公民的公平、自由与尊重等权利提供基本保障,这恐怕是社会要缔造的、让人感到幸福的一些基本要求。公平啊、自由啊、尊重啊等等,应该有的权利就不应该剥夺,这是从社会意义上来讨论。

王:我觉得这次十八大,把普世价值放到一个很重要的位置。其实西方教育也好、东方教育也好,都把自由、平等、公平、正义放到核心,我们过去都没有提普世价值。

叶:嗯,不大讲的。所以我说要区分:一种是从社会意义上来讨论幸福,就是社会怎么为每个人的人生提供幸福的保障。

作为个体的幸福观和作为教师的幸福观,其实是有相关性的。我更看重的是作为个体(我个人)的追求。我觉得这个最重要。其实教师只是一个职业,如果一定要问这个职业跟你的人生的关系是什么? 那么就是你的人生大量的时间是在这个职业中度过的。你的个性、你的独特性是在这样一个职业里面得到全面的呈现。尽管都叫教师,但是教师和教师之间是非常不一样的。很难说教师幸福观一定有一个统一的东西,我是这么看的。可能我这个人更看重做人,你自己的人生过得怎么样? 当然这个人生,因为你是教师,你的人生就跟学生联系在一起了。倘若你不懂得人生,你对学生的人生也会有许多不懂。

你若问我现在感到什么是幸福? 那就是能够给我很多的时间,让我看书,让我想问题,有空写书,最好你厥轩别来采访我,我就感到幸福了(大笑)。我很怕采访的,我很怕在媒体上露面,我是要到万般无奈的时候、非绑架着要上去的时候才上去一下。我的讲话往往不太符合他们期望的回答。不少媒体工作者总是要你能够说一下他们想要的、或者有什么亮点的东西。而生活中有许多很久远的,非常有味道的东西,是真滋味。真滋味未必就是那种唱啊、跳啊、闪耀啊那一类耀眼的东西,它不是这样的。人生的滋味是熬出来的。这个"熬"不是指"煎熬",而是慢慢的炖,积累、累积。到一定的程度时你就会悟出:噢,这就是人生! 所以不是那么简单的用一个幸福观就可规范我们的幸福感的。幸福感是不能被规范的。

至今为止,就自己从事的研究而言,我感到很幸福。近年来我还悟出,关于自己正在建设的"生命·实践"教育学中生命内涵的丰富。最初提出教育要关注"生命"时,只是针对不能把"人"当作"物",不要忘记人有生命,我们的教育却常常忘了这一点。另外,我们的教育,或强调德育,或强调体育,就是不善于在整体综合的教育活动中培育整体的人,用丰富的教育活动去培育多方面发展的人。我们习惯于把一个一个教育活动剥离开来,它本身就违背生命的真实存在状态。生命是不能割裂的。人在参加体育活动时,未必就是只有手和脚在动,而脑子不动,也没有感情,没有喜欢不喜欢。这不成了机器人了? 教育的难就难在这儿,它的任何活动都是综合的,你忘记了这一点,就一定搞不好教育。

这是我最初提出生命观的指向,强调了教育的综合性渗透,强调了活动的综合性渗透。现在也许是我年纪越来越大了,看东西有了更深的感受,最近悟出的是:教育对生命的思考不能只局限于人,还应包括整个自然界。凡是有生命的,我们都可以和它对话。我给你讲个故事:我们家有个小园子,我经常会去看其中花草树木的变化。以前在我的头脑中已形成了唯松柏、梅花等代表性植物能经历岁寒。以前我看我家的白玉兰树,每年也是落叶、开花再长叶,周而复始。去年秋天我有了一个新的发现,在叶子刚刚开始黄青的时候,花蕾已经孕育了。那是一个偶尔的机会,在阳台上发现的。以往秋季在我心目中,只是一个"落叶"的季节:多数叶子已变黄,少数还青着,枝干上的树叶日益稀疏,但没有掉完。花蕾的孕育就这样被观念的定式遮蔽了:我看到的只是叶,各种斑斓的、枯黄的、掉落的,未见的是明日将盛开,今天却不显眼的小不点式的花蕾。我悟出了一个道理:白玉兰的花,像梅花一样也经历冬季的风霜雨雪,凡春日绽放的花朵都经历过冬的严寒,这就是生命。我突然觉得我能够跟白玉兰沟通了,能够与大自然沟通了。心灵可以跟大自然对话,好开心。生命世界在我的心中更扩大了。

人是可以从各种生命变化中获得很多感悟的。

自此后,我开始拍摄我家的白玉兰的变化,一个阶段一个阶段地拍,抓住细节一张一张地拍。最早的枯叶,然后一点一点地慢慢地掉完;初始的花苞,毛绒绒;准备开,然后盛开;最后落完花瓣,仅剩一个小的花萼。后来新叶再生长,一片嫩绿,又一代的生命开始出生。拍白玉兰的整个变化过程,我真的很享受。其实每一个生命,每一个花蕾,从孕育到绽放都会经历一个很长的过程。这个幸福感,你没有经过观察、体验和感悟,是享受不到的。

王:《国家中长期教育改革和发展规划纲要(2010 - 2020 年)》第一次在国家文件层面提出"教育魅力"这个词。也就是一位好教师,既要有人格魅力,又要有学术魅力,对此,您能否做些评价?

叶:我刚才已经谈到了教育魅力。教育的魅力不只是要求好教师,而是每个教师都要坚信自己所从事的事业要求你去创造。教育的魅力是创造的魅力,是创造生命发展的魅力。

当然,这里又要有学术,又要有人格。人格,在我看来最根本的就是一个真诚。真诚是人格魅力的基础。不是说哪一种人格才有魅力,我是这样看的。还有一个很重要的,就是教师要帮助学生发展,逐渐培养学生关注自身的发展、成为有发展自觉的人。从这个意义上,教师应该是一个追求持续发展的人。他对这个世界永远有一种好奇,保持着发现的眼光,每逢遇到一个新的领域,他不是畏缩后退,而是积极地进入,去了解更多,包括他周围的世界也要经常去发现。这样的教师一定会让学生感到很有魅力,因为他经常会跟学生交流自己的研究与发现。

倘若我把刚才给你讲的白玉兰孕育的过程,它怎样经历风霜雨雪,怎么样被遮蔽,与学生交流,学生也许就会懂得:哦,我们不能只看到白玉兰绽放的美丽,而没有看到它孕育的艰辛。

教育的魅力恐怕不仅仅限于教师已形成的人格与学术,还有一个很重要的方面,教师应是不断追求自己生命的发展和完善的人,在帮助别人完善的同时不断发展和完善自己。这样的教师在我看来可能是比较有魅力的。我自己追求做这样的教师,这是一个与生命同在的无止境的过程。对人而言,我更关注你是一个怎样的人,而不是首先关注职业。其实职业的规范总是比较死板的,真正要使自己成为一个有魅力的教师,你应该是真诚的人,不断发现和创造的人。这样的人,一定会有魅力。

王:教师的生命是在三尺讲台上得以延伸,现在的课程改革已指向其核心,那就是课堂教学。自上个世纪六七十年代至今,我国已提出许多种课堂教学形态的改革,对此,您是怎么看的?

叶:我最近刚刚写了一篇文章《课堂教学过程再认识:功夫重在"论"外》,在《课程·教材·教法》杂志2013年第5期刊登,很长,大约2万-3万字。我觉得今天的课堂教学改革到了重建的阶段。现在可以说是五花八门,非常的丰富,多元是一件好事情,至少大家都在努力,都想有一些新的创造。当然也不乏只是为了提一些新口号而在那里摆弄的人。我认为真正好的重建就要对教学的基础性的问题有一个把握。目前是有点杂乱的"丰富",什么都在一个平面上呈现,恐怕还要梳理。要回到"教学是什么"这样一个根本的问题上去。我特别不赞成用"学习"来代替"教学",也不赞成用"课程"来代替"教学"。我在已经发表的文章中都已提到这些观点。在此不再多说了,有兴趣你可以去读这篇文章。

王:教育质量本质上是师资质量,您对抓教师队伍建设有些什么看法? 有些什么建议?

叶:我认为这是一个系统工程,教师队伍建设,至少包括职前和职后。从职前来讲,应该有对教师职业的重新理解,即:怎么样才能成为一个合格的教师,从合格到优秀是要有一个过程的,不可能一开始都以优秀教师的标准去要求。首先是有一个底线,高是无限的,越往高越个性化。

关键是对教师职业的理解,在这个理念的基础上再来提教师怎么培养,队伍怎么建设。

现在职前培养的问题很多,师范大学里也有培养问题。真正把教师的培养当一回事的大学校长现在也不多,操心多的是我们的大学排名在第几这一类的事。当然也有分管的副校长或教务长在抓,但从整体上看,最大的问题还是对应把教师培养成什么样的人的问题,没有认真想明白。

对师范生的培养,还有很多陈旧的观念,认为教师就是学点教学法,学点入门技巧,诸如普通话、粉笔字、毛笔字、钢笔字等,把这看成是教师的基本功。"三字一话"是要，但只是技能意义上的，对什么是教师职业更为根本的基本功，教师是谁，应该有怎样的品性，他的生存方式有什么独特性，作为一名当代合格教师应该具有什么等等根本问题，还缺少深入的研究。或者说在对教师职业的价值、教师职业的特点还没完全理解的情况下，就在那里培养老师。尽管说改革已很久，但是师范教育本身的观念改革恐怕远没有重视和认清。这种滞后就带来了整个培养方案设计中，价值取向、思维方式和系统结构存在的问题。

有人建议把免费师范生的名称改成公费师范生，我赞成。"公费"表明了国家对这个职业的重视，显出一份公职的庄重。目前，免费师范生有各种各样的动机，如有的为了将来谋职业，教师职业相对保险；有的冲着"免费"而来，有的只为了能上大学，自然还有不少是真的喜欢当教师。林林总总的想法都有它存在的理由。问题是师范教育怎么使学生对教师这个职业，哪怕他将来不当老师都有一份尊重，都有一个基本的认识。他选择不做只是可能觉得自己不适合，或者要做到这一点还需要很好的修炼自己，他不善或不愿意为此修炼。此外，职前教育还应对教育的价值观、对儿童的热爱，以及大学所教的基础素养方面，都形成一个较好的、可继续学习与发展的基础。职后再去补这些方面的缺失就晚了。

进入职场以后，真正促进教师的发展，是他对自己的实践，不断的研究、反思、重建，越来越对自己的工作有一个系统的、整体的、深刻的认识，知道怎么去做才是有意义和有效的。

现在我们花了很多的钱搞师资培训。首先我认为，承担师资培训的机构要有资质。其次，还要给教师选择的自由。行政机构不应规定教师必须在哪里培训。现在网络时代，交通也很方便，政府可制定关于培训的基本要求，学员从哪里获取由自己决定，到华东师大也可以，到上海师大也可以。现在的政策是培训跟着经费走，国家把经费给了谁，谁就有资格培训。其实国家、政府之所以给，不一定是因为它的培训实力最强，有可能是它跟政府之间存在隶属关系等等。

加强教师在日常实践中的研究反思，不断重建自己的教育生活。每个人的成长都要靠自己，靠外部是没有用的。外部只是一个影响，促进他，但是最终的变化，真正成长是个体的事情不是群体的事情。群体会成为一种力量，可以相互切磋，相互启发。但群体的教研研究活动不要搞形式主义，要真正的能够在研究当中实现共同发展。

对教师队伍建设有什么建议？我最想说的建议是：教师的工作量、教学的工作量要减轻,学校的编制要增加。不能只是从效率的角度来规定师生比,要从教师有时间再学习、再发展的意义上,综合考虑师生比。工作量减轻了,他才有时间去思考,去研究、讨论。现在的编制很满,班额又超过,特别是好一点的学校,常见五六十人一个班。稍微好一点的学校,教师工作排得满满的,负担很重。教师也要减负。减负不是叫他不要研究,减负是要减少工作量,加强研究。每年用这么多钱搞多层次培训但其中不少是重复式的培训,还不如把一部分经费拨到增加编制上,多增加一点编制,让大家有时间安排一点研修、讨论、学习。教师不是通过几次轮训就能成长起来的,关键是要使教师在工作中有思考,产生学习的需要,研究的需要。通过学习、研究有实现发展的感觉,然后越来越感受到工作本身的价值、吸引和魅力,这样他才会成长起来,而不是靠5年一次的轮训,然后大家都拿学分,以为拿了就完成培训任务了。钱多了怎么用?有些还扔到国外去了。

我觉得教师教育亟需综合研究,要关注和提升教师的日常教育、教学生活的质量,这个提升就是要把研究放进教师的日常工作中去。教师教育的经费投入与配置要为此服务,而不是只当作外加的一项工作,割裂地去做。尤其是一些先发展起来的、经济条件比较好的地区,在这方面敢不敢做一些大胆的改革,这是政府该干的事。政府如果不动编制规定,校长动不了。

现在我们做改革不乏好心,也急于求成。但是好心和着急都未必能带来好的结果。我们更需要研究,要讲究对事情内在规定性的把握。这些都把握不好,不知道教师到底怎么成长,什么对教师的成长才是有利的,怎么能建设好教师队伍呢? 真的,我看学校中教师静下来的时间很少,这是一个问题。没有静下来他怎么反思,怎么发展啊?

王:叶老师,我 20 多年前做您的学生,听您的课,武装了我的教育基本理论,懂得了思维的方法,对我这么多年的工作,产生了积极影响。我还从您的身上学到了怎样做人。也就是要独立思考,有独立的人格,为人刚正不阿,始终襟怀坦白,待人真诚,敢讲真话。

今天听了您的一番话,发现您在教育的理论与实践层面,想得更深、更透。我真的很想再听您的课,一直做您的学生。

高端访谈二^①

访谈者：张汝伦　　复旦大学哲学学院教授、博士生导师
采访者：王厥轩　　原上海市教委教研室主任、研究员

王：你当教师多年了，教师与医生、律师、建筑师、工程师、作家相比，其相同之处在哪儿？不同之处在哪儿？在今天的条件下，你认为教师的使命是什么？

张：因为我母亲是教师，从小对教师职业很在乎。之所以重视，因为教师与其他工作（比如建筑师、工程师等）不一样，是与人打交道的。教师的好与坏对学生的影响很大。尽管可能我的观察不一定对，现在的师生关系跟以前相比稍微淡一点。但是一个老师对学生的影响还是在那里。我觉得教师的工作一定不能马虎。

教师的使命始终是教书育人。帮学生找工作，不属于教师的职业范围。现在，上海许多高校把"就业"当作指挥棒，我不以为然。但也没有办法。教师要在教书育人上做出点什么，不能误人子弟。业务上要精益求精。育人就是教师在有些事情上要成为学生的榜样，绝对不能在负面上对学生有影响。

王：中国长达数千年的封建社会，教师与官吏往往不分。到了近现代，教师才成为一种专业，但架构教育的是知识和思想，其背后是教人学做真人。你对当前"育分不育人"是怎么看的？它将对社会造成怎样的危害？

张：到了近现代社会后，的确有相当多人，把教师仅仅看作是普通的职业。"教书"还是讲点的，但"育人"方面低了一点。尤其是高校，它没有班主任，老师有课去，没

---

① 本次访谈于 2013 年 3 月 10 日晚张汝伦教授家，根据访谈录音整理成稿。

课就不去。大学成了教师纯粹上班的地方，只要把课讲完就好，与学生没有过多交往。在这种情况下，育人功能就没有了。它对社会造成相当负面的影响。

我发现在大学，学生从少年变成成年人的过程中，有很多的问题。经常有学生说："张老师，我有话跟你谈。"现在大学里也有规定：教授有义务每周有一个小时要见见学生。结果发现，学生所谈很多不是学业上的问题，而是心灵上的问题。有的老师三下五除二就把他打发了，这样做不好。

现在的学校已经不是象牙塔了。它是一个社会，已经不那么纯洁。影响学生的都是社会上的一套东西，社会上的一套与自己的内心产生冲突，有了冲突学生就会找你谈。这时，你现身说法跟他谈最有效，比如：现代社会是追求学业，还是追求分数？将来找个好工作就拉倒？个人的生活生计与理想追求之间的关系如何处理？我就以自己为例跟他们讲，这样的交谈很有效。

学生在大学期间很需要老师的关心，因为他面临很多问题：家庭、社会、学业、个人前途等。中小学生对家庭处境、父母下岗等没这么敏感，可大学生不一样，他会非常敏感。感觉到自己慢慢长大，应该对家庭负点责。

我是讲哲学的。哲学要讲追求真理，也要对学生做些理想方面的引导。因此，教书育人是绝不可放弃的。现在整个社会处于转型期，市场原则越来越渗透到社会各个环节中，在这方面特别需要老师去引导学生。将来我们的社会怎样，取决于现在这些学校里的学生。如果他们不好，我们社会的前途就不妙。这是很明显的。

我在这方面比较自觉，我上《论语》导读课时，有的学生会泪流满面，为什么？很多学生在信中说："哭是因为老师上课的内容正是自己心里想讲的话，但以前没人对我们讲，一下子良心觉醒，感到震撼，觉得自己以前有很多事情做错了。"这也给了我震撼。不是说我们老师要做布道者，给学生说教，而是学生期望得到这样的东西。如果这个东西你不给他，那么他得到的就是社会给他的"唯我独尊"的东西。对于一个社会来说，它把社会完全给撕裂了。

我们今天大学的水平不高。外面有个错误的看法，总是把很多的问题认为是硬件上的东西，我觉得是软件上的问题。比如：教师的专业知识怎样，敬业程度怎样，这些都是没有人考核的。现在领导考核的是你上了多少节课，发表了多少文章，但是你在专业上是不是精益求精，你是不是每堂课都很投入，这些却不考核。我们跟别人的差距就在这里。我孩子北大毕业，现在在美国一所名牌大学留学。我让他比较：北大的教师和美国的教师有什么不同？他说，水平高低不去说它，敬业程度相差很大。比如，北大的文科老师一节课 40 分钟，有 20 分钟是在侃大山，跟主题没有关系。美国老师一上课就直奔主题，没有一句废话；第二，美国老师非常地投入。我扪心自问，现在每天有多少时间用在教学与科研上。再举个例子，我上世纪 90 年代在美国做博士后，有个美国朋友给我开个 party，各个系都有一些教授参加。下午五点半，party 结束。他让一个教授送我回家。我对美国朋友说："你也可以回家了。"他说不是，他还要回办公室，还说刚才那些教授现在都在办公室工作，这给了我很大震撼！

我们与国外名牌大学的差距很大。脑袋差不了多少，主要是敬业程度。要搞一流大学，现在往往看投入多少、建了多少……对自己专业精益求精的东西我们可能是缺乏的。有一次《文汇报》《哲学动态》采访我，问我："你到德国留学，最大的体会是什么？"我说："我最大的体会是明白了什么叫教授。人家做教授五年、十年可做到不重样，我们的教授可能一辈子教两门课就是一个教授了。"以复旦大学和哈佛大学来比较，教师总量已经相当接近，可人家的课程总量比我们多了 1000 多门。人家的教授尽可能开出各种各样的课程，让学生选择，而我们不是。又比如讲教授治校，我们有多少人在认真地治校？学生中出现厌学，有多少人在认真地关注？你可以去调查一下，图书馆有多少人在看书？借书率是多少？

讲到认真，再举个例子。我孩子在美国，他参加了许多学术会议。他发现很多美国数学界成名的人物，只要是一些新开发的领域，他会像学生一样，拿个小椅子坐着听，拼命记笔记。这在国内高校我从来没见过。别说白发苍苍的，就连 30 多岁的，只要他是副教授以上，他就不愿听别人的报告，不会觉得知识是学无止境的。这就是跟人家的差距。我觉得"教书育人"对一个教授来说很重要，他要让学生从内心佩服，他在做人上、在业务上都要成为学生的榜样。这个要求其实是很高的。

王：作为一名教师，您的幸福感是什么？您在初当教师时感到的幸福，在壮年时、获取荣誉时感到的幸福，直到今天到了现在这个年龄感受到的幸福，其间有怎样不同的感受？能讲讲原因吗？

张：一是学生觉得你货真价实。二是如果若干年后有个学生有了成就，他会想起曾经听过某某老师的课，让他很有收获。如果有这么一天的话，我觉得这是老师最大的幸福。老师要的回报就是"我以前的老师是这样教我们的，我今天也来这样教你"，我觉得这对老师来说是最大的幸福。

你的问题中有涉及教师的三个阶段：初当教师时、获取荣誉时、直到今天，其实，我倒是真觉得我的幸福一直是这样的。我升高级职称也好，当博导也好，真的也没太激动。第一，这个不值得骄傲，而且这个也很难说，究竟是怎么评的。假如你的学生20几年后，你已经忘记他，而他会打电话来告诉你，他在你的辅导下取得的成就，说起一生中有两个人对他影响很大，其中一个就是你。这时我会有成就感。这比自己获得荣誉更幸福。因为你影响了一个人，他对社会有更大的影响。曾经有学生问我：你最开心的是什么？我说：最开心的是，我的学生取得了成就。我觉得学生的进步（曾有一个学生在高校工作，整天在办公室看书、做研究，待人也好，学校上上下下的人都说他好，大家肯定地说这是张汝伦的学生）比我自己取得进步更开心。你有好学生，你的学生做得好，就让我觉得自己的工作没有白费，这是我作为一个教授的幸福观。

王：《国家中长期教育改革和发展规划纲要（2010—2020年）》第一次在国家文件层面提出了"教育魅力"这个词。也就是一位好教师，既要有人格魅力，又要有学术魅力，对此，您能否做些评价？

张："教育魅力"这个词没有错。一位好教师，的确既要有人格魅力，又要有学术魅力，缺一不可。一个外向型的、才气横溢、为人正派的教师一定有人格魅力。但我觉得大学生对一个教师的喜欢往往是由外到内的，时间长了，他会观察你，看你是否表里如一，言行一致。尤其是读研究生的学生。大一、大二的学生可能喜欢先声夺人的教师，大三、大四的学生会对教师有长期的观察，既看人格魅力，又看学术魅力。只有兼具两种魅力的教师，才会被别人从心底尊重。这也是我努力的方向。

王：教师的生命在三尺讲台得以延伸，现在的课程改革已直指其核心，那就是课堂教学。自上个世纪六七十年代至今，我国已提出许多种课堂教学形态的改革，对此，您是怎么看的？

张：我对这个问题有所保留。我不太知道中小学教育怎样。我们大学里若要评什么，都要在表格里填采取什么什么多媒体教学手段。我觉得对于小学生采取这种直观手段有帮助，但对大学里的老师来说更注重表达的内容，而不是图表视频等多媒体技术的运用。一个好老师，学生即便没有说话，就能从他们的表情中看出，学生对教师的表达是否理解，并随时做出调整，这是现在的多媒体无法关注到的。

教学是个活的过程，是师生互动的过程，哪怕你没有表面的问答，但心与心在交流。一个好的老师，一边讲课一边在观察学生的反应，然后不断作调整。教学是个非常灵活的事情，老师用的表达方式越生动、越多样，当然越好，千万不能机械。最坏的是现在有的老师拿个电脑去上课，让学生看录像，自己在那里打电话、喝茶，这样肯定有问题，学生45分钟学不到什么。老师必须不断调整自己的教案。为什么我的课有时学生会听一遍、听两遍？他们说我的每一次课都有新的东西加入。我说当然喽，我是人啊，我要根据每批学生的问题，以及考试的情况不断做调整，不可能固定下来，不然就有问题。

讨论课有几个前提，首先是师生配比。我们现在的教学改革不能流于形式，而要实事求是。还有，大学里许多的课无法讨论（像甲骨文，你叫学生怎么讨论甲骨文？），对这个问题我还是持保留的态度。我不相信人类两千年的教学经验都是过时的东西。其实，形式是次要的。一个好的老师，他可以根据学生情况，找到最合适的方式，他会根据学生人数多少等具体情况作调整。而我们现在过多的要求一些外在的东西，就如我自己。我觉得一个老师在学生当中的口碑，比那些奖状、证书更值钱。我承认，我对基础教育不太了解，但我也做过几年中学教师。我想：教小学生可以用一些生动的形式，但大学里主要是老师的表达，尤其是哲学，如何把抽象的东西用自己生动的语言准确地表达出来，这是对教师很大的考验，这是现代的多媒体等帮不了你的。

我很固执，前几年我都不让学生带录音笔，为了让学生养成记笔记的习惯。后来我知道，学生录音是因为我上课的东西太多，学生来不及记，会有损失。所以我现在也开放了，发现带了录音笔的同学，他们也在认真地记。这样我才同意。我觉得对教师教学方式的培养比使用多媒体更重要，因为教师是人。

王：教育质量本质上是师资质量。您对抓教师队伍建设有些什么看法？有些什么建议？

张：教育质量本质上是师资质量，讲得太对了！抓教师队伍建设第一要真抓，教师自身有惯性，他自己习惯的那一套，他不太愿意放弃。各级教师都这样。师资质量上不去，教育质量肯定上不去。有一次我参加中小学校长会议，四大名校的校长都来了，翁铁慧同志召集的。我就讲，能不能你们最精英的教师，每年有一个月进行业务培训,给他们把把脉,问题到底在哪里? 尽管他们是骨干,骨干也有提高的余地。后来,所有的校长都反对,说这不可能,因为学校里都很忙,尤其是那些骨干。但我觉得这是很有必要的。

我觉得校长一定要抓业务。我们现在吃亏就吃亏在校长不抓业务。比如说,20几年前,高校留一个助教是不能随便上课的。现在不行了,青年教师必须马上上课,因为你年轻,任何脏活累活都要干,他一点提高的时间也没有,纯粹是疲于奔命。"文革"前,复旦的留校教师必须要跟老教师多少年,等到你要上课时需要各个系的一把手都来听、一起诊断,然后再改,这样的话,一年两年以后再独当一面。而现在没有了,就是一个劳动力的概念。现在搞的都是些职称什么的,这个我并不反对,但你能不能抓一些实际的东西:业务提升、考核等,这对他们是一种帮助。现在复旦大学也开始搞一点,比如:青年教师教学比赛,但没有形成制度。如果有制度,就要有一些硬性规定,比如:刚毕业的留校博士不能马上上课,要经过若干个步骤,像做助教。像我现在找个接我班的人,我必须要求他先要跟我听个两三年课,知道我怎么上课、如何准备课,然后我还要听他的课,这样才能慢慢放给他。这个过程是一个积累的过程,他的眼界、视野都打开。这样的教师上课起点就高。

王:谢谢您启人深思的指导。听说您为学生开了一二十门课,每门课都有详细的备课笔记。课堂上听课不仅有选您课的学生,而且很多是未选该课的学生,还有本校、外校的老师。有时人满为患,有的学生只好坐在地上听课,可见您教课的魅力。教师是人生的导师,听说有位外系的博士生听了您的课已历几年,还写了一封长达一万多字的信给您,谈学问,谈人生,深为感人。由衷感谢您在教书育人方面作出的贡献。

第一章　时代呼唤现代教师具有教育魅力

　　人类社会已走过了 21 世纪的第一个十年。21 世纪是一个开放的、多元的、充满矛盾和变化的世纪,是一个高科技迅速发展的世纪,是一个知识层出不穷的世纪,是一个以和平与发展为主题、合作与激烈竞争并存的世纪,是中华民族伟大复兴、既面临挑战又存在重大机遇、成为世界强国的世纪。

　　民族复兴的基础在教育,教育发展的关键在教师。建设一支高素质的教师队伍,是一项伟大而又紧迫的战略任务,时代呼唤着具有教育魅力的现代教师。教育魅力是一种感染力、影响力。古往今来,从孔夫子到现代教育家蔡元培、陶行知,直到当代难以计数的优秀教师,无不具有独特的教育魅力——大爱无言,人格高尚,治学严谨,学识渊博,亲切善诱,富于创新,深受学生喜爱、给学生以巨大感染,让学生印象深刻,受益终身。站在新的历史起点上,在全面推动教育科学发展的新时期,从理论和实践层面,研究现代教师教育魅力的内涵、结构、传承、价值、功能、修炼,对于不断提升教师素养、满足人民对教育的需求,具有十分重要的意义。

一、世界教育正迅速发展

　　当今世界正处在大发展、大变革、大调整时期,世界多极化、经济全球化、文化多样化、社会信息化深入发展,特别是现代科学技术的进步日新月异,知识创造、知识更新速度大大加快,人才竞争日趋激烈,人才资源和创新能力越来越成为综合国力和国际竞争力的核心因素。正如联合国教科文组织在《学会生存》一书中所说的那样:"多少世纪以来,特别是发动产业革命的欧洲国家,教育的发展一般是在经济增长之后发生的。现在,教育在全世界的发展正倾向于先于经济的发展,这在人类历史上大概还是第一次。"也就是说,谁实现了教育的优先发展、人才的优先培养,谁就能在激烈的国际竞争中占得先机、把握契机、赢得主动。在上述背景下,各主要发达国家都非常关注以基础教育课程改革为核心的教育改革和以教师专业化为主题的教师发展。

1. 课程改革方兴未艾

课程是学生在校学习生活的总和，课程改革作为教育改革的核心，受到了各国的极大关注，普遍注重基础学习能力的提高、信息素养的养成、创造性与开放性思维的培养，强调价值观教育和道德教育，尊重学生经验，发展学生个性。

在21世纪的最初十年，美国、英国、澳大利亚等国都意识到国家面临的新问题：一方面，知识产业的比重在快速增长，国家亟需大量拔尖人才和知识产业劳动力；另一方面，中学毕业生的素质与社会的现实需求渐行渐远。对此，比尔·盖茨曾尖锐地批评："以今天的中学来训练明天的劳动大军，就如同靠一个使用了50年的老计算机来教育今天的孩子一样。"美国如此，英国和澳大利亚的情况也大致相仿。因此，如何保持国家的竞争力成为这些国家共同面临的严峻挑战。

2008年，美国著名教育智库"21世纪技能伙伴"发表了《21世纪的技能、教育及竞争力：资源与政策指南》。在分析未来十年全球竞争中美国面临的种种挑战后，提出了一个包含五个方面的学生素质培养框架。

"21世纪技能伙伴"的学生素质培养框架

核心学科知识	21世纪的素养	学习和创新技能	信息与媒介技能	生活与生涯技能
英语、阅读或语言艺术 外语 艺术 数学 经济学 科学 地理 历史 政府与民事	全球意识 财政、经济、商务与创业素养 民事素养 保健素养	创造与创新技能 批判性思维 问题解决技能 沟通与合作技能	信息素养 媒介素养 信息科技素养	灵活性与适应性 主动性与自制力 社会及跨文化技能 生产力与有效性 领导力与回应性

资料来源：冯大鸣，《学校特色创建的国际走向——基于美、英、澳相关实践的考察》，载《教育发展研究》，2010年第6期。

这一框架，对学生的核心学科知识、国际意识、创新技能、批判性思维、信息素养、生活经验等提出了很高的要求，旨在全面提高学生适应未来的能力。

2. 教师素养备受关注

早在20世纪80年代，欧美等发达国家为迎接21世纪的教育就把目光聚焦于教师的专业素养。1983 年,美国公布了名为《国家处在危险中》的联邦报告,使得公众对美国教育状况更为关注,引发了一系列教育改革措施。人们逐渐意识到美国想要拥有世界一流的学校,就必须拥有世界一流的教师队伍。1986 年,卡内基"教育作为一种专业行业"工作小组发布了题为《国家为培养 21 世纪的教师做好准备》的报告。该报告的核心是呼吁建立全国专业教学标准委员会来提高教学质量。1987 年,全国专业教学标准委员会(NBFP3,以下称全国委员会)建立,该委员会是非营利性的私人机构,由有经验的教师、管理人员、立法者、商业人士以及教师教育工作者组成,其宗旨是使教学专业化,认证中小学优秀教师。1989 年,全国委员会发布了政策文件《教师应该知道什么,应该能够做什么》,作为所有优秀教师认证标准的基础,该文件提出教师除了要具有广博的学科知识以及与教学相关的学生发展方面的知识外,还突出了专业判断力、应变能力、就目标和方法途径与人沟通的能力。也就是说,全国委员会提出教师个人的基本素质、精湛的专业知识技能、专业态度以及敬业精神是优秀教师行业的标准。为确保教育质量,美国绝大部分州采用了在美国影响力最大的"美国专业教学标准委员会"制订的教师评价标准,得到美国 49 个州、500 多个学区和众多地方教育局的立法认可。

随着课程改革的深入推进,人们对教师的专业素养更为关注,提出了更高的要求。美国将加强教育作为提高竞争力的基础,把教师队伍作为教育改革成功的关键,始终关注教师教育改革。最近,美国总统奥巴马的"国情咨文"引起世界关注,其中有一段话:"正在考虑职业选择的年轻人,如果你想让我们国家前途有所不同,如果你想让一个孩子的生命有所不同,成为一位教师吧。"从中可以体会到教师的实力决定了教育的未来。英国为了提升中小学师资水平和专业素质,规定从 2010 年开始,教师资格证书必须每 5 年更新一次。新的师资培训计划将于 2012 年 9 月开始,得到一等荣誉学位的大学毕业生有机会得到高额财务补助,参加师资培训。英国教育大臣迈克尔戈夫说:"如果我们要有世界一流的教育,就必须吸引最佳的人才接受师资培训。"从 2009年开始,日本教师资格证书每十年更新一次,教师在完成规定的进修之后,还需要接受使命感、人际关系能力、对学生的理解力、对所教学科的专业知识、学科的指导能力等五项指标的资质考核评价。世界教育趋势告诉人们,谁赢得了教师,谁就赢得了未来。

教育创造未来,平凡孕育奇迹。获得美国总统国家艺术奖的雷夫·艾斯奎斯老师就是一个杰出的代表,他在同一所学校的同一间教室,年复一年地教同一个年龄段的学生长达二十多年,获得的荣誉不计其数,给他提供捐助的人也不计其数。他的事迹轰动整个美国,而且还被拍成纪录片,他的著作《第 56 号教室的奇迹》成为美国最热门的教育畅销书之一,但他仍然坚守在他的"56 号教室",证明着一个人能够在最小的空间里创造出最大的奇迹。第 56 号教室的孩子大多家境贫困,来自移民家庭,英语也不是他们的母语,这些似乎注定平凡的学生,却在一个充满爱心与智慧的老师的培养下,全国测试成绩高居全美前 5％,他们长大后纷纷就读于哈佛、斯坦福等顶尖大学,并取得不凡成就。这一切奇迹的缔造者就是——雷夫·艾斯奎斯老师。这位心灵导师,教给学生一生受用的技巧,努力塑造学生的人格与信念。他用简单而有效的教育方法,将理论和实践完美结合,"终身阅读"、"亲手劳作"、"以运动为本"等课程不仅可以在课堂上实践,而且在家庭教育中也同样实用。雷夫老师感动了美国社会,教师职业的确是一项非常特殊的职业,选择这项职业,意味着教师的众多放弃和倾其精力的奉献。当然,其所收获的成就感也是其他任何职业所无法达到的。

二、我国教育迈入由大到强的新征程

1. 从教育大国到教育强国

教育兴则人才兴,人才强则国家强。新中国成立以来,党和国家始终高度重视教育。经过六十多年特别是改革开放三十多年的不懈努力,中国教育事业取得了举世瞩目的伟大成就,开辟了中国特色社会主义教育发展道路。13 亿人口的发展中大国实现了基本普及九年义务教育的世纪梦想,完成了高等教育大众化的伟大跨越,取得了职业教育发展的重大突破,不断推进了教育公平,稳步提高了教育质量,建成了世界最大规模的教育体系,保障了亿万人民群众受教育的权利,实现了从人口大国到人力资源大国的转变。

2010 年 9 月,党中央、国务院召开新世纪第一次全国教育工作会议,发布了《国家中长期教育改革和发展规划纲要(2010—2020 年)》,站在国家战略高度,描绘了未来教育改革发展的宏伟蓝图,指明了教育率先发展、科学发展的方向,开启了从教育大国到教育强国、从人力资源大国向人力资源强国迈进的历史征程,丰富和发展了中国特色社会主义教育理论体系,必将成为中国教育改革发展历史上的里程碑。现在,规划纲要提出的指导思想、工作方针、战略目标、战略主题、主要任务以及体制改革和保障举措正在得到有序落实,各项改革试点工作已经落实并逐步推广。

2.《中华人民共和国教师法》标志教师队伍建设走上了法制化、规范化的道路

教育立法是现代教育的特征,也是现代教育机制正常运转的基础,是实现教育强国的根本保证。纵观教育的历史发展,以及世界各国的现代教育,都是依靠法制手段而建立,依靠法制手段的健全而巩固和发展。我国于 1993 年 10 月 31 日经第八届全国人大常委会第四次会议审议通过,并于 1994 年 1 月 1 日起施行的《中华人民共和国教师法》,是新中国教育史上第一部专门为教师制定的法律,共 9 章 43 条,对教师队伍建设有了明确的规定,在教师的权利与义务、教师的资格和任用、教师的培养和培训、教师的考核和奖励以及教师待遇等问题上有了内容详尽、程序严谨且科学的规定。这标志着我国教师队伍建设走上了法制化、规范化的道路,进入了一个新的发展阶段,为我国教师工作提供了法律依据和法律保障,具有其他法规不可替代的作用。

《中华人民共和国教师法》总则规定:"教师是履行教育教学职责的专业人员,承担教书育人,培养社会主义建设者和接班人、提高民族素质的使命。"高度概括了教师职业的专业性和教师劳动的特殊性,对于保障教师的法律地位具有重要意义。

(1)教师职业的专业性

确认教师职业的专业性,推进教师专业化进程,一直是有关国际组织和各国政府努力的目标,也是世界各先进国家提高教师质量的共同战略。早在 20 世纪中叶,1955 年世界教师专业组织率先研讨了教师专业问题,推动了教师专业组织的形成和发展。1966 年国际劳工组织和联合国教科文组织提出的《关于教师地位的建议》,则首次以官方文件形式对教师专业化提出明确说明。它提出:"应把教育工作视为专门的职业,这种职业要求教师经过严格地、持续地学习,获得并保持专门的知识和特别的技术。"三十年后,这一原则在国际劳工组织和联合国教科文组织的同名文件中再一次得到重申。

新中国成立以来,尤其是改革开放以来,随着教师队伍的不断发展以及社会发展对教师质量要求的不断提高,人们对教师职业专业性的认识逐步深入,《教师法》明确规定教师是"专业人员",这是我国第一次以法律形式认定教师的职业性质,具有里程碑意义。

教师职业的专业性,是指教师职业的性质是履行教育教学职责的专业人员,教师职业具有自己独特的职业要求和职业条件,有专门的培养制度和管理制度,具有不可替代性。正因为教师是专业人员,从事教师职业必须具备一定的资质,《中华人民共和国教师法》明确规定了教师资格认证制度，并将打破终身制，定期进行考核，这有利于提高教师队伍的整体素质，吸引优秀人才加入教师队伍，在社会上形成尊师重教的良好风气，促进教师不断加强学习更新知识，提高自身专业素养。

教师专业既包括学科专业性，也包括教育专业性。教师专业发展是一个持续不断的过程，是一个不断深化的过程。教师职业有自己的理想追求，有自身的理论武装，有自觉的职业规范和高水平的技能技巧。教师应有专业自觉，不断加强专业学习和实践探索，钟情于此，乐此不疲，使职业学习贯穿终身，历久弥新，而这恰恰是教师魅力的体现。

（2）教师劳动的特殊性

教师劳动的特殊性，是指教师职业的特点，教师工作区别于医生、律师、建筑师等其他行业工作的特点，即教师职业是通过教书育人来完成培养社会主义建设者和接班人、提高民族素质的崇高使命。

"教书育人"四个大字，集中体现了教师的神圣职责，教师的基本任务就是既要向学生传授科学文化知识，又要培养学生的道德品质，使学生成为德智体美劳全面发展的一代新人，促进社会主义现代化事业持续不断地向前发展。这是教育的原点，是教师的根本任务。教师不仅是知识的传递者，而且是道德的引领者，思想的启迪者，心灵世界的开拓者，情感、意志、信念的塑造者；教师不仅需要知道传递什么知识，而且需要知道怎样传授知识，知道针对不同的学生采取不同的教学策略。正如《学记》所说："君子既知教之所由兴，又知教之所由废，然后可以为人师也。"

使命是一种承担、担当。人是要有点精神的。有了精神、有了信仰，就能像于漪老师说的那样："生命与使命同行"。康德在其名著《论教育学》中，开宗明义指出："在世间万物中，人是唯一需要教育的一种存在"。按康德的看法，人之外的动物只需以本能的方式来运用他的天性，无需像人那样经受教育的过程。在此意义上，也可以说，教育使人与其他存在（包括动物）区分开来。也就是说，教育以"使人成其为人"作为它的内在指向，它的使命就是"人的完成"。所谓"人的完成"，一方面意味着使人成为具有社会品格的人或"社会意义上的人"；与之相联系，另一方面，教育也是使人成为文化意义和文明意义上的人的前提和必要条件。教师职业的最大魅力就在于用自己的言行为榜样影响学生，是用人类的知识启迪学生，是用远大理想服务社会引领学生，为学生的终身发展和幸福奠基。正如约翰·施拉特所说："我是劳动者中最幸运的人。医生是将生命带进世界的引导员,而我每天都可以看到生命的变化,看到一个个日臻成熟和美好的生命;建筑师可以匠心独运,将一栋大厦耸立几个世纪而仍然巍峨壮观,而我用爱和真理所创造的却可以一代又一代地永久地传播下去。"这就是教师的魅力所在,教师通过自己创造性、专业性的劳动,塑造具有意义的生命个体,传承知识、文化,同时建构自身生命的价值。

《中华人民共和国教师法》界定了教师的权利和义务,二者是相互依存、辩证统一的关系,教师既是权利的享受者,又是义务的承担者。教师要充分享用其中规定的权利,又要积极承担其规定的义务。这一切,都是为了充分发挥教师专业、教书育人、承担使命的作用,正是在这样的过程中,我们能真正成为一个有理想的教师,一个有尊严的教师,一个有魅力的教师,一个幸福的教师。

3.《国家中长期教育改革和发展规划纲要(2010—2020 年)》对教师素养提出了新要求

教育大计,教师为本。教师是教育事业科学发展的第一资源,是推动教育事业改革发展的最重要力量。有一流的教师,才有一流的教育,才能建成一流的国家。《国家中长期教育改革和发展规划纲要(2010—2020 年)》将"加强教师队伍建设"作为独立章节,提出要"提高教师地位,维护教师权益,改善教师待遇","严格教师资质,提升教师素质,努力造就一支师德高尚、业务精湛、结构合理、充满活力的高素质专业化教师队伍"。强调要加强教师职业理想和职业道德教育,增强广大教师教书育人的责任感和使命感。教师要关爱学生,严谨笃学,淡泊名利,自尊自律,以人格魅力和学识魅力教育感染学生,做学生健康成长的指导者和引路人。要鼓励教师和校长在实践中大胆探索,创新教育思想、教育模式和教育方法,形成教学特色和办学风格,造就一批教育家,倡导教育家办学。

4.《教师专业发展标准》成为教师发展指南

为了建设高素质的教师队伍,借鉴国际经验,充分考虑我国的现实国情和教育发展的需要,教育部近期又研究制订了中小学、幼儿园《教师专业发展标准》(试用),主要有四个特点:一是突出师德要求,要求教师要履行职业道德规范,增强教书育人的责任感和使命感,践行社会主义核心价值体系。二是强调学生主体地位,要求教师要尊重学生,关爱学生,充分发挥学生的主动性,为学生提供适宜的教育,促进每个学生积极主动、生动活泼地发展。三是强调实践能力,要求教师要把学科知识、教育理论与教育实践相结合,不断研究、改善教育教学工作,提升专业能力。四是体现时代特点,要求教师要主动适应经济社会和教育发展的要求,不断优化知识结构,不断提高文化修养,做终身学习的典范。《教师专业发展标准》的研制,既是符合国际上教师专业化发展的潮流和趋势,又是明确教师专业素质要求的迫切需要,对于建立教师专业标准体系,严格实施教师准入制度,对于提高教师队伍整体素质,提高教师教育质量,促进义务教育均衡发展和教育公平,都将发挥重要作用。

三、上海教育站在新的历史高点

1. 上海率先基本上实现了教育现代化

上海教育历经百年积淀,伴随新中国的建设和发展,实现了持续进步,改革开放更是使上海教育充满了生机活力,进入新世纪以来率先基本上实现了教育现代化。上海作为中国国际化程度最高的大都市,向世界贡献了破解教育优质均衡这道世界性难题的"本土经验",在经合组织的国际学生评估项目(PISA 测试)中,上海学生的阅读、数学和科学三项指标均列全球 65 个国家和地区之首,上海教育被推向世界聚光灯下。

2. 上海教育发展和人力资源开发水平要迈入世界先进行列

教育是关系上海未来发展最重要的基础。世界各国各地区发展的成功经验都充分证明,谁重视教育,谁抢占了教育发展的先机,谁就能占领创新的制高点,谁就能赢得未来的竞争。《上海市中长期教育改革和发展规划纲要(2010—2020 年)》面对上海教育现实,全方位、多层次、穿越时空,寻觅和把握上海教育可持续发展的规律,绘就了上海教育事业未来十年科学发展的蓝图。到 2020 年,上海将率先实现教育现代化,率先基本建成学习型社会,每个人的发展潜能将得到激发,教育发展和人力资源开发水平将迈入世界先进行列。

江河汇流,海纳百川。上海教育已经站在了一个历史的高点,正处于重大战略突破的关键期和攻坚阶段,基础教育将实现"五大转型":

首先,在教育价值观上,要从过度追求功利价值转向追求教育对人的幸福和发展本原价值的尊重和回归。

其次,在教育质量评价上,要从过度依重学科知识成绩,转向全面评价学生综合素质和个性特长发展,建立和完善全面的质量标准。

第三,在学生培养模式上,要突破高度统一的标准化模式,更加注重需求导向的个性化、多样化的培养。

第四,在教师专业成长上,要克服单纯强调掌握学科知识和教学技能倾向,更加注重教师教育境界和专业能力的提升。

第五,在教育管理方式上,要从单纯依靠行政手段,转向更加注重思想领导和专业引领。

3.《上海市中长期教育改革和发展规划纲要(2010—2020年)》对教师素养的新要求

为了创新上海教育,打造国际一流教育强市,《上海市中长期教育改革和发展规划纲要(2010—2020年)》提出了"建设高素质的教师队伍"的战略任务,要求"注重每个教师的发展,建设一支德才兼备、富有创新和实践能力的教师队伍,努力造就一批教育家。"建设高素质的教师队伍,是实现上海教育创新驱动、转型发展、内涵提升的根本动力和保障。

四、现代教师的崇高使命

百年大计,教育为本。国家兴盛,教育为先。教育兴则国家兴,教师强则民族强。教育承载了社会进步、民族振兴的希望,是提高国民素质、促进人的全面发展的根本途径,寄托着亿万家庭对美好生活的期盼。在建设人力资源强国、人才强国和创新型国家的进程中,教育使命光荣,教师责任重大,面临新的机遇和挑战。

1. 回归教育本真:教师要做学生的引路人

教育是什么? 教育的本质是培养人的活动。古希腊哲学家在《理想国》中就曾借苏格拉底之口,用"洞穴中的囚徒"为隐喻,说出了教育的真正含义。教育是把人的灵魂、精神引向真理世界,从黑暗引向光明。朱熹认为教育最主要是教会别人善于为学,教师要"做个引路的人"。这个"引路",应该不只是知识学习上的引导,更应该是精神世界的引导。正如爱因斯坦所说,只用专业知识教育人是非常不够的。通过专业知识,他可以成为一种有用的机器,但不能成为和谐发展的人。要使学生对价值有所理解并且产生热烈的情感,那么最基本的是,他必须获得美和道德上的辨别力。

回归教育本真,就是要回归"人的发展"原点,要关心每一个学生的成长。正如联合国教科文组织环境人口与可持续发展教育委员会所指出的:"一切教育活动都是为了学生的成长和发展,为了孩子一生的幸福。"顾明远先生认为,让每个孩子都健康快乐地成长，就是要关注全体、关注每个孩子；要关注质量，让教育按照儿童成长规律来发展、使孩子实现符合科学教育质量观要求的全面、协调、可持续的发展；要关注过程，关注教育的整体育人和孩子们的快乐体验，引导学校研究学生，推进课堂满足不同孩子的不同需求，追求学校的特色和内涵发展。有生命的存在而后有教育，使生命实现最优发展，使生存获得最佳状态，是教育的本质意义。教育的目标和任务就是要使受教育者获得生动活泼的发展，成长为德、智、体、美等方面素质优良的社会公民。教育最根本的价值是促进学生全面健康成长，让教育回归本原，将育人作为一切教育活动的中心，这一理念始终是教育的根本宗旨。

教育的本真是育人，然而当今教育却出现一些乱象，譬如"绿领巾"，譬如体罚，譬如以考分排座次、以优劣分班……重分轻人，以致有的学生厌学，甚至轻生，还有些学生"有文凭，没文化"，被称为"高学历的野蛮人"。对于这种状况，不少教师十分忧虑，说："陆谷孙先生是外语专家，他说现在大家对外语极其重视，但最缺的不是外语高层人才。缺什么？缺文化。""有次会上，我遇见了一位作家，谈到文化时，他说有位英国作家对他说，别看什么高学历，其中不少是高学历的野蛮人。这句话很深刻。为什么有高学历的野蛮人呢？看来此人缺了文化教养，缺了人类文明。"

什么是"文化"？　英国文化人类学家艾德华·泰勒在其 1871 年出版的《原始文化》一书中，首次把文化作为一个中心概念提出来，并且将它的含义表述为："文化是一个复杂体，它包含知识、信仰、艺术道德、法律、风俗以及其余社会上习得的能力与习惯。"此后，学术界关于文化的界说众说纷纭，至少 200 多种，可以看出人们对文化本质的关注。

一般认为，文化是人类创造的一切物质财富和精神财富的总和。认识"文化"，关键在于把文化的本质与文化现象和文化载体作适当的区分。"文化不是具体的规范形态的组合体，不是各种具体制度本身，也不是文学、艺术、哲学等具体意识形态的组合体，不是各种文化部类，文化是隐藏在这些现象背后的东西，即人们的价值取向、审美情趣、思维方式等方面的特点。"①

从这一界定，人们不难看出，有些人虽然也在学校念过几年书，甚至读到大学，之所以被看作是"没文化"、"高学历的野蛮人"，是因为缺乏正确的价值观、人生观，缺乏

---

① 李道中：《建设有中国特色的社会主义文化》，青岛出版社 1993 年版，第 14 页。

一定的审美情趣,缺了人类文明、人文精神的熏陶。这种现象在有些青少年身上并不少见。《文汇报》2008 年 7 月 31 日报载:一名在校的大二学生,得知两位好友在今年高考中均得到了 510 以上的高分,便在一家饭店祝贺畅饮,酒后发现一男青年正在路边小便,即上前对其大骂,看到男青年不吱声,身上还穿了件很漂亮的 T 恤衫时,竟产生了抢劫的念头,三人手持砖头和木棍命令男青年脱下 T 恤衫,掏出裤兜内所有的东西。随后三人抢走男青年的一部手机、500 元现金。被抢的男青年随即报警,警方后在一网吧内抓获三人,现已被检察院起诉,自毁了前程。这真令人感到惋惜、痛心。一个人缺了文化,就容易"剑走偏锋",误入歧途,不仅对社会和公民造成危害,给本人及家庭也都造成了损失。究其个人原因,是缺乏正确的价值观、人生观,缺乏一定的审美情趣,缺了人类文明、人文精神的熏陶。以此反思教育,不能不说教育存在着缺失,应当引起我们的高度重视。

德国哲学家康德曾说:"愚昧的人之所以区别于聪明的人,根本在于他不具有判断力。"人生活在社会中,之所以能抵御多种多样的诱惑,文化价值观和文化判断力往往起决定性作用。教师要学做人师,教师的责任和使命就是要引领学生成为全面发展的人,这是教育的根本任务,是关系祖国、民族未来的百年大计,是教师肩上的神圣使命。2007 年,78 岁高龄的于漪老师在新教师宣誓大会上做了一个简短而丰富、热情而隽永的讲话,敞开心扉,对青年教师寄予了高度的信任,给了热情的鼓励,提出了殷切的希望:"人一辈子总是要面对选择,选择教师,就是选择了高尚。教师事业是兴国大业,是真善美的事业,为中华民族的伟大复兴广育英才,是人生智慧的闪光,是生命意义和价值的不懈追求。教师双肩挑着千钧,责任重大,一肩挑着学生的现在,一肩挑着祖国的未来,因此,努力提高自己的精神境界和学识修养,是教师职责的首要任务。"

育人先育己,育人要育心,要让社会主义核心价值观根植于学生之心。教师首先应该是文化人,是个大写的人,是人格完善的人,这样才能成为学生的引路人。教师如果没有"文化自觉"和"文化自信",怎么能要求我们的学生呢? 要使学生有文化,教师首先应该是文化人,从民族优秀文化和人类进步文化中吮吸养料,不断增强文化自觉。要用自己的人格魅力和学识魅力感染学生,以平等态度对待学生,以高尚情操熏陶学生,做学生的良师益友,教书育人方能如春风化雨,为学生的终身发展奠基。

2. 投身课程改革:教师要做开拓创新者

新一轮基础教育课程改革经过试验、推广,已进入深入实施阶段。为了中华民族的伟大复兴,为了每位学生的终身发展,新一轮基础教育课程改革不只是重新编写一套教材,不只是课程内容的调整,而是一场教育观念的更新,人才培养模式的变革。以德育为核心,以培养创新精神和实践能力为重点,整个改革涉及课程目标、课程结构、课程内容、学习方式、课程评价、课程管理,涉及教师角色、教学行为、教师文化的变革。面对新课程的挑战,教师要投身其中,积极参与,做一个开拓创新者。

课堂是教师和学生活动的主要场所,是实施素质教育和新课程的主阵地。我们教师要担当起教书育人、为民族未来奠基的重大历史使命,就一定要扎根课堂,积极参与教学改革,追求综合效应,让课堂充满生命活力,彰显育人价值,成为教师和学生共同成长的地方。

实施素质教育,推进课程改革,要以培养学生的创新精神和实践能力为重点,著名科学家钱学森在晚年不止一次向国务院总理温家宝谈起他的忧虑:"为什么我们的学校总是培养不出杰出人才?"这是著名的"钱学森之问",是关于中国教育发展的一道艰深命题,需要整个教育界乃至社会各界共同破解。反思当前的教育现状与培养学生创新精神的目标要求相距甚远,由于受传统教育思想的束缚,我们的教育忽视对学生思维能力,尤其是忽视对学生创造思维能力的培养,存在着"四重四轻"的现象,即重知识传授,轻能力培养;重标准答案,轻求异创新;重习题训练,轻潜能开发;重分数评价,轻个性发展,这怎么能为产生杰出人才打下基础?

全国政协十一届五次会议科技界第 31 组的小组讨论会上,全国政协委员、中科院院士李邦河代表第 31 组提交了一份 2800 余字的提案,引起了政协委员的热烈讨论。小组 38 名委员,全部是科学家,其中两院院士就有 9 人,呼吁为孩子减负:"钱学森之问"大家都很熟悉,这里头当然有各种因素在起作用,但我们的中小学生负担太重,严重阻碍了孩子好奇心的形成和创造性的培养,没有好苗子,出不了大科学家,还谈什么科技创新和科学发展?

陶行知曾说:"发明千千万,起点是一问。……人力胜天工,只在每事问。"我国教育具有重视基础知识教学的优势,但却疏于对学生的质疑能力、创新精神的培养,这不利于学生的发展。杨澜曾在《一问一世界》中写道" 美国学校的老师特别鼓励学生提问。在中国的学校,老师可能对学生说,这有三道方程式需要你来解答;在美国学校,老师很可能说,你自己编三道方程式让其他的同学解答。这可能是一种教育方式上的不同,所以实际上大多数中国人,特别是我们这种被学校一步步培养出来的'好学生',

对如何提问没什么概念。我在北京外国语大学读书时,正好有一节是外教上的宗教课,他讲完了以后问大家有什么问题吗? 一个大教室里面,100 多个学生,寂静无声,大家都羞涩地低下了头,没有一个人举手。教授非常生气地从兜里掏出了一块美金,说:'谁要是问出一个问题,哪怕是再愚蠢的问题,我就把这一块美金给他。'我们都有一点受屈辱的感觉,作为一个学生难道我们真的没有问题吗? 记得后来我举手了,至于硬着头皮问了个什么问题,了无印象。同样的事情发生在我在哥伦比亚大学读研究生的时候。我当时选修的一门课是社会学,因为我觉得做传媒的人需要有一些社会学方面的基础知识。我每天上课都准时到,作业按时完成,老师嘱咐看的参考书都看了,论文也写得还不错,可是到期末我发现所有的课程里面唯有这门课得了一个 B,其他功课都是 A 或 A⁻。怎么会得一个 B 呢? 我就去找社会学的教授理论,我说你是不是搞错了? 她翻看了一下我的记录说:'的确你的作业都交了,完成得也不错,但是我要给你一个惩罚,因为你上课从来不问问题,这就说明你上课的参与度不高。'当然后来我据理力争,申辩说因为刚来美国不久,有时组织语言的速度稍慢,往往刚想说就被其他同学抢了先等等。老师看来是动了心,最终给了我一个 B⁺。"

这段文字也正反映了诺贝尔奖得主、著名学者杨振宁教授对中国教育的一种批评:过分注重演绎法,忽视归纳法。他认为演绎法,就是从大的原则开始,从已经了解的、最抽象的、最高深的原则开始,然后一步一步地、完完整整地把一门学科又一门学科学好。这就是以继承为中心的教育,它的特征是鉴于前人积累起来的知识和技能,培养模仿能力,解决同类问题,有确定的标准答案,思维的重复操作等等。它的优点是可以使学生很好地继承前人积累下来的知识,缺点是不引导学生去创新。所谓归纳法,首先抓住现象,然后从这些现象中抽出其中的精神,再用基本的、最深刻的原则来验证。它的特征是不受已有知识的局限,鼓励发挥自己的新见解,思考问题不受时间和空间的局限,鼓励进行移植和组合思维的直觉性和跳跃性等等。这种归纳法是进行探索的方法,容易走弯路,但却是引导学生进行创新思维的教育方法。

亚洲拥有最多诺贝尔奖得主的国家是日本,多达 15 位,而亚洲人口最多的中国则几乎数不出来。今有莫言获诺贝尔文学奖,虽填补了空白,但毕竟还只是凤毛麟角。究竟中国教育缺乏什么? 作为同处亚洲的中国和日本,对于后代的教育都是极为重视的。但与我国学校比较重视分数和升学率相比,日本的学校则更着重于孩子观察能力和思考能力的培养。以日本学校给孩子们布置的作业为例,暑假作业除了一般性的语文数学练习题之外,还有一份需要孩子们花工夫和时间的作业,叫"自由研究"。所谓"自由研究",就是孩子们要根据自己感兴趣的事物,去了解、发现、观察、调查、实践,然后将观察以及实践的结果整理起来,配上说明文字,开学时提交给老师,并在班上宣读。可以说"自由研究"完全是一份儿童版的"学习研究报告"。

于漪老师多次大声呐喊:是育人还是育分? 王栋生老师曾深刻指出:我们今天所做的一切,也会在未来的年代显现出来。这是教育必须对民族未来负责的依据。具体而言,如果一名高三学生整天追求"考高分",他不可能飞得高、走得远。当他只知道"多考一分就能压倒一千人甚至更多人"的"硬道理"时,他的胸中已没有责任这粒种子的位置,不可能有值得记忆的教育之美。只有竞争,不讲合作;只求成功,不计手段。当极端利己主义的功利教育在全社会蔓延后,一个民族会有什么样的未来呢? 教育精神被腐蚀,教育生态被污染,后果比天灾更可怕。

为了培养学生的创新精神和实践能力,教师必须勇于从应试教育的束缚中挣脱出来,积极投身课程改革,改革与学生发展不相适应的教学观念、教学方式、教学手段,进行创造性的工作,培养人格健全、具有创新精神和实践能力的学生。这是因为:

其一,教师是教学的主导,如果教师没有创新精神,就难以造就具有创新精神的新一代。正如德国教育家第斯多惠所说的,谁要是自己还没有发展、培养、教育好,他就不能发展、培养、教育别人。一个墨守成规的教师对于学生创造性的发展无疑是一种近乎灾难的障碍。

其二,教学工作是一项艰苦的脑力劳动,既是一门科学,又是一门艺术,而统一的基点正是创造性。正如李政道教授说的,科学与艺术是一枚硬币的两面,它们的共同基础是人类的创造力。教师劳动的对象是人,是具有思想感情的、受着社会各方面影响的、作为社会整体的一员的社会的人,是具有个性的、正在迅速成长中的儿童和青少年。教育工作要遵循教育教学的一般规律、原则,但不能千篇一律按固定的方式办事,这就需要极大的创造性。

教师劳动的创造性,首先表现在对不同的学生区别对待、因材施教上;其次,表现在教育观念、教学内容、形式、手段、方法的不断创新上;第三,表现在教师要善于运用自己的创造、想象和激情,去激发学生学习的愿望和兴趣,促进学生的发展。正如苏霍姆林斯基所说,如果我只是一名教书匠,我就不是一个真正的教师,通向儿童心灵的小道就会对我紧紧地封锁着。导演对剧本的处理是一种再创造,与此同理,我们的教学工作,并不是教学参考书的"留声机",而是针对教材、学生的特点,经过自己的钻研、加工、设计,构成激发学生主动学习的教学思路,臻于科学与艺术的统一,要做"师",不做"匠",这个过程就是一种创造,从这个意义上讲,创造精神是广大教师必须具备的一种基本素质。

其三,创新开拓是教师超越自我的一种境界

一个教师的发展。不能仅满足于掌握较为娴熟的教学技能,而必须向形成一定的教学艺术乃至独特风格这一新的高度迈进。实现这一过渡,必须具有坚韧不拔、知难而进的创造精神,因为"只有教学艺术具有了创造性才会形成独特的风格,达到个性化"。[①] 一个教师从适应、成熟走向创新,不仅是超越自己的必由之路,同时也使自己的聪明才智得到更新和发展,享受到成功的体验和快乐。叶澜教授说得好:"只有用创造的态度去对待工作的人,才能在完整意义上懂得工作的意义和享受工作的欢乐。"[②]

21世纪是创新的世纪。教师,是一种职业,是一种专业,从事的是一种创造性的劳动。唯有创造,才能适应新世纪的新挑战,闯出素质教育的新路子;唯有创造,才能真正体现人生的价值,领悟教师的真谛。

3. 探索教育:教师要做研究者

教育科研是一种运用科学的理论和方法,有目的、有计划、有意识地研究教育现象和教育问题,揭示教育规律的认识活动。强国必先强教,强教必兴科研,教育科研是迎接21世纪教育新挑战的重要支撑。

在素质教育与课程改革全面推进中,我们教师总会遇到这样那样的问题,这就要求我们不仅是课程的实施者,而且是课程的研究者、反思者。20世纪60年代中期,英国著名课程专家斯滕豪斯(L. Stenhouse)提出"没有教师发展,就没有课程发展",非常重视教师在课程发展中的作用;他提出"教师即研究者"的论断:"如果没有得到教师这一方面对研究成果的检验,那么就很难看到如何能够改进教学,或如何能够满足课程规划。如果教学要得到重大的改进,就必须形成一种可以是老师接受的,并有助于教学的研究传统。"亦如巴西教育家弗莱雷所说,教师不仅要爱学生,还要爱教育职业本身。爱教育中还包括教师所需要具备的探究能力,这种能力是一种尝试性解决问题的

---

① 张武新.《教学艺术论》.上海:上海教育出版社,1993.
② 叶澜.《新编教育学教程》.上海:华东师范大学出版社,1991:15.

能力。只有这样，教师才有可能鼓足勇气，在压力日益增加、工作日益不确定的背景下，持续地、精力充沛地投入工作，才能不断迸发出新的教育激情。中小学教师的研究，是基于问题的研究，是基于实践的"田野研究"，即针对教育教学中存在的问题，理论联系实际，运用一定的研究方法，摸索教育规律，探索解决问题的有效策略、方法和途径，从而提高教育教学的实效性，提高教育教学工作的品质。

领衔研制《教师教育课程标准（试行）》的专家、华东师范大学终身教授钟启泉指出，我国现行中小学教师存在三个主要问题：不读书、不研究、不合作。且不论这个"三不"问题的普遍性如何，也可以找到一些客观原因，诸如应试教育压力大、教学任务重、环境浮躁等，但可能与教师自身的进取精神不强也不无关系，应当引以为戒。

教育科研是提升教师专业素养的重要途径。前苏联教育家苏霍姆林斯基说，如果你想让教师的劳动能够给教师带来乐趣，使天天上课不至于变成一种单调乏味的业务，那你就应该引导每一位教师走上从事研究这条幸福道路上来。凡是感到自己是一个研究者的教师，则最有可能变成教育工作的能手。顾泠沅先生曾说，课例研究是问题解决的源泉，教学理论的故乡，教师成长的阶梯。

积极参与教育科学研究，成为研究者"会思想的芦苇"，是教师主体意识的一种唤醒。德国教育家鲍勒诺夫认为，"唤醒"可以使主体的人在灵魂震颤的瞬间感受到从未体验过的内在敞亮，他因主体性空前张扬而获得一次心灵的解放。通过"唤醒"，可以使一个人真正认识自己和自己所处的世界，认识自己存在的处境、生命的历史和未来的使命，使自己成为一个真正具有自我意识的充满生命希望的人，这是生命的升华。

积极参与教育科学研究，有利于提高教育教学工作品质。中小学教师的研究，是基于问题的研究，是基于实践的"田野研究"，即针对教育教学中存在的问题，理论联系实际，运用一定的研究方法，摸索教育规律，探索解决问题的有效策略、方法和途径，总结先进、科学的教学经验，从而提高教育教学的实效性，提高教育教学工作的品质。

积极参与教育科学研究，有助于促进我们读书学习。作家赵丽宏说，读书是一种很划算的事情。书，是学识、智慧、情感的结晶。一本好书是作者用毕生的精力去探索、思索后表达的一生的追求。假使你通过十次、百次、几百次的阅读经历，那么你也会变成智者，与众不同。李镇西老师曾谈到自己的一件憾事：对教育进行一些肤浅的理论思考，是在自己出手"教训"欺负我班学生的学生之后的反思。正是在那时，第一次读到了苏霍姆林斯基的《要相信孩子》，这本定价三毛六分钱的薄薄的小册子，成了自己教育理论真正的启蒙读物,从此成了苏霍姆林斯基的"追星族"一员,更重要的是,对比当时的教育现实和自己的教育状况,自己第一次站在了"人"的高度来关注教育。

积极参与教育科学研究,有助于体验合作。长期以来,教师大多在自我封闭和孤立的状态下展开工作,教师的劳动带有明显的个体性的特点,从备课、上课、改作业这一传统的教师劳动过程中似乎很难找到合作的因素。这种封闭型的教师文化潜在地拒斥合作,但显然已不适合新课程的要求。参与教育科研,大多是在一个学习共同体中进行,既有分工,更有合作,而且有些研究不是一个人所能完成的,需要同学和教师,甚至跨学科教师,还需要信息技术、情报资料等部门同事的帮助,这有助于挑战封闭的工作方式,走向合作团结,实现共同愿景。

综上所述,不论是欧美发达国家对教师专业素质的界定,还是我国制订的教育法规、发展纲要,都对新形势下教师的高素质提出了新的更高的要求,广大教师正以与时俱进的精神积极投身课程改革,应对新的挑战。但是,毋庸讳言,仍有教师存在着与时代发展不相适应的现象,教育观念陈旧,教学方法失当,教学智慧鲜有,专业知识狭窄,职业状态倦怠,进取精神不强。据本课题组对 412 名中学生(其中,高中生 157 人,初中生 255 人)的调查,认为现在老师普遍存在的主要缺点是"教学方法欠缺"(42.04％)、"沟通能力弱"(35.03％),有些教师不当的课堂习惯用语在不经意间挫伤了学生的自尊,有的教师经常把不良情绪带到课堂,引起学生反感。这些教师身上,已经几乎没有教育魅力可言,难以使学生受到感染,这就必然导致学生学习热情衰竭、进步变慢。因此,开展对教育魅力的研究,促进教师教育魅力的修炼,极为紧迫。

第二章　国内外教师教育魅力文献综述

《国家中长期教育改革和发展规划纲要（2010—2012 年）》指出，要"努力造就一支师德高尚、业务精湛、结构合理、充满活力的高素质专业化教师队伍"，强调"教师要关爱学生，严谨笃学，淡泊名利，自尊自律，以人格魅力和学识魅力教育感染学生，做学生健康成长的指导者和引路人"。《纲要》第一次在国家文件层面上提出了"魅力"这个词。有魅力的教师是教育事业的灵魂，一位有魅力教师可以惠及许多家庭和学生。

上海市教师学研究会开展了教师教育魅力的专项研究。在资料检索过程中发现：涉及各类学校教育、教育思想研究、课程教材、教师专业发展、教学方法、教育评价等方面内容浩瀚如海，唯独对教师教育魅力的研究少之又少。其一，对中国学术期刊网络出版总库检索，发现篇名中有"教师教育魅力"的文章 2 篇；关键词有"教育魅力"的文章 136 篇。其二，对中国国家图书馆、上海图书馆馆藏图书进行检索，发现以"教师教育魅力"为主题的书为 0 本，以"教育魅力"为主题的书 1 本，以"教师魅力"为主题的书有 2 本，一本是周成平所著《魅力教师的修炼：100 个优秀教师魅力修炼心得》（江苏人民出版社，2007），另一本为黄波所著《恋上你的课：幽默教育，教育魅力四射的秘诀》（广西师范大学出版社，2007）。由此可见，国内对教师教育魅力的研究还是尚未开垦的一块领域，这也凸显了这项研究的价值和意义。

从以上检索中还发现，国外学术界对教师的研究，很少使用"教师教育魅力"的感性词语，多用优秀教师、好教师、专家型教师表达。但无论怎样称呼，在内涵上多有相通之处。本文对亚洲和欧美等部分国家和地区的优秀教师所共同具有的核心素养和关键特征进行梳理，供读者参考。

一、教师教育魅力的内涵

在国内学术界，对"教师教育魅力"还没有形成共识。一般认为，"教师教育魅力"

是指教师在教育教学活动中与学生相处时,教师的学识、品格、能力、情趣、志向等综合因素对学生的认知、行为、追求等方面产生的积极影响力。

国外学者认为,魅力是指很吸引人、感动人的力量。美国学者哈里·道(Dawe, H,1984)认为:"教学实际上是一种表演艺术,是由有特殊天赋的人所作的表演。"进行表演的教师应是有独特魅力的人。有魅力的教师能把学生引进课堂、留在课堂、聚在身边。

教师教育魅力,一般包括:(1)形象魅力。包括长相、衣着、容貌修饰、举手投足间的风度等。教师的形象魅力却是教师的整个仪表对学生所产生出的影响力。(2)情感魅力。教师的情感魅力是指教师用高尚的情怀去关心、爱护学生。教师的情感魅力表现在尊重学生的人格、关心学生的疾苦,宽容、谅解学生的过失、平易近人等。(3)学识魅力。主要包括学识渊博,见多识广,讲授知识得法。学生接受教育,就会被教师的博学所折服,进而对教师产生学识魅力。(4)才干魅力。包括对事物的敏锐观察力、对学生有感召力、有清晰的语言表达力等。(5)品格魅力。包括教师的信仰、追求、德行、人格、作风等因素。

以上五种构成了教师教育魅力。教师教育魅力中,形象魅力是表面的,初步的;情感魅力能使学生受感化;学识魅力能使学生真正信服;才干魅力则有利于凝聚学生;品格魅力既影响学生的品质,还能帮助学生形成正确的世界观。

二、教师教育魅力的形成

教师教育魅力的形成是个长期的过程,是一个教师的人格、学识、举止风度、音容笑貌综合统一的过程,是一个由内到外的过程。魅力是以个人的文化修养为底蕴的。魅力的形成一定要有知识的积累和生活的阅历,一定要经过时间的历炼,正因为如此,魅力才有着很强的个性,才值得品味。

教师教育魅力是内在的美和外在的美的统一,归根结底还是内在美起作用。魅力是个性化的东西,因人而异。这些个性化的表现,主要基于对人生、事业、生活有独到的见解,而这些见解又源于热情和高尚的情感。积极追求高品味的生活,而这种生活又是与他人的幸福、社会的进步紧密联系着的。

三、不同国家和地区对教师教育魅力的理解

由于不同国家和地区的文化背景不同,不同国家和地区使用的专业术语不同,教

师、专家、家长和学生心目中，评判好教师的标准不同，对教师教育魅力的理解也有所不同。据此，本文选取了欧美部分发达国家和与中国文化背景相似的东亚部分国家和地区，对教师教育魅力的理解作一描述性的介绍。

1. 欧美部分发达国家对优秀教师的理解

（1）美国对优秀教师的理解

早在 20 世纪 80 年代，美国已经着手制订自己的教师专业标准。1987 年，国家教学专业标准委员会（NBPTS）成立，并通过了具有里程碑意义的文件《教师应当能够做什么》，其中为优秀教师（accomplishedteacher）提出了五条核心建议（five core propositions）。它根据优秀教师应该具有的能力、应该承担的责任、应该扮演的角色，提出了认定优秀教师的"五项基本原则"：①教师为学生及他们的学习承担责任；②教师理解他们所教的科目并知道如何将该科目教给学生；③教师有责任管理、组织学生学习；④教师系统地思考教育实践并从经验中学习；⑤教师是学习社会中的成员。

NBPTS 提出的五项核心主张代表着对优秀教师在实践的各方面进行鉴别的一种专业共识。该标准反映了以下几个特点：①该标准突出了对教师职业素质的要求，包括正确的教育观念、高尚的师德、合理的知识结构与较强的多种能力、健康的身体与心理等方面。②该标准反映了教师专业发展中的"研究型实践者"的范式。该范式强调教师不仅应是一个教育实践者，同时也应是一个研究者。③该标准体现了"反思性教师"的要求，强调教师要检查自己的教学实践，回顾、诊断、监控自己的行为表现，以改进教学方法和策略，适应教学需要。④该标准强调了合作的理念，教师合作的对象已经不只是家长，还包括了同事、教学领域的专家以及整个社区。

总体分析得知，NBPTS 优秀教师标准的各种界定既注重教师从事教学的专业知识和技能，又强调教师对教学工作和学生的投入与态度；既注重教师扮演一名在课堂上帮助所有学生获得高水平成绩的促进者，又强调教师作为一名反思型的学习者在专业方面的不断成长和发展。从教师促进学生学习而采用的行动角度看，这些标准包含的核心知识、技能、气质和奉献精神，使教师能够在一种高水平上从事教学实践。

此外，一些美国学者对教师素质也做了深入研究。其中最具代表性的是威弟（Witty）博士花了 40 年时间对 47 000 名学生所做的调查分析，归纳出了好教师的 12 种素质。威弟的研究影响很大，尤其以学生的口吻阐释合格教师的 12 条标准更是别具一格：

① 友善的态度——"她的课堂犹如一个大家庭,我再也不怕上学了";

② 尊重课堂上的每一个人——"她不会把你在他人面前像猴子般戏弄";

③ 耐性——"她不会放弃,直至你能做到为止";

④ 兴趣广泛——"她带我们到课堂外去,并帮助我们把学到的知识用于生活";

⑤ 良好的仪表——"她的语调和笑容使我很舒畅";

⑥ 公正——"她会给予你应得到的,没有丝毫偏差";

⑦ 幽默感——"她每天会带来欢乐,使课堂不致单调";

⑧ 良好的品性——"我相信她与其他人一样会发脾气,不过我从未见过";

⑨ 对个人的关注——"她会帮助我去认识自己,我的进步赖于她使我得到松弛";

⑩ 伸缩性——"当她发现自己有错,她会说出来,并尝试其他方法";

⑪ 宽容——"她装作不知道我的愚蠢,将来也是这样";

⑫ 有方法——"忽然间我能顺利念完我的课本,竟然没有觉察到这是因为她的指导"。

此外,瑞亚斯(Ryans)进行了一项大规模的教师特性研究,得出了教师的如下特征有重要意义:

①机敏、热心;②关心学生及班级;③愉快、乐观;④能自我控制;⑤有幽默感;⑥认识和接受自己的错误;⑦公平、客观地对待学生;⑧忍耐;⑨对学生能够理解和认同;⑩与学生关系和善、有礼;⑪帮助学生解决个人及学习的难题;⑫赞扬努力的,鼓励表现好的。

不难看出,威弟和瑞亚斯从不同的角度探讨优秀教师的素质,所概括出的"好教师的标准"大同小异,都把教师的人格特征(个性魅力)的范畴,如友善的态度、兴趣广泛、良好的仪表看成优秀教师的重要素质。而中国一般把教师的职业道德摆到最重要的位置。

美国对优秀教师的称谓有很多,如有效教师(effective - teacher)还包括 NBC 证书获得者(美国国家教学专业标准委员会认证的优秀教师)以及经全国或全州遴选出的年度优秀教师。

美国学者 James H. Stronge Pamela D. Tucker, Jennifer L. Hindman 认为有效教师具有如下的素质:

① 有效教学的必要条件:语言能力;专业知识教育类课程;教师资格认证;教学

经验。

② 作为人的教师：关心；公正与尊重；对待教师职业的态度；与学生之间的互动；提升学习热情和动机；反思性实践。

③ 课堂管理与组织：课堂管理；课堂组织；对学生行为的期待。

④ 组织教学：聚焦教学；教学时间最大化；期望学生成功；教学的计划与准备。

⑤ 实施教学：教学策略；知识内容和技能的交流；教学的复杂性；提问策略；学生参与投入。

⑥ 关注学生的发展与潜力：家庭作业；关注学生的发展；回应学生的需求和才能。

（2）英国对优秀教师的理解

英国对教师提出的标准与美国有很多的相似之处。英国学者霍勒斯在《教师角色》一书中，提出教师的标准为："履行重要的社会服务，接受系统知识训练，接受持之以恒的理论与实践训练，拥有高度的自主性，接受经常性的职后教育，信守团体的伦理规范。"

现行的英国合格教师专业标准主要围绕专业特质、专业认知、专业技能三个"一级指标"展开对教师专业素质的规定性说明。具体内容如下：

① 重视教师的专业品质。包括教师从事这门职业的情感、态度与价值观，个性特点和动机等。

② 服务是一个职业的根本要求，把这种服务意识放到了专业标准的首要位置。教师的专业服务精神还要求教师构建良好的社会关系，具有合作的精神，教师要"与儿童、青少年建立起相互平等、相互尊重、相互信任、相互支持、建设性的关系"，要"与儿童、青少年、同事、家长及监护人进行有效地沟通"；在合作方面，教师要"共同承担实施的责任"，要与同事、家长及监护人共同"承担合作共事的义务"。这一切都要求教师把"服务"的理念贯穿其中。

③ 在"学生的多样性"领域中，指出：其一，了解儿童和青少年是如何发展的，懂得学习者的健康成长是受个体发育情况、社会、宗教、伦理、文化、语言等一系列因素影响的；其二，懂得如何为学生提供有效的帮助，懂得如何充分考虑学生的多样性，如何在教学中促进平等与包容等。

英国的教师专业标准特别重视教师的评价素养，总共有 41 条标准，其中有 7 条专门用来描述评价，从形成性评价到终结性评价，从校内评价到校外评价，从正式评价到非正式评价,从评价信息的收集到评价结果的利用,要求教师几乎掌握所有能促进学生学习的全部评价技能与技巧。

（3）法国对优秀教师的理解

法国中小学专业能力标准在以下三方面富有新意:

其一,提出了"教师应是深思熟虑的实践者"的理念,并列出了"设计、实施和分析教学情况的能力"这一标准。其分别从具体教学目标的确定、学习活动的设计和实施、评价标准的开发、评价结果的分析到补救活动,对教师一一提出了能力上的要求。

其二,专列了"反思教与学"的领域,对各个发展阶段的教师提出了具体的要求,并指出教师和职业特征决定了教师本身也是一个研究者,教师反思是教师成为研究者的起点,对教学行为的观察、内省、反思与探究是教师研究的有效途径。

其三,强调教师的终身学习能力,把终身学习作为教师重要的价值追求和行为准则。教育的复杂性和社会的快速发展,要求教师在不断变化的社会与教育情境中,与时俱进,追求新知,通过持续不断的个体和全体的专业学习,成为学习共同体中的积极促进者,成为终身学习的楷模。

2. 东亚部分国家和地区对优秀教师的理解

（1）日本对优秀教师的理解

日本的教师大多谦恭、模范地使用标准的礼貌用语,礼节周全,服饰整洁,对工作认真、努力、勤奋、敬业,对学生家长、同事、学生和蔼可亲,并不断地学习进修,努力提高自己的知识水平和道德修养水准。

① 教师专业标准

在 1987 年日本"教养审"关于"提高教师资质能力"明确了教师的专业标准:具有作为教育者的使命感;能够深刻理解人的成长和发育;对学生抱有教育的热情和执著;具有教学科目相关的专业知识。以上几点被视为教师在教学指导中所需具备的最基础的专业素质。同时"教养审"所提出的这四点教师专业标准也反映出"专业性"、"丰富的人性"、"社会性"在教师教学实践中的重要性。

日本信州大学参照美国 INTASC（the Inter state New Teachcer Assessment and Support Consortium）的教师专业标准,根据专业的不同层面划分,独自开发出一套教师专业标准。在日本教育界引起了很大的反响。具体内容包括教学科目内容,孩子的成长,应对学习者的多样性,教学方法,学习环境与学习信息,交流,指导计划,评价,自我反思和专业发展，共同合作，灵活应用信息技术，伦理观，同事关系。

② 教师录用标准

在日本，教师录用考试中关注以下内容。

对自身。教师应有良好、健康适度的生活习惯，克制自己多余的欲望，生活有节制，有良好的教养；有勇气，有坚强的意志和坚韧的性格，自主、自律、诚实并具有责任心有进取心，热爱真理、追求理想，努力实现自己的理想。

对他人。具有人类之爱，并具有慈善、体谅、亲切、温暖、感谢心与同情心。举止适度的社交礼仪，符合自己身份的语言。尊重自己并尊重他人，具有谦虚的态度和宽广的胸怀，与同事、朋友真诚相待，具有健康的异性观，男性与女性间相互理解，相互尊敬与爱护，互促互进。

对自然。热爱自然、敬畏自然，尊重生命并努力克服人类的弱点。

个人与团体。明确团体中个人的义务与责任，通过个人的努力提高团体的质量。具有公德、遵纪守法，履行公民的权利和义务。具有正义感、公平心、对社会的不良行为进行矫正、并关心社会福利。

尊重劳动，乐于奉献。热爱家庭、热爱学校、热爱家乡、热爱祖国，正确地继承传统文化并不断创新，为年轻一代的幸福，为可持续发展而努力。加强国际间的理解，特别增进对亚洲和非洲的了解。了解日本在世界中的地位并体会日本人的责任。

总之，日本在新教师的挑选过程中除重视专业知识外，还格外注重未来教师的人格、品行、教养、责任心、热情、干劲、使命感等职业道德。[1]

③ 学生心目中的好教师

日本一家报刊，对千名学生进行调查，有 52.8％的学生希望教师温和、可亲、具有爱心，而喜欢渊博知识型教师的只占 31.1％。由此可见，教师的师爱魅力超过了学识魅力。

据日本学者研究，将学生心目中的教师形象，从学习指导技术、态度、性格、身体、容貌和情感等诸方面着手，提出 75 条标准，让初中生评定，然后进行因素分析，并抽出了情感性态度、学习指导能力、指导中的宽和严、指导中的精确程度等四个因素。结果表明，学生们所期待和喜欢的教师，都是开朗、爽快和善于进行指导的教师。要成为魅

---

[1] 杨民：《日本教师的职业道德及培养》，载《教育科学》，1999 年第 3 期。

力教师,最重要的是构筑与学生的信赖关系。学生对于教师的信赖感与教师的热情、亲切、认真、高尚、一丝不苟、公正、浅显易懂的讲解、在教材上所下的工夫、严格遵守时间等有关。

④ 对教师的评价

教师评价框架由以下三项构成:能力、积极性与工作态度、业绩。评价内容包括:教师对教科书、日常生活、人生道路等方面的指导能力;教师对教育工作的态度和热爱程度;作为教师的责任感等等。

(2) 韩国对优秀教师的理解

① 家长和学生心目中的好教师

韩国雅虎在教师节之际,进行了网上调查。提问"你尊重的教师是什么样的",在12 272 名的家长回答中,44％的回答者认为是"尊重学生的人格与个性的教师";28％认为是"无差别地对待学生的公平教师";8％认为是"廉洁的教师";7％认为是"有实力的教师";1％认为是"不体罚、不辱骂的教师"。对"你喜欢的教师",在 22 783 名学生的回答中,39％的学生认为是"理解我们的教师";35％的学生回答"愿意一起玩耍的教师";而"教学好的教师"和"长相好的教师"各占 15％和 9％。

从以上信息可知,在韩国,教师要受尊重和喜欢,首先要理解学生、尊重学生。

汉城大学教授在"优秀教师的概念与实践性条件"中,写道:好的教师,首先指的是道德上好的教师,外显在教师的态度中显现出来的人格、对学生的爱、指导热情等。

② 教师心目中的好教师

在学校现场,优秀教师形象是教学好的教师,即教师的教学活动、教学内容、教学策略、教学管理层面均优秀的教师。优秀教师具备正义的态度与资质,教学、学习指导以及班级管理等方面的高能力和实绩。

③ 社会认可的好教师

在韩国社会,被评为好教师或理想教师的时候,教师具有透彻的使命感与牺牲精神、正确的教育观、热爱学生的心、坚持率先示范的品质。

好教师标准重视教师的人格、正义的特性、对教师职业的态度,但是优秀教师把对教育的专业性见解、知识和技术视为必要。从学生问卷中还可以觉察到,教师的实力没有太受关注,究其原因,在韩国,普遍的价值观是教师应为全社会中最优秀的人。他们是整个社会群体中属于最优秀的 5％以内的人。

（3）香港地区对优秀教师的理解

香港教育署制定的《教师专业能力理念架构》受英国教师专业标准的影响很深，不再赘述。

非常有趣的是最近一项网上调查表明，香港学生和教师心目中的好教师标准并不相同。近30%受访学生认为好教师应具备广博的知识；而30%受访教师则认为好教师最重要的是要有教学热情。学生认为好教师最需要具备的素质首先为专业知识，之后依次为爱心、教学热诚和教学技巧。相反，受访教师认为好教师最重要的是应具备教学热诚，其次为教学技巧、爱心和专业知识。香港社会是中西文化交汇的地方，香港学生与教师心目中的好教师标准，非常明显受到中西文化融合的影响，与欧美国家和东亚国家对好教师的标准，有着明显的差异。

（4）台湾地区对优秀教师的理解

台湾学生所喜欢的教师：学识与经验都很丰富，对学生友爱、热诚、体贴、仁慈，有崇高的理想，与学生打成一片，耿介、公道、愉快、活泼、幽默，鼓励学生敬德修业，为人坦率谦和，教学认真，讲解清楚，淡泊名利，言行一致，有欣赏艺术的能力，态度客观，端庄有礼，风度翩翩。

台湾学生不喜欢的教师：腹中无物，自充贤能；过分严厉，淡漠无情；讽刺挑剔学生，性情怪癖；态度傲慢，与学生处于敌对状态；不负责任，爱发牢骚，批评他人；喜欢学生阿谀奉承，对异性学生另眼相看；年复一年，教材不变；不懂教学方法，胆怯隐退；缺乏民族自尊心。

有学者对台湾中学优秀教师特征进行了问卷调查。结果优秀教师的特征重要性的排名如下：

① 各地区学生所强调的优秀教师特征有相当高的一致性，其中最重要的10项特征依次为：教学认真、和蔼可亲、教学方法好、富有责任感、了解学生心理、尊重学生、热心帮助学生、人格高尚、学问好、幽默。

② 校长所强调的前10项特征依次为：教学认真、富有责任感、人格高尚、服务热心、教学方法好、热心帮助学生、以身作则、领导能力强、训导有方、富有爱心。

③ 教务主任所强调的前10项特征依次为：教学认真、富有责任感、富有爱心、服务热心、教学方法好、人格高尚、热心帮助学生、训导有方、课前准备充分、管理严格。

④ 同被校长、教务主任及学生列在前10项的特征有：教学认真、富有责任感、人

格高尚、教学方法好及热心帮助学生等5项。三者不同的是,校长强调领导能力,教务主任强调课前准备充分,而学生强调教师要了解学生心理和尊重学生。这显然与三者所持立场不同有关。

在35项优秀教师特征中,共抽得5个因素进行调查,即人品、学养、热忱、方法和领导。其中人品因素占这5个因素的34%最为重要,其余4个因素所占的百分比相当接近,依次为热忱、方法、学养和领导。[①]

四、中外学术界对优秀教师、专家型教师研究的差异比较

中外学术界对教师的研究,很少使用"魅力教师"的词语,多用优秀教师、胜任教师、卓越教师、专家型教师等词语,当然在实际内涵上,仍有相通之处。

究竟何为优秀教师、专家型教师?中外研究表明,仍然存在着许多差异。了解这些差异特点,在阅读第三部分欧美和东亚各国和地区对优秀教师的理解上,就能看得比较清楚了。

其一,对优秀教师、专家型教师内涵认识的差异。

国外学者对优秀教师、专家型教师内涵的理解比较接近。他们认为:"就是指具有教学专长的教师,即能够运用广泛的、结构良好的知识和经验,有效地、创造性地解决各种教学问题的教师。"

国内学者在诠释这个问题时众说纷纭。一般有三大观点:一为"特殊专长说",即能高效地解决教学中的各种问题、富有职业的敏锐洞察力和创造力的教师。二为"特级教师说"。它专指"造诣高深的中小学特级教师"。三为"优秀教师说"。也就是说,"优秀教师一定是一名专家型教师"。

其二,对优秀教师、专家型教师价值判断的差异。

国外学者对优秀教师、专家型教师的时代价值判断,往往从具体的、微观的视角展开研究,他们认为:凡是能够"很大程度地提高教育质量",或能够在"课堂上发挥很大的作用",或能够在"提高学生的学业成就方面具有十分重要的作用",就应当是优秀教师和专家型教师。

国内学者则倾向于从抽象宏观的视角进行探讨。如认为具有素质高并且素质全

---

① 常州市教育研究所.《台湾关于中学优秀教师的特征和背景的研究》.《上海教育科研》,1989年6月.

面的人是推动社会发展的关键力量,而专家型教师又是培养这种现代人的关键。又如认为培养学生的创造性思维能力和创新精神是素质教育的核心,这种培养离不开专家型教师。

其三,对优秀教师、专家型教师特征的差异比较。

国外学者在这一问题上观点比较接近,多从优秀教师、专家型教师教学能力方面的特征加以揭示。如认为专家型教师具有良好的教学技能,对教学任务及所处的情境更敏感、在教学中的表现更灵活、对教学问题进行深层表征,能高效率地解决教学问题等。

国内学者多从知识、能力、人格及行为等多方面揭示优秀教师、专家型教师的特征。当然在讨论时观点不尽一致。一种学术观点是:专家型教师的特征主要有:①具有全面的、良好的知识结构;②能高效地解决各种问题;③解决教学实践问题时明显具有创新性和洞察力。另一种观点是,专家型教师"具有广博而专深的理论知识及丰富而个性化的实践性知识、'超凡脱俗'的问题解决能力、坚定的教育信念和不懈的理想人格追求、敏锐洞察教育问题的能力和机智处理教育问题的智慧"。

其四,在探讨优秀教师、专家型教师素质方面的差异比较。

国外学者探讨这一问题,专指知识素质。比较著名的是舒尔曼的研究。他认为专家型教师应具备七类知识:①学科知识;②一般教学法知识;③课程知识;④学科教学知识;⑤学习者及其特点的知识;⑥教育背景知识;⑦教育目标和价值观及其哲学和历史背景的知识。

国内学者多从知识、能力及人格等素质做过研究。这方面的研究相当深入。比较著名的有:刘岩从教师师德、教育理念、专业知识、专业能力和创造性阐述了专家型教师应具备的素质;母小勇提出"临床专家型"教师应该具备的知识、效率、能力、创造力和洞察力等素质;陈向明和叶慎范对专家型教师的实践性知识进行探讨;赵夫明等探讨了专家型教师的缄默性知识;肖映雪对专家型教师的知识素质及能力素质作过专门研究;时花玲专门对教师人格的内涵作了专门研究;舒志定对教师专业境界作了研究;叶澜的学生李政涛对教师的教育思想作了研究。当然,在所有这些研究中,华东师范大学叶澜教授是集大成者,她从新基础教育观、从教师素质多层复合的结构特征,阐述了今天和未来专家型教师的素质,极具震撼力。

第三章　教师教育魅力现状调查

通过对国内外教师教育魅力的文献调研,我们认为,教师教育魅力可以分为四个部分,即人格魅力、师爱(师德)、学识魅力和形象魅力。那么在实际教学中,学生和家长心目中的教师教育魅力到底是什么呢? 事实上,教师教育魅力也会随着地区、时间等不同发生着变化。学生和家长是否认可我们对教师教育魅力的总结,这些很值得我们作一番调查。

本次调研,一方面了解中学生和家长心目中的教师教育魅力,另一方面了解教师教育魅力的现状,最后基于调研结果提出建议。

本次调查问卷全部为选择题,大致分三个方面:一是学生基本信息;二是学生对教师教育魅力的认识;三是教师教育魅力现状。有的内容为单选题,有的内容为多选题。为了提高问卷的信度和效度,在问卷的前半部提醒学生诚信和责任是学生最重要的品质。调查问卷,见本书附录,高中生问卷包括全部题目,初中生问卷包括 1 至 39 题,家长问卷也基本围绕学生问卷的相关题目进行改编。

一、调研样本基本信息

2012 年 5—6 月通过"问卷星"系统课题组对上海市学生和家长进行了关于教师教育魅力的抽样问卷调研。调研对象包括部分高中生和初中生,总计 412 人。其中,高中生 157 人,初中生 255 人。我们还对部分学生家长进行了问卷调查,特别引入部分小学生家长参与问卷。家长(含小学、初中、高中的学生家长)总计有 516 人参加了问卷。

经统计,参加调研的中学生中,男生占 42%,女生占 58%;在家通常与父母一起生活的比例为 93%,占绝大多数;家庭经济状况是:家里有汽车的为 48%,有摩托车的为 15%;家庭中 39% 的父亲或母亲为大学及以上学历,23% 为大专学历,还有近三分之一的家长为中等教育学历及以下;22% 学生的家庭成员(父亲、母亲、祖父母或外祖父母)中有从事教师职业的人员;86％学生的学校所在地是中心城区,还有14％学生的学校所在地是近郊;42％的学生是学校干部或班级干部。

参加被调研的家长中,学生的父亲占32.4％,学生的母亲占67.6％;家庭中51.9％的父亲或母亲文化层次较高(为大学及以上学历),48.1％的家长文化层次较低(18.4％为大专学历,6.9％为中专,14.3％为高中,8.5％为初中);81.6％学生的学校所在地是中心城区,还有17.1％学生的学校所在地是近郊;学生目前就读的学段是小学为39.2％,初中为50％,高中为10.8％。

学生认为作为学生最重要的品格是诚信、责任和善良。高中生和初中生对这三项评估的排序略有不同。高中生的排序依次为责任(41.4％)、诚信(27.4％)、善良(22.3％);初中生的排序依次为诚信(51.8％)、责任(24.3％)、善良(12.6％)。这一数据也进一步佐证了学生问卷中所反映的信息是比较可靠的,可以认为调研数据的信度较高。

73％的学生认为对自己的现状“很满意”或比较满意。其中,高中三分之二以上学生对自己的现状“很满意”(11.5％)或“比较满意”(59.2％),但还有近三分之一的学生“不太满意”(25.5％)或“很不满意”(3.8％)。初中四分之三以上学生对自己的现状“很满意”(18.8％)或“比较满意”(59.2％),但还有约四分之一的学生“不太满意”(17.2％)或“很不满意”(4.7％)。这表明,在当下急剧变革的时代,学生对自身的要求很高,同时来自学业成绩的压力、各种关系的处理等方面都是学生们对自身不是很满意的原因。调研结果中有一个有趣的现象是郊县的学生对自己的学习生活满意度高于中心城区的学生,这也表明郊区学生的自我要求相对较低。

二、调研数据分析

59.5％的中学生认为“教师职业是受人尊敬的职业”。这说明尊师重教的风尚在中学生心中已深深扎根。即使在多元化的今天,学生们依然爱师、尊师。

99.4％(完全同意85.0％,基本同意14.4％)的家长认为“教师职业是受人尊敬的职业”,家长对教师职业的认可度高于学生。

95.5％的学生都喜欢和接受自己的老师。高中学生中,24.8％的学生“很喜欢”,70.7％的学生“喜欢”,还有4.5％的学生“不喜欢”。高中阶段是人生思想最活跃的时期,成人感比较明显,人生观、世界观趋于形成,他们善于思考,对人生价值、社会现实和社会发展有自己的见解。有95.5％的学生选择“喜欢”和接受自己的老师,很不容易。初中学生中,32.9％的学生"很喜欢",59.6％的学生"喜欢",有5.5％的学生"不喜欢",还有2.0％的学生"很不喜欢"。有92.5％的初中生"很喜欢"和"喜欢"自己的教师,这个事实很值得欣喜。但应当清醒的是,还有将近8％的学生"不喜欢"自己的教师,它表明教师中仍有诸多问题需解决。

99.3％的家长喜欢或接受学生的老师,其中55.4％的家长表示"很喜欢",43.9％表示"喜欢",只有0.7％的家长表示"不喜欢"。

1. 教师教育魅力以人格魅力为首

(1) 教师最吸引学生的教育魅力首推人格魅力(56％),其次为师爱魅力(21％)、学识魅力(14％)和形象魅力(9％)。

高中学生认为,教师吸引学生的教育魅力最主要是人格魅力(66.2％),其次为师爱魅力(15.3％)、学识魅力(12.1％)和形象魅力(6.4％)。这表明,教师最吸引学生的不是表面的东西,而是从教师骨子里焕发出来的感染人的人格魅力。

初中学生认为,教师吸引学生最主要是人格魅力(49.8％),然后才是师爱魅力(24.3％)、学识魅力(16.1％)和形象魅力(9.8％)。在这一点上初中生和高中生感受都一样,只是程度不同而已。

家长认为,教师吸引学生依次是人格魅力(48.1％)、师爱魅力(35.8％)、学识魅力(15.4％)和形象魅力(0.7％),与学生的排序一样,但程度有所不同。家长对师爱的关注度高于学生。

(2) 为了提高这一问题的效度,我们换一个题目问学生:你认为以下教师身上哪种情形对你的影响最大(最多选3项)?对这一问题,学生们还是认为人格魅力对学生的影响最大,其次是丰富的知识和优秀的品质。

高中学生中,约三分之二的学生选择了"人格魅力"(66.7％)。从长远来看,对学生的发展影响最大的肯定是教师的人格魅力。教师人格是人格在教师这一职业中的特殊要求的体现,是教师为胜任其本职工作所必须具备的良好的性格特征、积极的心理倾向、创造性的认知方式、丰富的情感、坚强的意志、高尚的道德品质、规范的行为方式等人格特征的综合体。

初中学生对这一问题,约二分之一的学生选择了"人格魅力"(50.98％)作为教师教育魅力之首,看来,教师人格魅力确实已经成为学生、家长的众望所归。

(3) 中学阶段正是学生形成人生观、价值观的阶段,他们有强烈的自我意识。他们心目中有教育魅力的教师应具备的条件,主要是尊重学生、教学认真、幽默风趣。其中,高中学生把"尊重学生"放首位,初中学生把"幽默风趣"放首位。

高中学生认为,首先要"尊重学生"(47.1%),其次才是"教学方法好"(45.2%)、"教学认真"(44.0%)、"幽默风趣"(40.8%)等。这个排序很值得品味。作为教师,教学上的能力当然非常重要,但在学生看来,"尊重学生"更重要,也就是教师与学生之间,更重要的是精神的沟通、情感的交流和教师人格的影响力。

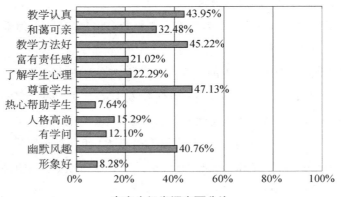

高中生问卷调查百分比

初中学生认为,排在第一位的是"幽默风趣"(49.4%),后面依次是"尊重学生"(45.1%)、"教学认真"(43.5%)、"和蔼可亲"(37.7%)。倘若把初中生的排序与高中生的排序对照一下,可以明显看到,初中生对教师教育魅力的理解可能更感性一些,而高中生的理解就更理性一些。

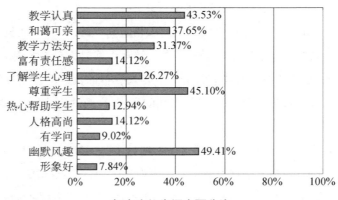

初中生问卷调查百分比

家长认为,首先要"教学方法好"(57.2％)和"富有责任感"(56％),其次是"教学认真"(47.8％)等。从这个问题上,家长和中学生的看法有很大的差异性,家长更加看中教学效果,而对教学过程性的东西关注较少。

2. 教师的人格魅力:尊重学生、友善、幽默

在学生心目中,教师的人格魅力包含哪些方面呢? 课题组根据文献研究得出的人格魅力相关内容,让学生进行选择,学生选择排在前三项的是"尊重课堂内每一个人"、"友善的态度"、"幽默感"。从数据可以看出:学生认为教师的人格魅力更多地反映在教师对学生的态度上,比如尊重、友善、幽默、耐心、公正等方面。看来,教师有了以上良好的性格特征,才能更好地适应教育教学工作的要求与学生成长的需要。

其中,高中学生选择的顺序从多到少依次为:"尊重课堂内每一个人"(58.6％)、"友善的态度"(48.41％)、"幽默感"(37.58％)、"耐心"(28.03％)、"公正"(21.66％)。

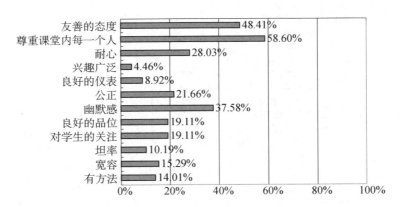

高中生问卷调查百分比

初中学生选择的顺序从多到少依次为:"尊重课堂内每一个人"(52.6％)、"友善的态度"(52.6％)、"幽默感"(43.1％)、"耐心"(32.2％)、"公正"(27.8％)。

初中生与高中生对待教师人格魅力的选项,不仅在排序上高度一致,连选项的人数比例上也高度一致。这表明,对于教师人格魅力的认识,尽管高中生与初中生在年龄上相差了 3—4 岁,但在认识与理解上却达到了高度一致。

家长选择的顺序从多到少依次为:"尊重课堂内每一个人"(51.7％)、"耐心"(36.7％)、"对学生的关注"(36.0％)、"友善的态度"(33.7％)、"良好的品性"(33.3％)。家长不关心教师是否有幽默感。

3. 教师的师爱(师德)魅力:公平、爱岗

(1)问卷提出教师在道德方面应具有的素养(最多选3项):学生认为教师的道德素养更多体现在待人接物及工作方面,初中生与高中生共同认同的前两项是"一视同仁"(52%)、"爱岗敬业"(44%)。而对"鞠躬尽瘁"、"任劳任怨"、"甘于奉献"、"大公无私"等素养的认同度较低。

其中,高中学生对教师道德素养的排序依次是:一视同仁(51.6%)、爱岗敬业(45.9%)、循循善诱(36.3%)、作风正派(32.5%)、以身作则(26.8%)等。学生对鞠躬尽瘁(5.7%)、大公无私(10.2%)、任劳任怨(8.3%)、甘于奉献(10.8%)等道德素养并不太认可。

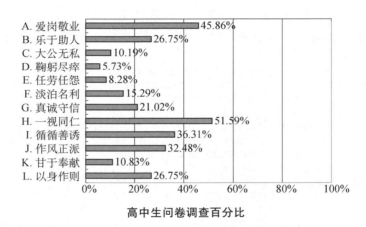

高中生问卷调查百分比

初中学生对教师道德素养的排序依次是:"一视同仁"(53%)、"爱岗敬业"(44%)、"乐于助人"(32%)等。学生对鞠躬尽瘁(3.1%)、大公无私(14.5%)、任劳任怨(11.0%)、甘于奉献(16.5%)等道德素养也并不太认可。

家长对教师道德素养的排序依次是:爱岗敬业(72.4%)、一视同仁(43.4%)、循循善诱(36.7%)、真诚守信(29.8%)、以身作则(24.2%)等。家长对鞠躬尽瘁(3.7%)、淡泊名利(8.6%)、任劳任怨(10.7%)、大公无私(11.4%)等道德素养并不太认可。家长作为社会人,对爱岗敬业的理解高于学生,非常看重爱岗敬业的重要性。

看来,这些吃着洋快餐、听着流行歌曲、玩着游戏机长大的90后中学生,他们在价值取向上更务实,更强调"自我"且不讳言"自我"。而对于他们父辈提出的"大公无私"的"无我观",他们的态度是疏离与冷漠。学生首先把教师看作是普通公民中

的一员,他们并不把教师看作圣人、人民的公仆,在这一方面真实反映了他们的内心世界。

(2) 如上所述,学生认为师爱魅力更多地反映在教师对待学生的态度上。学生认为有魅力的教师对待学生应具有的素养主要表现在(最多选 3 项):"激励"、"宽容"、"理解"和"给学生尊严"。初中生和高中学生在这个问题的选择上持有基本相同的观点,只是顺序上有所不同。

高中学生的选择顺序依次是:激励(65.0%)、理解(56.1%)、宽容(55.4%)、给学生尊严(49.0%)。

初中学生的选择顺序依次是:激励(52.2%)、理解(48.2%)、宽容(63.1%)、给学生尊严(53.3%)。

家长的选择顺序依次是"激励"(64.5%)、"宽容"(50.3%)、"信任"(45.5%)、"给学生尊严"(44.2%)、"理解"(42.3%)。在这一点上家长和学生的看法是比较接近的。

教育部义务教育阶段学业质量监测项目曾做过问卷与学业测试数据相关性分析,数据已经表明一个事实:良好的师生关系与学生学业质量之间高度正相关。本问卷的数据同样也得出类似的观点,即教师给予学生"激励"、"理解"、"宽容"等亲和力,会对学生的积极情感体验与成长产生重大影响。

(3) 现今社会,送礼收礼现象很普遍,那么教师是否可以收礼? 学生如何看待教师收学生礼金的行为? 有三分之一左右的学生表示"可以理解",三分之一的学生表示"非常厌恶"。

高中生约有三分之一的人(35.7%)理解教师的难处,但仍有约三分之一的学生(33.8%)对教师收礼持否定态度。对教师收礼金非常厌恶,认为这是没有师德的表现,应该受到批评;还有约四分之一的学生(24.8%),认为"无所谓""见得多了",小小年纪对丑陋现象表达出司空见惯的态度,这才是令人心痛的地方。

初中有近三分之一的学生(29.8%)理解教师的难处,有二分之一的学生(53.3%)对教师收礼金非常厌恶,认为这是没有师德的表现,应该严惩,还有六分之一(16.9%)的学生处于麻木状态。

这个选项,初中生与高中生组对照明显看到,认为"无所谓、见多了"的比例要小得多。从中可以得出一个结论:越是年纪小的学生,在对丑陋现象的划分中,正义感越强;而随着年岁的增长,学生会变得世故起来。显然,这是成人社会的痼疾在青少年学生身上的反映。

家长有近三分之二(61.1％)可以理解教师的难处,有五分之一的家长(23.9％)对教师收礼金非常厌恶,认为这是没有师德的表现,应该严惩,还有六分之一(15％)的家长表示无所谓。

初中学生对"你对现在的老师关爱学生方面的表现"上认为,90％的学生表示"满意"和"较满意",有将近10％的学生表示不满意。这一方面说明了上海二十多年的课改,在师生关系的处理上取得很大进步,另一方面也须清醒看到,上海还有将近10％的教师没有受到学生的欢迎,教师队伍建设的任务仍相当艰巨。

初中学生总体认为师生关系是融洽的,对"你和老师的关系"这一问题进行回答,92％的学生表示"很融洽"或"较融洽"。仅有6％的学生表示"不太融洽",1.5％的学生表示"不融洽"。这个数据的比例尽管不大,倘若从上海初中生约有60万人这个绝对数字来看,这1.5％的学生仍然不在少数,应当引起高度重视。

家长总体认为与教师的关系是融洽的。98.9％的家长表示"很融洽"或"较融洽"。仅有1.1％的家长表示"不太融洽",无家长表示与教师关系"不融洽"。

4. 教师的学识魅力:教学方法、了解学生、学科知识

中学生如何看待教师在学识方面应具有的素养?学生的看法主要集中在"丰富的本学科知识"、"娴熟的教学技巧和方法"和"了解学生认知、身心发展特点"这三方面。只是初中生与高中生在这三项的排序上略有不同。

高中生认为,有学识的教师在"丰富的本学科知识"(58.0％)、"娴熟的教学技巧和方法"(59.9％)和"了解学生认知、身心发展特点"(58.6％)等三方面缺一不可。学生的这个认识,即使从专家的眼中来看,也是完全一致的。值得注意的是,对于教师的学识魅力,还有一部分学生提出了以下要求,如"不断进取,开拓创新"(32.5％),"兴趣广泛,勤于学习"(28.7％),"重视发展学生智力"(23.0％),"有智慧"(15.3％),都要求教师成为终身学习者,是精神生活的富有者。

初中学生认为,有学识的教师应该首先"了解学生认知、身心发展特点"(60.8％),然后才是具有"娴熟的教学技巧和方法"(52.2％)、"丰富的本学科知识"(47.8％)。很显然,对于教师学识魅力的选项,初中生与高中生在认识与理解上有明显的不同。

家长认为,有学识的教师在"娴熟的教学技巧和方法"(74.7％)、"了解学生认知、

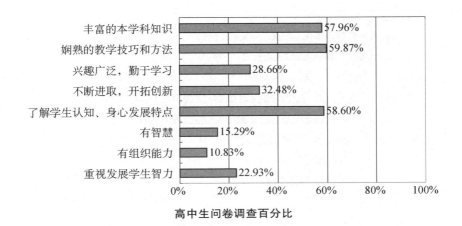

高中生问卷调查百分比

身心发展特点"(60.3％)和"丰富的本学科知识"(50.8％)等三方面缺一不可。家长的这个认识,即使从专家的眼中来看,也是完全一致的。值得注意的是,对于教师的学识魅力,还有一部分家长提出了以下要求,如"不断进取,开拓创新"(38.5％),"兴趣广泛,勤于学习"(19.3％),"重视发展学生智力"(20.3％),"有智慧"(15.3％),都要求教师成为终身学习者,成为精神生活的富有者。

5. 教师的形象魅力:亲近、幽默、开朗

在中学生心目中,教师在形象方面体现的魅力并不是外显在衣着打扮上,而是如何让学生心灵得到解放,让学生感觉不到压力。学生普遍认同的教师形象居于前三位的是"和蔼可亲"、"有幽默感"、"性格开朗","年轻漂亮"、"良好仪表"则位居末位。

高中学生主要认可的教师形象是:"和蔼可亲,平易近人"(68.8％)、"有幽默感"(63.7％)、"性格开朗"(42.0％)。至于"年轻漂亮"(12.1％)、"良好仪表"(19.1％)等排在了倒数第一、第二。看来,学生对于教师良好的身心健康特质(性格开朗、平易近人、有幽默感等)比教师的外在仪表,看得更为重要。

初中学生对这一项问题的回答是"和蔼可亲,平易近人"(69.8％)、"有幽默感"(68.2％)、"衣着大方整洁得体"(38.8％)、"性格开朗"(38.0％)、"语言规范健康"(31.8％)。至于"良好仪表"(12.9％)、"年轻漂亮"(14.1％)则排在了倒数第一二位。

家长主要认可的教师形象是:"和蔼可亲,平易近人"(73.6％)、"语言规范健康"(51.5％)、"衣着大方整洁得体"(42.0％)。与中学生有所不同的是,家长认为教师语

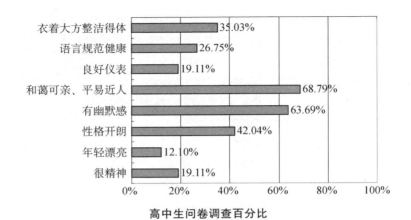

高中生问卷调查百分比

言规范健康很重要。至于"年轻漂亮"(0.4%)、"很精神"(10.2%)等排在了倒数第一、第二。看来,家长对于教师良好的行为表现(平易近人、语言规范等)比教师的外在仪表,更为看重。

三、教师教育魅力指数分析

为进一步了解教师教育魅力现状,本项目又对高中学生进行了附加问卷。从人格魅力、师爱(师德)、学识魅力和形象魅力四个方面设计了 40 个小题目(说明:有的题目可能跨两个方面,因为人格魅力和师爱,有时候很难分清楚),让学生选择最符合本校教师实际的答案,即"非常不同意"、"不同意"、"同意"、"非常同意"。为了更加形象地描述教师的教育魅力,给学生的选择付值,选择"非常不同意"为"－2","不同意"为"－1","同意"为"＋1","非常同意"为"＋2"。

1. 人格魅力指数

首先选择与人格魅力相关的题目。课题组认为,教师人格魅力是教师平日的言行中由内而外散发出来的,共列举了"勇于批评和自我批评,敢于承担责任"、"严于律己,作风正派"、"自尊自律,以身示范"、"乐观向上,热情开朗"、"尊重个体差异,尊重学生人格"7 个项目。

然后,计算出每个题目指数,其方法为:("非常不同意"人数×(—2)＋"不同意"人数×(—1)＋"同意"人数×(＋1)＋"非常同意"人数×(＋2))/总人数。

如下图所示,总体上学生认为教师有人格魅力。计算所得的教师人格魅力指数为

0.93(最高为 2,最低为－2)。

人格魅力

■ 非常不同意　■ 不同意　□ 同意　■ 非常同意

勇于批评与自我批评,敢于承担责任,说到做到	3 8	124	22
尊重个体差异,主动了解和满足中学生的不同需要	4 14	120	19
严于律己,以身作则,注重身教。自觉抑制有偿家教	5 14	115	23
自尊自律,以身示范,以人格魅力和学识魅力教育感染学生	3 13	121	20
主动与学生家长联系,认真听取意见和建议,取得支持与配合	3 7	127	20
乐观向上,热情开朗,有亲和力	3 10	122	22
关爱每一名学生,尊重学生人格,平等公正对待学生	3 9	122	23

2. 师爱(师德)指数

关于师爱(师德),课题组从教师对学生态度角度思考,比如"信任学生,积极创造条件,促进学生的自主发展"、"愿意与学生交朋友"、"不对学生有任何偏见"、"关爱学生健康"、"培养学生良好品行"等 11 个方面。

按照上述人格魅力指数的方法计算所得的师爱(师德)指数为1.03(最高为 2,最低为－2),总体上学生认为教师在师爱(师德)和师德方面较好。

师爱(师德)

■ 非常不同意　■ 不同意　□ 同意　■ 非常同意

信任学生,积极创造条件,促进学生的自主发展	4 6	128	19
具有良好的师生关系,普遍受到学生、家长的喜爱	3 11	122	21
愿意与学生交朋友,学生乐于把自己的真心话对他们说	3 19	114	21
抓住学生的闪光点而激励他上进,鼓励学生,扬长避短	3 13	117	24
不对任何学生有偏见,对男女生、优差生一视同仁	4 10	123	20
对学生有耐心,循循善诱,诲人不倦,因材施教	3 14	117	23
保护学生安全,关心学生健康,维护学生权益	3 6	124	24
关心爱护学生,有亲和力,师生关系融洽	3 6	127	21
责任心强,教学认真	4 5	125	23
关心学生成长进步,帮助学生树立信心	4 8	127	18
培养学生良好品行,不以分数作为评价学生的唯一标准	4 16	115	22

3. 教师学识魅力指数

关于学识魅力,从教师的学科知识、教学方法、进取心、课堂氛围、教学艺术、备课、指导针对性等 14 个方面衡量。如下图所示,总体上学生认为教师有学识魅力。计算所得的学识魅力指数为0.90(最高为 2,最低为－2)。

学识魅力

■ 非常不同意　■ 不同意　　同意　■ 非常同意

具备多方面的知识储备，具有广泛的兴趣爱好	3 8	124 22
能熟练掌握学科的知识体系，了解最新的学术动态	32	130 22
课堂教育有激情，激发学生的求知欲和好奇心，营造自由探索氛围	4 8	124 21
敢于在教学中独辟蹊径，用全新的风格授课	3 22	112 20
有广博的知识，在授课时旁征博引，让学生有兴趣，长见识	3 11	122 21
教师积极向上，有进取心，没有职业懈怠	36	124 24
注重培育学生的主动精神，鼓励学生的创造性思维	4 13	120 20
能让课堂上充满了欢乐，让学生轻松愉快地接受知识	5 19	112 21
恰当有效地运用现代教学技术、实验手段和学习资源	32	123 24
备课充分，关于创造恰当的学习环境和问题情景	3 8	124 22
科学选择和处理学习内容，精选习题，不搞题海战术	8 21	109 19
对学生个体学习指导针对性强，有效程度高	3 22	112 20
知识面广，能引导和帮助学生解决学习中产生的问题	3 8	125 21
课堂教学气氛活跃且不空泛，教学内容扎实且对学生适切	3 17	117 20
能调动学生积极性和激发兴趣，促进学生自主学习	4 15	118 20
关注学生心灵，对学生教育具有艺术性	4 16	117 20

4. 教师形象魅力指数

如下图所示，总体上学生认为教师有形象魅力。计算所得的形象魅力指数为0.92（最高为2，最低为－2）。

形象魅力

■ 非常不同意　■ 不同意　　同意　■ 非常同意

在教学活动中表情丰富，善于利用手势，身体姿态等肢体语言	3 8	122 24
漂亮、潇洒、充满时代气息，已经成为学生的偶像，学生因此会爱上这门功课	4 25	112 16
仪态大方，为人师表，衣着得体、整洁、举止文明礼貌	34	126 24

对教师相对认可度较高（"非常不同意"和"不同意"的少于6%）的内容有："仪态大方，为人师表，衣着得体、整洁，举止文明礼貌"（4.6%）；"责任心强，教学认真"（5.7%）；"关心爱护学生，有亲和力，师生关系融洽"（5.7%）；"保护学生安全，关心学生健康，维护学生权益"（5.7%）。看来，高中教师有良好的心理品质（包括使命感、责任感和事业心，有敬业精神）；教学认真；自身仪表、言谈、行为举止等方面有修养；关爱学生的安全与健康。这些都是教师近年来成长与发展的一大进步。

对教师相对认可度较低（"非常不同意"和"不同意"的大于12%）的内容有："科学选择和处理学习内容，精选习题，不搞题海战术"（18.5%）；"漂亮、潇洒、充满时代气息，已经成为学生的偶像，学生因此会爱上这门功课"（18.5%）；"敢于在教学中独辟蹊径，用全新的风格授课"（15.9%）；"对学生个体学习指导针对性强，有效程度高"

（15.9%）；"能让课堂上充满欢乐，让学生轻松愉快地接受知识"（15.3%）；"愿意与学生交朋友，与学生经常进行交流，学生乐于把自己的真心话对他们说"（14.0%）；"关注学生心灵，对学生教育具有艺术性"（12.7%）；"课堂教学气氛活跃且不空泛，教学内容扎实且对学生适切"（12.7%）；"培养学生良好品行，不以分数作为评价学生的唯一标准"（12.7%）；"注重身教，廉洁奉公，自觉抵制有偿家教"（12.1%）；"能调动学生学习积极性和激发兴趣，促进学生自主学习"（12.1%）。以上这些选项中学生认可度较低，它表明课堂教学中仍有相当大的潜力可挖；学生对课业负担的减轻抱较大的期望；学生希望教师在与学生心灵沟通上，能拿出更多的办法等等。

在家长问卷中，为了了解家长对教师行为表现的看法，请家长回答"您在多大程度上同意或不同意下列关于教师的说法？"。题目共有 15 题：

① 责任心强，教学认真。

② 既教书又育人，以自身的榜样影响学生。

③ 关心爱护学生，有亲和力，师生关系融洽。

④ 关注学生心灵，对学生教育具有艺术性。

⑤ 知识面广，能引导和帮助学生解决学习中产生的问题。

⑥ 关爱每一名学生，尊重学生人格，平等公正对待学生。

⑦ 保护学生安全，关心学生健康，维护学生权益。

⑧ 主动与学生家长联系，认真听取意见和建议，取得支持与配合。

⑨ 自尊自律，以身示范，以人格魅力和学识魅力教育感染学生。

⑩ 对学生有耐心，循循善诱，诲人不倦，因材施教。

⑪ 教师积极向上，有进取心，没有职业懈怠。

⑫ 严于律己，作风正派，以身作则，注重身教，廉洁奉公，自觉抵制有偿家教。

⑬ 不讽刺、挖苦、歧视学生，不体罚或变相体罚学生。

⑭ 尊重个体差异，主动了解和满足中学生的不同需要。

⑮ 信任学生，积极创造条件，促进学生的自主发展。

总体来说，家长对教师的评价较高。相对薄弱的有：关注学生心灵，对学生教育具有艺术性；严于律己，作风正派，以身作则，注重身教，廉洁奉公，自觉抵制有偿家教；对学生有耐心，循循善诱，诲人不倦，因材施教。

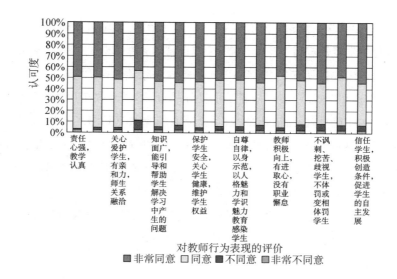

对教师行为表现的评价

■ 非常同意　□ 同意　■ 不同意　■ 非常不同意

四、存在的问题

1. "教学方法欠缺"和"沟通能力弱"是教师课堂教学的软肋

学生认为,现在老师普遍存在的主要缺点的是"教学方法欠缺"(42.04%)、"沟通能力弱"(35.03%)。

这表明教师没有对学生进行深入的了解,也缺乏或不擅长与学生进行良好的心灵沟通。还有学生反映教师有"变相体罚学生"(11.46%)的现象。对学生大打出手的教师,不仅伤害学生的身体,还会伤害学生的心灵,同时也表现出教师的无能,缺乏起码的人格修养。值得注意的是,有 4.46% 的学生反映"教师整体素质差";有 3.82% 的学生反映"教师道德品质差",这应当引起市、区教育行政部门高度的重视。

家长认为,现在老师普遍存在的主要缺点的在于"教学方法欠缺"(33.7%)和"沟通能力弱",还有"其他"(48.7%)。

2. 教师不当的课堂习惯用语在不经意中挫伤了学生的自尊

课堂习惯用语,本质上反映了教师对学生的态度和行为。学生比较欣赏的教师用语是:"不错,你的表现很好,继续努力"(23.57%),"老师欣赏你的勇气,回答很精彩"(3.2%)。学生非常讨厌教师在公众面前讽刺学生,如"既然你在下面那么会讲,那我下去你上来讲! 上来呀! 怎么又不上来了!?"(24.84%)、"昨天刚讲的问题! 我今天倒要看看要插多少支蜡烛"(15.92%)、"上课像条虫,下课像条龙!"(14.01%)。教师应当是一名文化使者,是成人世界派到儿童世界去的文化使者。教师的使命,就是用道德的方式,把最有价值的知识与技能传授给学生,而用讽刺挖苦的方式对待学生,它会堵塞学生心智丰富的通道,伤害学生的心灵,是非常不道德的。

3. 教师经常把不良情绪带到课堂,引起学生反感

教师在日常生活和工作中产生的不良情绪会带到课堂上吗? 近43%的学生认为教师"有时会"把不良情绪带到课堂。

对这一问题,高中约有一半(47.13%)的学生认为教师不会把日常生活和工作中产生的不良情绪带到课堂教学;但还有约一半(43.31%)的学生认为"有时会"(43.3%)。值得注意的是,仍有5.1%的学生认为,有的教师"经常会"。看来,如何提升教师的修养、内涵,仍然是教师教育中应十分关注的问题。

初中生约31.37%的学生认为教师"一般不会";有12.94%的学生回答"不会";但还有约43.53%的学生认为"有时会";有12.16%的学生回答"经常会"。应当清醒看到,有55.7%的学生表达出教师"有时会"或"经常会"把不良情绪带进课堂,这是很值得重视的一个大问题,市、区县教育行政部门和学校要把提升教师的修养和内涵当作一件大事来抓。

4. 学生最怕脾气不好的教师

有一位老师,他(她)的教学经验丰富,但是他(她)的脾气不好,经常会对学生发脾气。面对这样的老师你会怎么想?

对这一问题,高中有三分之二(66.88%)的学生认为,教师的性格对学生的学习是有影响的,害怕见他(她),想尽量避开他(她),上他(她)的课时会提心吊胆,怕受到批评,甚至讨厌这样的老师,希望不要上他(她)的课。只有三分之一(33.12%)的学生认为无所谓。从这么多学生的强烈反响可看出,教师不仅要"育人",还要"育己",即使是一名教学经验丰富的教师,不能做到"育己"时,就无法使学生信任他(她),甚至会让学生产生不良情绪,这对学生的成长是很不利的。

初中有(11.37%)的学生表达"害怕见他(她)";有14.51%的学生觉得"讨厌这样的老师";有25.88%的学生感到"上课时会提心吊胆"。值得注意的是,初中生竟有一半学生(48.24%)表示"无所谓",这个比例大大高于高中生的(33.12%)。看来,初中生对有教学经验而又脾气不好的老师,比高中生要宽容得多。

5. 学生最反感教师"坐着讲课"

56％的学生对教师"坐着讲课"非常反感。教师在课堂上不仅是知识的传授者，还应该是行为示范者，这是基本的道德规范。其实，学生对教师在课堂教学中的一举一动，一言一行是看得很清楚的。他们对教师的有些行为，是持批评态度的。

高中学生对教师"坐着讲课"（57.32％）、"上课时随意走出教室干其他事情"（33.76％）、"随意叫学生干这干那"（27.39％）等行为，持反感态度。

初中有56.1％的学生反对教师"坐着讲课"；有39.2％的学生反对教师"扔学生作业本"；有20.8％对于教师"上课时随意走出教室干其他事情"表达不满。

由此看来，教师在塑造自身人格的内在素质的同时，也必须注重自身人格的外化行为。需关注许多细节（如上课不挠头弄发、挖耳朵、坐着上课等），这些细节不但反映教师的文化修养、体现教师的性格、气质，更会对学生人格产生潜移默化的影响。

另外，在问卷中，有一个选项是对于教师的教育教学，你是否有感恩之情？有三分之二的学生表达了这种感恩之情。还有三分之一的学生没有表达感恩之情。其中有15.29％的学生选择了"求求你老师，让我过了吧！"。非常值得注意的是：有7.8％的学生选择了"老师，你咋那么烦呢？"有8.6％的学生选择了"真想不到，你也配做老师"。联系上面师生关系融洽度的选项，看来，上海有将近10％—15％的初中教师还存在诸多问题，值得在下一步教师队伍建设中，给予高度关注。

五、主要建议

1. 教师要成为"学长"、"知己"和"引导者"

在学生心目中，教师应有什么样的地位？

高中58.6％的学生认为教师"只是一种工作而已"；39.5％学生认为教师"很神圣，非常值得尊敬"。

初中49.8％学生认为教师"很神圣，非常值得尊敬"，这个比例大大高于高中生的评价；47.1％的学生认为教师"只是一种工作而已"。这个比例，又大大低于高中生的态度。看来，就总体而言，初中生对教师的地位的评价，要比高中生的评价要积极得多。

90.9％的家长认为教师"很神圣，非常值得尊敬"，8.9％的家长认为"只是一种工作而已"。

尽管信息和网络社会学生信息的渠道很多，但在学生成长和发展的空间中，学生第一位还是希望教师成为"知识的传授者",成为自己的"朋友和知己",成为自己学习生活的"引导者"。看来,学生希望教师的角色是学长、知己和引导者,教师扮演角色的最好做法是尊重、倾听、理解学生。这样的教师才"很神圣,非常值得尊敬"。

那么,教师应扮演怎样的角色呢? 非常值得注意的是,将近有一半以上的学生(58.6％)心目中,现在教师仅仅"只是一种工作而已"。它表明相当一部分教师"仅仅传授知识与技能",而如何传授知识背后的情感、态度、道德力量熏陶、感染、雕塑学生的心灵,真正成为人师,这才是学生所期盼的。显然,学生盼望的是教师人格的涵养和能力的历炼、教育境界的提升。而教师教育境界所达到的高度,是教师人生境界所达高度的标志。

初中学生有66.27％的学生希望教师成为"知识的传授者",有65.1％的学生希望教师成为"朋友和知己",有37.25％的学生希望教师成为自己学习生活的"引导者"。

2. 教师要有"责任"、"师德"和"学识"

从对学生喜欢的教师类型的问卷表明:高中学生希望教师有责任心(56.69％)、有高尚的师德(50.96％)、渊博的学识(44.59％)、有爱心(33.76％)等。

初中学生希望教师"有责任心"(53.73％)、"有高尚的师德"(52.94％)、"有爱心"(38.42％)、"渊博的学识"(36.86％)。初中生的这些选择,与高中生表现出高度的一致。

家长希望教师有责任心(80.4％)、有高尚的师德(59.4％)、有爱心(50.3％)、渊博的学识(31.4％)等。尽管,家长的希望和中学生的希望都差不多,但是家长对教师责任心的期望值远高于中学生。

很显然,学生概括的这四个方面,非常清晰地勾勒了教师教育魅力的最重要四个方面:①有责任心,即教师把自己的专业活动理解为实现自己人生价值的过程,从被动应付到积极应对,进而能够主动创新专业的活动;②有高尚的师德,教师始终理解信任与尊重学生的多样性,为每一个学生的成长与发展创造条件;③渊博的学识,它是教师专业素养达到成熟水平的重要标志,能使工作进入到科学和艺术结合的境界;④有爱心,它是中国教师精神气质与人文品性的集中体现。

3. 教师要与学生建立平等和谐的师生关系

(1) 教师要学会"平等善待"每一个学生

高中学生认为,一位有魅力的教师应当"平等地善待每一个学生"(63.69％);有

"博大胸怀"(29.94％)；是"学生的良师,也是善爱的长者"(29.3％)；"不仅关注学生的学业成绩,也关心学生的思想品德"(33.12％)。看来,上海二十多年的课程改革,一个重大成就是师生关系总体来说是融洽的。学生希望教师公平对待每个学生,也希望教师承认学生个体差异,关心学生的全面发展。

初中学生希望教师"平等地善待每一个学生"(57.65％),希望教师"胸怀博大"(35.29％),是"学生的良师"(31.37％)。同时,也希望教师承认学生个体的差异,不会因为"学习成绩的好坏"而对学生有不一样的看法(44.31％)。同时关心学生的全面发展。

家长认为,一位有魅力的教师应当是"学生的良师,也是善爱的长者"(50.3％),应"平等地善待每一个学生"(48.1％),"不仅关注学生的学业成绩,也关心学生的思想品德"(43.0％)。

（2）教师要与学生多些"平等交流"

高中学生希望教师在课外时间"放下老师的架子,和学生打成一片"(37.58％)；"多和学生交流,了解学生的想法"(23.75％)；"多给学生一些课外知识"(21.66％)。

初中学生希望教师在课外时间"能放下架子,和学生打成一片"(44.31％)；"能和学生交流,了解学生的想法"(22.75％)等。这些方面,初中生与高中生在认识和理解上,基本一致。

学生的心声由衷地反映了两种诉求:一是老师放下架子,多和学生对话、交流,我们今天对学生教育的许多失败,往往是缺乏对学生的理解所造成的。二是多给学生一些时间与空间。学生希望教师不要用自己的想法去填满他们的时间与空间,留给他们一片天地,他们可以更自由地发展。

六、调研结论

通过调研初步分析了上海中学生和家长对教师教育魅力的认识,以及教师教育魅力现状,并提出了存在的问题和改进的主要建议。

下面,从比较的视角,即上海中学生和家长心目中教师教育魅力与文献综述中的观点比较,高中生和初中生心目中教师教育魅力比较,来进一步阐述教师教育魅力。

在上海中学生心目中人格魅力是教师教育魅力的首要条件。具体为"尊重课堂上的每一个人"、"友善的态度"、"幽默感"等人格魅力,远远超过师爱、学识魅力和形象魅

力。在这一点上超过了我们的预期，与美国学者威弟(Witty)概括出作为好教师的 12
种素质的排序比较吻合，即：①友善的态度；②尊重课堂上的每一个人；③耐心；④兴趣
广泛；⑤良好的仪表；⑥公正；⑦幽默感；⑧良好的品性；⑨对学生的关注；⑩伸缩性(有
错即改)；⑪宽容；⑫有方法。从中可以看出，上海中学生对人格魅力有了比较正确的
认识。但学生的认识并不代表教师具有相应的人格魅力，可能更多地代表学生的期
望。从高中生的教师人格魅力指数的测评中可以看出，人格魅力指数并不高于师爱
(师德)指数。可见，提高教师人格魅力是现阶段提高教师教育魅力的重要内容之一。
现在的问题是，上海绝大多数的教师并不明了人格魅力在学生心目中有这么崇高的地
位。因此，对教师人格魅力的认识、理解和宣传，将是今后一个时期教师队伍建设的一
个重要任务。

在上海中学生心目中师爱(师德)的重要程度是仅次于人格魅力。中学生认为，有
师爱的教师，应该对待学生一视同仁，其次是爱岗敬业。这两点上，高中生和初中生是
一样的。其后的选项上有所分歧，高中生选择了"循循善诱"、"作风正派"、"以身作则"
方面；初中生选择了"乐于助人"、"以身作则"、"真诚守信"。从高中教师的魅力指数来
看，师爱(师德)指数是最高的。然而，在日常的课堂教学中，包括语言、行为等方面，师
爱缺失的表现依然存在。国际比较研究证明：教师的教育教学技能水平的提高，其实
是受到师爱境界水平的制约，只有那些具有大爱的教师，他们才懂得自己的专业工作
就是为了实现自己的人生价值，他们对学生的爱，根本目的就是为了培养学生正确的
价值观念，宣传师爱师德，仍然是上海教师队伍建设的艰巨任务。

在上海中学生心目中，教师的学识魅力体现在对学生认知发展特点的了解、具有
丰富的学科知识和娴熟教学技巧方法上。作为有学识魅力的教师，这三者缺一不可。
对于高中生来说，具有丰富的学科知识先于教学方法，初中生则相反。从高中教师的
魅力指数来看，教师的学识魅力指数是最小的。这说明，尽管上海非常关注教师的专
业发展，尤其是学识方面，但事实上在提升教师的学识魅力方面，还有很大的发展空
间。此次调查给了我们一个很深刻的认识：上海教师在转变学生心灵世界的这一方
面，"沟通能力弱"成为一个瓶颈。看来，要想真正成为优秀教师，并不仅仅是教育教学
技能的提高，更重要的是教师整体素养的提高，尤其在理解他人和与他人交往能力上
的提高。

在上海中学生心目中，教师的形象魅力是这次调研中最不受关注的方面。这可能

与中国传统的观念中教师的职业形象有关。学生在选择教师形象魅力的内涵时,更多地选择了"和蔼可亲"、"幽默"、"性格开朗"等内在的魅力,而不是选择容貌、衣着等外在的魅力。其实,教师在仪表、言谈、举止等方面的修养,也反映着一个人的内心世界。我们讲教师教育魅力,应当是教师的内在修养和外在形式的统一。对教师的形象魅力,在当下整个社会精神道德层面出现滑坡之际,应当加以宣传。

另外,家长对教师教育魅力的认识比学生更加务实。在家长看来,师爱是教师教育魅力非常重要的组成部分,家长更加看重教师的责任心,看重教师爱岗敬业,看重教师有很好的教学方法。家长相对学生,与教师的接触较少,因此更多地从结果的角度思考教师教育魅力,而不是过程性的角度思考教师教育魅力。

在本次调研中把教师教育魅力有意识地分为人格魅力、师爱(师德)、学识魅力和形象魅力等四个方面进行探讨。事实上,这四方面的教师教育魅力不是截然分开的,在很多情况下这四个方面是互相作用、互相联系的,是浑然一体的。当然,这四者间相互脱离的现象也不是个案,有的教师学识魅力很足,但是人格魅力和师爱魅力不足等。这一方面,值得我们再深入研究。

第四章　教师教育魅力探源与代际传承

　　教师教育魅力随教师角色自然而生，它的具体内涵受到教师功能的影响，同时也与时代文化密切相关。探寻教师教育魅力的源头，理清教师教育魅力的代际传承，对于当下的教师，有重要的参考价值。

一、独创与借鉴——先秦诸子的教师教育魅力

　　春秋与战国是我国历史上重要的社会大变革时期。面对社会变革，人们出于不同的利益立场，纷纷著书立说，议论时事，阐述哲理，产生了百家争鸣的局面。各家各派之间既相互批判、辩驳，又相互影响、吸取乃至融合。即使同一学派，在发展过程中也往往发生演变和分化，思想学术空前繁荣，这直接促成了教育的繁荣和教育思想的活跃。

　　为了推广弘扬各自的思想主张，各学派几乎都要借助教育手段，由此产生了很多影响深远的教育家。他们是开宗立派的大家，充满了独创精神；他们生长在一个自由争鸣的环境里，参详彼此，充满了借鉴互补的精神。创造、借鉴，构成了先秦诸子教育魅力的主旋律。

1. 孔子的教育魅力

　　孔子曾经学琴于师襄、问礼于老聃、学官于郯子、问乐于苌弘。孔子的教育思想，首先是从诸多私学那里借鉴而来，他合诸家之长，在教育思想和教育方法上有很强的创新精神，因而他的私学是当时办学规模最大、教学内容最充实、教学经验最丰富、培养人才最多、影响最深远的私学。广泛地求学，不拘一格地开创，这是孔子教育魅力的主要构成因素，也是后世诸多教育家的共性。孔子不仅在教育思想、教学方法上为后世创造了范例，他的成长与发展过程也自然影响了后世，他的教育魅力以强大的生命力悄无声息地转接到一代又一代教育者身上。

（1）教育对象的普遍性

子曰："有教无类。"

杨伯峻在《论语译注》中把这句解释为"人人我都教育，没有贫富、地域等的区别"。从孔子的教育实践来看，他的确扩大了教育对象的范围。孔子为受教育者所设的门槛显然是很低的。

"有教无类"打破了贵贱、贫富、种族的界限，把教育普及到了平民，这是历史性的进步，闪耀着"民本"思想、"人道"思想的魅力。在孔子私学的三千弟子中，各色人物都有，上自贵族，下至平民，以致当时就有人很不理解。但孔子能像良医良匠一般，医疾矫木，兼收并蓄，教育家的魅力显露无疑。

（2）教育内容的切合性

教育内容是构成教师教育魅力的最基础元素，而教育内容的优劣，又不只取决于知识的深度和广度，还取决于知识与时代、与社会、与个体发展的切合度。教育内容的切合性，是孔子教育魅力的最重要构成元素。

① 切合个体生存发展需要。

孔子继承了当时西周贵族"六艺"教育传统，又根据现实需要创设新学科，以《诗》、《书》、《礼》、《乐》、《易》、《春秋》为教学内容，着力使学生德才兼备、能文能武，能为统治者所用。因此，孔门弟子一专多能，很受各诸侯国统治阶级的亲睐、重用。各地的好学之士，为了更好地生存发展，也从遥远的各地纷纷赴孔门求教。教育内容切合个体生存发展的需要，这使孔子的教育对时人充满了吸引力。

② 切合社会需要。

子以四教：文，行，忠，信。① 这四者中，品行、忠诚和信实都是道德教育的要求，四个方面其实可归纳为两个方面，即文和德。

孔子主张"行有余力，则以学文"②，他认为首先要做一个品行符合道德标准的社会成员，然后才学习文化知识。在孔子的教育内容中，他把道德教育放在首要位置，这对维护社会的稳定和谐，是有很积极的意义的。

孔子的教材，都是属于社会历史政治伦理方面的，没有崇拜神灵。尽管孔子不是

---

① 《论语·述而》引自杨伯峻《论语译注》（中华书局 2006 年版）

② 《论语·学而》引自杨伯峻《论语译注》（中华书局 2006 年版）

无神论者,但对鬼神是敬而远之的。"子不语怪,力,乱,神"①,所教内容偏重社会人事。

不论是倡导道德教育,还是在教学内容上偏重社会人事,孔子的教育内容无疑是切合了社会的需要,社会性为他的教育增添了魅力。

③ 切合时代发展的要求。

到了春秋时期,士阶层产生了变化,孔子教学内容中,择选了传统"六艺"中有用的学科,并充实了新的内容。这样,既保证了从教者各种技能的习得,又增强了品德修养的教育,还突出了政治才能的培养,为士的形成和发展提供了良好的条件。可以说,孔子的教学内容切合了时代发展的要求,而且以他的思想为发端的儒家思想影响了此后的两千多年,直到如今,他的教育彰显着时代的魅力。

(3) 教育方法的有效性

孔子是一位杰出的教育实践家,他在教育实践中总结出了极具个人魅力的行之有效的教学方法。他把研究教师如何教的问题建立在研究学生如何学的基础上,把学生的学习过程归结为学、思、行三个环节,并据此提出一系列具有实效的教学方法,影响深远。

① 学思并重求实效。

孔子遵循的是"学而知之"的认识路线。学是求知的途径和唯一手段。学什么?他提出"博学于文"②、"好古敏以求之"③,偏重前人积累的间接经验。同时,他还提出"多闻择其善者而从之,多见而识之"④,强调多见闻,扩大知识的来源,这表明孔子还非常注重间接经验的获取。

学习,不仅知识面要广,孔子还主张深入地思考,提出"学而不思则罔,思而不学则殆"⑤。单纯的学和单纯的思,都是片面的。学是思的基础,思是学的深化。这种见解符合人的认知规律,初步揭示了学习和思考的辩证关系。孔子强调学思并重,通过思的环节把学落到了实处,极大地提高了教学的有效性,这种教育思想闪耀着科学的魅

---

① 《论语·述而》引自杨伯峻《论语译注》(中华书局 2006 年版)
② 《论语·雍也》引自杨伯峻《论语译注》(中华书局 2006 年版)
③ 《论语·述而》引自杨伯峻《论语译注》(中华书局 2006 年版)
④ 《论语·述而》引自杨伯峻《论语译注》(中华书局 2006 年版)
⑤ 《论语·为政》引自杨伯峻《论语译注》(中华书局 2006 年版)

力,对后来的教育理论、教学实践产生了深远的影响。

② 启发诱导显奇效。

众所周知,古希腊教育家苏格拉底非常善于引导学生思索,从而自行得出结论。可是,这种启发式教学的最早提出者不是苏格拉底,而是孔子,比苏格拉底早了几十年。

孔子非常注重调动学生的主动性、积极性,认为不论是传授知识还是培养道德,都要建立在学生自觉需要的基础上,精辟地提出了"不愤不启,不悱不发,举一隅不以三隅反,则不复也"①。这是说,当学生处于主动的积极思考的状态时,教师才适时地启发诱导,帮助学生达成求知的目的。

何时启发,如何启发,启发到什么程度,这就对教师提出了很高的要求。教师要把握好启发的时机和程度,做不失言的智者,而不能做躁者、隐者和瞽者。在如何启发方面,孔子善于运用学生比较熟悉的浅近事物阐发深刻的道理,灵活多变地激发学生的学习兴趣。

显然,启发式教学要求教师有敏锐的洞察力、良好的判断力、丰富的教学智慧,这对教师的要求是很高的。而具备这种启发式教学魅力的教师,完全可以使学生"闻一以知十"②,"告诸往而知来者"③,使教学产生奇效,大大提高教学效率。孔子不仅是最早提出启发式教学的教育家,还是最早的践行者,其智者的魅力于今可追!

③ 因材施教倡高效。

"因材施教"这个命题不是孔子本人提出的。朱熹在概括孔子的教学经验时提出"夫子教人,各因其材"④,于是有了"因材施教"的说法。孔子是我国历史上最早倡导因材施教的教育家。

实施因材施教,必须要对学生有准确的了解。孔子是非常善于了解学生的教师,他经常通过有目的地交谈和观察来了解学生,能够用精炼的语言准确概括学生的特点。正因为对学生了解得准确透彻,孔子的教学才能符合学生的实际水平和个性特点。不同的学生问同样的问题,他的回答往往不同。如:"子路问:'闻斯行诸?'子曰:

---

① 《论语·述而》引自杨伯峻《论语译注》(中华书局 2006 年版)
② 《论语·公冶长》引自杨伯峻《论语译注》(中华书局 2006 年版)
③ 《论语·学而》引自杨伯峻《论语译注》(中华书局 2006 年版)
④ 《四书章句集注》朱熹《四书章句集注》(中华书局 1983 年版)

'有父兄在，如之何其闻斯行之？'冉有曰：'闻斯行诸？'子曰：'闻斯行之。'"子路和冉有问的问题是相同的，孔子的回答却截然相反。对此，他的解释是"求也退，故进之；由也兼人，故退之"①。这就是基于对学生个性特点的准确把握而作出的教育选择，因材施教使孔子的教学保证了极高的效率。直至今日，孔子因材施教的魅力仍然激荡在每一个教育工作者的心中。

（4）教育品格的自觉性

孔子主张"为政以德"，他的私学教育中，道德教育居首要地位。他要培养的"贤才"，首先是道德完善的人。同时，孔子又认为道德修养不能依靠外力强加，而应依靠自觉努力。

① 克己

道德修养要提升的核心是自己的内心世界，因此道德教育首重自觉。孔子非常强调从自我做起，他说"君子求诸己，小人求诸人"②，认为一个人如何待人接物就体现出了他的道德修养如何。他主张约束和克制自己的言行，使之合乎礼、仁的规范。

② 力行

孔子主张"敏于事而慎于言"③，"讷于言而敏于行"④，认为道德修养的高低要见诸行动，反对"言过其行"⑤。

孔子很重视道德实践，他说："始吾于人也，听其言而信其行；今吾于人也，听其言而观其行。"⑥言行一致，以行践言，这是孔子教育品格中极具现代意义的方面，放射着恒久的魅力。

③ 内省

孔子在自己的私学里极力推广"内省"，将它作为日常的修养方法之一。"内省"主要依靠自觉，所以"内省"的推广也就意味着自觉力的提升。而这种自觉的修养实施起来是很容易的，孔子说："见贤思齐焉，见不贤而内自省也。"⑦在他看来，"内省"是随时

---

① 《论语·先进》引自杨伯峻《论语译注》（中华书局 2006 年版）

② 《论语·卫灵公》引自杨伯峻《论语译注》（中华书局 2006 年版）

③ 《论语·学而》引自杨伯峻《论语译注》（中华书局 2006 年版）

④ 《论语·里仁》引自杨伯峻《论语译注》（中华书局 2006 年版）

⑤ 《论语·宪问》引自杨伯峻《论语译注》（中华书局 2006 年版）

⑥ 《论语·公冶长》引自杨伯峻《论语译注》（中华书局 2006 年版）

⑦ 《论语·里仁》引自杨伯峻《论语译注》（中华书局 2006 年版）

随地都可以进行的,"三人行,必有我师焉,择其善者而从之,其不善者而改之"①。

④ 改过

孔子承认人难免会犯错的,即使是君子也不例外。犯错不可怕,关键是要对过错或不足,有正确的态度,而孔子认为最正确的态度就是改过。他说"小人之过也必文"②,又说"君子之过也,如日月之食焉:过也,人皆见之;更也,人皆仰之"③。

孔子主张改过的坦荡而积极的态度,内省不已的态度,身体力行的态度,克己复礼的态度,全都建立在高度的自觉性之上,构成了孔子教育品格的独特魅力。

(5)教育过程的模范性

孔子在四十多年的教师生涯中,他的言行对今天的教师仍有广泛的影响,他的教育过程具有为人师范的魅力。

① 学而不厌,诲人不倦

孔子认为,一个合格的教师,必须注重自身的学习修养,掌握广博的知识。如果不学习,就会失去为师的条件。教师"学而不厌"是为了更好地教。教育事业需要教师对学生、对社会有高度的责任心,需要教师有"诲人不倦"的精神。孔子的"诲人不倦"不仅表现在终身从事教育事业,还表现在他对学生的耐心说服上。如子路,被人视为庸人,但孔子能长期对之诲而不倦,把他改造成了突出的人才。"学而不厌","诲人不倦",孔子用自己的言论和实践,给所有教育工作者做了极好的示范。

② 热爱学生

孔子对学生的爱首先表现在他能客观公正地看待所有学生。如公冶长曾经坐过牢,但孔子对他没有偏见。因为孔子知道他是受亲属牵连而坐牢,并非道德品质不好。孔子看重学生本人的思想表现,不存主观偏见。

孔子很关心学生的健康。冉伯牛患了绝症,他亲自探望,深表惋惜;颜回病逝,他伤心落泪。孔子与学生的感情是很深的,休戚与共。

孔子对学生的爱还表现在他对学生充满了信心,并寄予厚望。他说:"后生可畏,焉知来者之不如今也。"④孔子认为新一代可能胜过老一代,学生可能超过老师,学生

---

① 《论语·述而》引自杨伯峻《论语译注》(中华书局 2006 年版)
② 《论语·子张》引自杨伯峻《论语译注》(中华书局 2006 年版)
③ 《论语·子张》引自杨伯峻《论语译注》(中华书局 2006 年版)
④ 《论语·子罕》引自杨伯峻《论语译注》(中华书局 2006 年版)

是实现仁道的希望,要重视和培养学生。

正是因为对学生的热爱,所以在教育上不知疲倦,全力教诲。他的付出也赢得了学生的信赖与尊敬。他的学生子贡说:"仲尼不可毁也。他人之贤者,丘陵也,犹可逾也;仲尼,日月也,无得而逾焉。人虽欲自绝,其何伤于日月乎? 多见其不知量也。"①这是学生尊师的突出表现,也是教师热爱学生的最好回馈。

③ 身教为先

言教是说理,提高道德认识;身教是示范,指导行为方法。教师的身教对学生有巨大的榜样力量,孔子非常重视这种榜样力量,他说:"其身正,不令而行;其身不正,虽令不从"②、"不能正其身,如正人何"③。

教师如果只重言教,不注重身教,就会变成空洞的说教,弱化甚至失去教育的力量。"以身教者从,以言教者讼"④,孔子对身教的重视和他"力行"的自觉性是一致的。冯友兰曾感怀他的恩师蔡元培有种春风化雨的力量,处处以身作则的孔子,不仅让他的弟子感受到了这种力量,今人思之,犹沐春风。

孔子的教育思想为中国古代教育奠定了理论基础,产生了重要的历史影响。他还是世界公认的伟大思想家和教育家。早在 16 世纪,他的学术包括教育思想就传到了欧洲并引起了巨大的震动。他曾被联合国教科文组织评为"世界十大文化名人"之首;《论语》被称为"东方的圣经";在东亚和东南亚一些国家还有"孔教";1971年,美国参众两院曾立法确定孔子的诞辰 9 月 28 日为美国的教师节;联合国教科文组织还设立了"孔子奖",奖励在世界范围内对教育文化事业作出杰出贡献的人士。可见,孔子的教育魅力不只感染着中国,还感染着全世界。他是具有世界级教育魅力的教育大师。

2. 墨子、孟子、荀子的教育魅力

孔子创立的儒家教育,到战国时期发展出了注重"内发"的孟子学说和注重"外烁"的荀子学说。代表小生产者利益的墨家教育脱胎于六艺教育,却在培养目标、教育内容和教育方法等方面显示出了特色。

---

① 《论语·子张》引自杨伯峻《论语译注》(中华书局 2006 年版)
② 《论语·子路》引自杨伯峻《论语译注》(中华书局 2006 年版)
③ 《论语·子路》引自杨伯峻《论语译注》(中华书局 2006 年版)
④ 《后汉书·第五钟离宋寒列传》出自《后汉书》(范晔　中华书局 2007 年版)

（1）兼爱的被挚爱者——墨子

墨子对教育者的影响是他的"兼相爱，交相利"的思想。要培养符合这一理念的人，就是要培养"兼士"或"贤士"。对这类人，墨子曾提出过三条具体标准："博乎道术"、"辩乎言谈"、"厚乎德行"，即有兴利除害的实际能力、能向社会推广"兼爱"的主张、以兴天下之利，除天下之害为己任。尽管墨子的这种愿望不易实现，但这种理想中的平等、博爱精神却散发着无穷的魅力，是人类宝贵的精神遗产。中国后世的义侠和任侠精神，在很大程度上是受此启发的。

在教育内容上，墨子非常重视训练思维能力，在中国古代逻辑学史上首先提出"类"、"故"的概念，提出"察类明故"，堪称一大创造。墨子倡导的逻辑推理，突破了儒家六艺教育的范畴，写下了教育史上辉煌的一页。可惜，到汉代儒家独尊，墨家竟成为绝学。尘封了两千年的墨家思想于今重见天日，墨子的教育魅力也终于透过遥远的时空，感染着今天的教育者们。

（2）傲气的仁者——孟子

说起孟轲，他的母亲就是一位很有教育魅力的人。"孟母三迁"和"断杼教子"的故事感动了国人两千多年。

孟子一生聚徒讲学，曾率弟子游历宋、滕、魏、齐、梁诸国，也曾名列稷下学宫。他的私学弟子有几百人，显赫一时。他非常热爱教育事业，曾说："君子有三乐，而王天下不与存焉。父母俱在，兄弟无故，一乐也；仰不愧于天，俯不怍于地，二乐也；得天下英才而教育之，三乐也。"[①]这是中国教育史上第一次把"教育"二字连用。

在教学的原则与方法上，孟子有其独特的魅力。他很重视人的主观能动性，提出了以下几点原则与方法：一是自求自得。他说："君子深造之以道，欲其自得之也。自得之，则居之安，居之安则资之深，资之深则左右逢其源。"[②]他认为教师在教学中只能给学生某些规矩，但不能使他们达到熟练技巧。掌握熟练技巧，灵活运用知识，全靠个人主观努力。而且，读书时也要使书为己用，"尽信书则不如无书"。[③] 二是专心有恒。孟子十分注意培养学生精力集中、专心致志、持之以恒的态度。他认为不论智慧高下和内容难易，能专心致志就能学有所得。除了专心，还要有恒心。"有为者辟若掘井，

---

① 《孟子·尽心上》引自《荀子简释》（梁启雄　中华书局 1983 年版）
② 《孟子·离娄下》引自《孟子译注》（杨伯峻　中华书局 1960 年版）
③ 《孟子·尽心下》引自《孟子译注》（杨伯峻　中华书局 1960 年版）

掘井九仞而不及泉，犹为弃井也。"①学习要有避免中途而废，不达目的誓不罢休的精神。三是循序渐进。孟子认为学习和教学的进程应当像源源不断的流水那样，注满一个坑洼再注下一个，没注满时决不下流，如此渐次流入大海。他还通过"揠苗助长"的寓言告诫人们，教学只能是一个自然有序的过程。

（3）尊师的"性恶论"者——荀子

荀子曾先后两次到齐国稷下学宫讲学，在稷下学宫声名显赫，威望极高。他曾在学宫"三为祭酒"，成为学术首领；讲学则"最为老师"，是公认的最有德望先生，被齐国君主授予"列大夫"头衔。他的教育思想对传统有较大的突破，魅力非凡。

荀子认为，只要有学习和教育，没什么能阻止人改变他自己。因为对教育的作用如此认识，所以他说"涂之人皆可为禹"②，让每一个受教育者都可以有极高的憧憬，在那个年代，这是荀子独有的魅力。

荀子非常重视教师的地位和作用，竭力倡导尊师。荀子还认为，教师的作用与国家的前途命运密切相关。他说："国将兴，必贵师而重傅；贵师而重傅，则法存。国将衰，必贱师而轻傅，则人有快，人有快则法度坏。"③教师的作用关系到国之兴衰，法之存亡，所以荀子把教师提高到与天、地、君、亲同等的地位，提出了"天地君亲师"的说法："天地者，生之本也；先祖者，类之本也；君师者，治之本也。无天地恶生？无先祖恶出？无君师恶治？"④既然教师地位如此之高，那么当然不是人人可以为师的。荀子提出了当教师的四个条件：一是要有尊严，使人敬服，教师必须具有绝对的权威；二是要有崇高的威信和丰富的经验；三是要具备传授知识的能力；四是要能体会"礼法"的精微道理并能加以阐述。荀子的尊师思想对后世中国社会"师道尊严"的形成有很大的影响。而且，他在倡导尊师的同时，对教师本身也提出了明确的要求，这就加固了尊师的前提。把教师的作用与国家兴亡联系起来，是对教育作用的高度肯定。从古到今的从教者，都能沐浴到荀子思想的光泽。

荀子也是一位成果卓著的教育者。他的弟子中，涌现过韩非、李斯这样的人物，而这两人直接帮助秦始皇统一了中国，荀子的魅力长存于教育者心中。

---

① 《孟子·尽心上》引自《孟子译注》（杨伯峻　中华书局 1960 年版）
② 《荀子·儒效》引自《荀子简释》（梁启雄　中华书局 1983 年版）
③ 《荀子·大略》引自《荀子简释》（梁启雄　中华书局 1983 年版）
④ 《荀子·礼论》引自《荀子简释》（梁启雄　中华书局 1983 年版）

二、勤勉、批判——两汉时期的教师教育魅力

两汉时期的教育家,既继承了前代教育家借鉴、创造的精神,又有着自己鲜明的个性。他们中有勤勉治学的杰出代表——董仲舒、郑玄,又有极富批判精神的王充。

1. 三年不窥园的廉者——董仲舒

(1)勤奋治学的标杆

董仲舒本人勤勉为学,他在教育方法上强调学习者应尽主观努力,才会有所成就。他认为,学习本身是艰苦的事,因此学习更需要坚定的意志,应该"强勉努力",刻苦钻研。唯有发挥"强勉"的精神,才能在治学和个人修养方面获得进步。

(2)心怀天下的廉者

董仲舒的思想对汉朝政策,特别是教育政策产生了重大影响。他的三大文教政策的提出,特别是"独尊儒术"的提出,对中国封建社会的文化教育产生了深远影响。从此以后,儒家思想成为中国封建社会的统治思想;儒家的道德观成为道德教育的依据。

董仲舒不管身居庙堂还是退居江湖,他从不消减对国家社稷的关心。他的道德教育的原则之一是个人应当确立重义轻利的人生理想,而他的生平,也是其德育思想的最佳实践。

2. 不乐为吏的"通儒"——郑玄

郑玄是西汉时期的经学大家,被称为汉代最大的"通儒",是两汉经学的集大成者,为我国儒家文化的流传作出了极大贡献。他不乐为吏以谋生,专力治学,在极为艰苦的条件下,从事经学教育三十余年,有弟子近万人。他在教材建设上有突出的成就,其经注就是言简意赅的经学教科书。他在注释儒家经典的过程中,对儒家的教育思想、观点和方法进行了精辟的解释、阐述、发挥和研究考证,使经书中的有关内容更加明确、充实和系统化,并提出了不少独到的见解,发展了古代的教育学理论。

郑玄认为,在教学过程中,教师起着主导和支配作用。他指出:"师说之明,则弟子好述之,教者言非,则学者失问"[①],这不仅反映了汉代经师具有巨大的权威性,在相当大的程度上也是符合教学的一般规律的。教师既然具有如此重要的地位和作用,所以郑玄说:师善则善。他将教师本身的品德、学识以及教学态度视为教育成败的关键。

---

① 《礼记正义》卷三十六(吕友仁　上海古籍出版社 2008 年版)

郑玄对教师提出了很高的要求,对于自身也要求甚严。

（1）乐在求索中

郑玄既通今文经,又通古文经。他遍注群经,以古文经为主,兼采今文经,实现了今古文经的融合。郑玄指出:"博稽《六艺》,粗览传记,时睹秘书纬术之奥。"①所谓"博稽",就是把主要精力放在研究经书上,求得知识的深度和广度;所谓"粗览",就是在占时不多的前提下,多浏览一些传记之类的参考书,扩大知识领域,开阔自己的视野;所谓"时睹"就是偶尔也阅读秘书纬书,选择一些可靠资料,以为旁征博引之用。他通过这种三者结合的读书方法,理解经书深奥的道理,获得了渊博的知识。这是他教给自己的后代采用的读书方法,也可以看作是他一生教育弟子们的读书方法。

（2）不辞艰辛,长期执教

郑玄东归后,很多儒生慕名而来,投奔到他的门下,拜他为师。但他因家境贫困,不具备讲学条件。于是,郑玄带领诸弟子在不其山建起房舍,边耕边读,其弟子最多时将近千人,崔琰、公孙方、王经等都曾在这里就学。后由于发生灾荒,粮食匮乏,只好停学,辞谢诸生,与弟子们挥泪而别。郑玄还曾到淄川黉山、文登长学山授徒讲学,并曾再入不其山。但具体时间不详。黉山在今山东省淄博市淄川区,那里有郑玄讲经遗址——郑公书院,还有晒书台。相传郑玄在这里笺《诗》、注《书》,晒书其上。后世在黉山建郑公书院,历代均曾重修。1937 年,郑公书院被日本侵略者焚毁。20 世纪 90 年代,淄川区寨里镇在旧址重建郑公书院。文登长学山,在市西 20 公里,据旧《志》记载,那里有康成讲堂,亦称郑司农讲堂,相传郑玄隐居此处,教授生徒。

在漫长的教学生涯中,郑玄收徒众多。其弟子见于记载的有姓名的有 30 人,他们或当朝为官,或著书立说,或传授弟子。郑玄的不少弟子也从事教育事业,他们将经学大师郑玄的学识影响不断扩大,使更多的人受益。

3. 不拘于时的批判者——王充

王充是东汉时期杰出的唯物主义思想家和教育家,可惜流传至今的著作只有《论衡》一书。王充把人才划分为四个层次,即鸿儒、文人、通人和儒生。鸿儒是他认为最理想的培养目标,因为鸿儒能精思著文,连接篇章,又能独立思考。文人是好学勤力,博学强识,掌握古今知识,且能采掇传书,以上书奏记者。通人是通书千篇以上,万卷

---

① 《后汉书·郑玄列传》

以下。儒生只能说一经,犹如鹦鹉学舌背诵经书。他主张的人才不仅应具有广博的知识,而更为重要的是,有独立思考的创造精神和学以致用的能力。这种思想是很超前的,相当有见地。

王充本人勇于批判当时流行的学说,也强调求学之人必须要具备批判精神。他认为,要获得真正的知识,必须打破唯师是从、唯书是从的心理,打破崇拜古人、崇拜权威的心理。对于古人,包括像孔子、孟子这样的大圣人,如果他们的言论与事实不符或自相矛盾,也要敢于提出质疑。这在信奉"师道尊严"的古人来看,是相当激进的言论。王充进一步指出,要培养学生的批判精神,让学生深入透彻地理解学习内容,师生双方在教育过程中必须创造可以充分激发思维的学习情境。其中"师弟子相诃难"的学风就是对这一思想的运用。通过激烈辩论充分调动师生双方的思维积极性,不仅有利于学生深刻领会学习内容,教师也能够在学生的启发下推陈出新,对原有知识产生新的理解,使学术因此"激而深切,触而箸明"。

鲜明的批判精神是王充教育思想、教育实践之特征,他的"不避上圣"更有强烈学术民主精神,在当时和后世起到思想解放的作用。

汉代私学教育兴盛,因而促使不少学术造诣深厚的学者在地方上授徒讲学。而由于私学中最常采用的教育方法就是次相传授,老师只对从学时间较长的高业弟子进行直接传授,再通过高业弟子转相传授初学弟子,这使得一批又一批饱读诗书的学者不停地投身于教育。在这样的传承关系中,教师的魅力对于学生的影响是普遍而深远的。

三、无为世界里的务实报国——魏晋时期的教师教育魅力

魏晋时期政局动荡,玄学、佛学的兴盛,以及他们对传统儒学的冲击、批判、融合,成为这个时期思想文化发展的重要特点。

玄学是融通儒道而成的一种新的思想体系,它在形式上复活了老庄思想,并以此来诠释儒家经典。玄学虽然不是一种教育理论,然而其对于现实社会和世俗教育的批评,包含着对理想教育的向往与追求,形成一种教育思潮。他们认为人的自然本性本身就是合理的,根本不需要后天教育的改造。自然主义教育在当时有颓废的一面,但对个性自由的倡导有着不容忽视的积极意义。

在这个崇尚自然无为的世界里,对当时教育影响最深广的,是傅玄、颜之推这样的

受儒学影响较深的实干家。傅玄列举了九种社会所需人才,即德才、理才、政才、学才、武才、农才、工才、商才、辩才,并将对这九种人才的培养作为学校教育的目标。颜之推也把为国家培养人才作为教育的主要目标,而且对儿童教育特别重视,尤其重视儿童教育中的道德教育和立志教育,为我国早教领域增添了重要内容。他们的教育主张都有着明确的为国意识,都重视务实,这些因素构成了他们独特的教育魅力。

这些魏晋的教育者秉承了前朝教育的创新精神与批判精神,在教育思想、教育内容、教育方法等方面都有了新的突破,使魏晋时期无愧于教育史上"继汉开唐"的新时代。

1. 积极奉行早期教育

颜之推总结了前人思想后,同样认为,早期教育对于个人成长至关重要。因为,孩子在幼年的时候,童心未泯、天性纯真、可塑性强、精神集中,比较容易接受各种事物。长大后,由于受到外界环境和事物的干扰,注意力容易分散,因而在成年后再进行启蒙教育就会相当困难。所以,及早施教是必要的,不能错过教育的最佳时机。

颜之推提倡早期教育的重要性,其中一个原因是重视环境对儿童的熏陶作用。他主张在人生"神情未定"、可塑性相当大的少儿时期,即施以良好的"熏渍陶染""潜移暗化",以使其自然而然地形成良好的个性和品德。颜之推倡早教的第二个原因,是因为少年"精神专利"的特点——"人生幼小,精神专利,成长以后,思虑散逸,固须早教,勿失机也。"①颜之推还认为对人的品德教育也是如此。如果在儿童受教育的有效年龄阶段"无教而有爱",便会产生不良后果,"饮食运为,恣其所欲,宜戒翻奖,应诃反笑。"等到长到一定年龄以后,恶习已经形成,这时家长才想给予矫正,常是"捶打至死而无威,忿怒日隆而增怨",终为"败德"。②

对于长辈可以在小辈幼年时期加以教育的内容,颜之推认为,除了文化知识、品格修养外,不妨向他们施以"薄技",以便逐渐养成独立生活能力。

为了更好地佐证自己的早教思想,颜之推现身说法,颜之推兄弟三人冬天要为双亲暖被,夏天要为父母扇凉。在家风严谨的家庭中,幼年的颜之推就懂得不少礼仪。走路时,恭敬谦和,与父母说话时,更是神态安详,语调平和。颜家严谨的家风直接影

---

① 《颜氏家训·慕贤》引自《颜氏家训集解》(王利器　中华书局 1993 年版)
② 《颜氏家训·勉学》引自《颜氏家训集解》(王利器　中华书局 1993 年版)

响到颜之推后来的治家与教子方法,同时也成为《颜氏家训》早教思想的直接来源。

古今中外的父母、教育者都会为一个问题而困惑:教育子女、学生的时候,到底应该威严更多还是慈爱更多? 颜之推也思考过这一问题,就子女教育提出了自己的见解,应将二者结合起来:"父母威严而有慈,则子女畏慎而生孝矣"①。善于教育子女的父母,会把严厉与慈爱结合起来,收到良好的教育效果。而不善于教育子女的父母,往往一味溺爱子女,导致儿童沾染了不良习气,届时,再施以粗暴手段管束,终究不能使子女改邪归正,反而伤害了自己与子女之间的感情,儿童的品质最终也会败坏,进而影响他一生的成长。

虽然颜之推提倡父母的威严,但在《颜氏家训》这部著作中,读者常能感受到他流露于字里行间的温暖教诲,难怪有学者称其为"一位父亲的叮咛"。

2. 重视家庭教育

中国传统文化对家庭教育极为重视,把家庭视为孩子的第一课堂,将父母视为孩子的第一任老师。《大学》中提出了修身齐家治国平天下的理想人生模式,也可以见得家庭教育在古人心目中的地位是相当高的,而撰写家训正是家庭教育的主要方式。

颜之推提倡子女在父母在世时要孝敬父母,过世后更要常怀感念之恩。颜之推尤其推崇那些终生感念父母的人,他认为在父母忌日,无论遇到任何节日或需要庆祝的节气,子女都不应外出游玩。不过,可贵的是,颜之推在感恩父母这一问题上一直秉持辩证的态度。他肯定触景生情、睹物思人这些人之常情,也反对过度悲伤以至于荒废事业。

我国古代名人所著的家训不在少数,而《颜氏家训》被宋代著名藏书家陈振孙誉为:"古今家训,以此为祖",绝不是过誉。在他的谆谆教诲之下,其后颜氏又出现了颜师古、颜真卿等大家,是对其著作的最佳宣传。而今人在教育子女遇到困惑之时,乐于翻阅《颜氏家训》,体现出颜之推魅力的经久不衰。

四、勇为风气先——隋唐时期的教师教育魅力

隋唐时期教育发展进入一个新的历史阶段。重新统一的国家,实现了中央集权,逐步形成了经济的繁荣,为文化教育的发展提供了有利条件。韩愈和柳宗元突破教育

---

① 《颜氏家训·教子》引自《颜氏家训集解》(王利器　中华书局 1993 年版)

痼疾,开创了教育新风气。

韩愈不仅是一位优秀的教育思想家,也是一位经验丰富的教育实践家。他做过两次国子博士,一次四门博士,一次国子祭酒。做国子博士时,曾作《师说》、《进学解》。

只比韩愈小了五岁的柳宗元,除了在文学上成就上与韩愈并举,也从事教育活动。他悉心指导学生认真学习和写作,学生们的知识水平和写作水平提高极快。

韩柳二人生活在同一时代,在教育主张上也有较多共性。他们都反对当时不相师的流俗,崇尚师道;都认同思想内容重于艺术形式,指导学生"不袭蹈前人","辞必己出"。当然,他们的观点和个性也有明显的差异,有些方面甚至是相反,但这种差异性更有助于形成两人各自独特鲜明的教育魅力。

1. "破"的胆气与"立"的识见

(1)勇为风气先——振师道

一直被选入国内中学语文课本的《师说》是中国古代第一篇集中论述教师问题的文章。这篇文章写于贞元十八年(802 年)。韩愈的教育活动在社会上引起很大反响。当时,有人赞成从师学道,但更多的人激烈反对师与弟子的名义,于是韩愈利用赠学生文章的机会,写了《师说》,公开表达了他的师道观。

《师说》的观点对当时士大夫的思想是一次巨大的冲击。在科举制度盛行的当时,士人依靠文学争名位,文学的重要性超过了经学,"文人撰文,唯恐不自己出",竞相炫耀才能,以求师为耻。

韩愈在《师说》中,创造性地提出了他自己的师道观。首先,他从"人非生而知之者"这个原点出发,推导出"学者必有师"。作为一生致力于复兴孔孟儒学的人,韩愈的这个观点却勇敢而客观地超越了儒家传统思想。孔子是认为"生而知之者上也",孟子更是认为圣人是先知先觉者,而韩愈没有教条地延循这一思想,实在可贵。其次,他指出了教师的基本任务是"传道、受业、解惑"。"传道"即传儒家道统,这被韩愈放在了教师任务的第一位。"受业"即授儒家经典,这是"道"的载体。所解的"惑"就是学生在学"道"与"业"过程中遇到的疑难。韩愈强调了"传道"的重要性,认为如果教师只注重教学生"习其句读",那就是"小学而大遗"了。正是基于这种认识,韩愈把"道"作为求师的标准,主张"学无常师",这对打破当时士大夫们妄自尊大的心理,促进思想文化交流,具有很积极的意义。此外,韩愈还鼓励人们"相师"。他肯定了"巫医乐师百工之人,不耻相师",呼吁人们形成相互学习的好风气。他鲜明地指出"弟子不必不如师,师不必贤于弟子",认为师生的关系是可以相互转化的,这是具有一定民主精神的教育思想,产生了重要的历史影响。

柳宗元很赞同韩愈对师道的提倡,他认为道存,即使奴仆和乞丐也可以和他交朋友;道不存,即使公侯也不必理睬他们。在这方面,他和韩愈的见解是一致的,以道为原,不屈权贵与流俗的魅力是一致的。

柳宗元对教师的要求比韩愈要严格很多。他认为师是不易得的,多次拒绝别人请他为师的要求,力避为师之名,主张"交以为师",这和韩愈有明显区别。柳宗元主张把师生关系变成师友关系,相互学习,取长补短,比韩愈的认识又进了一步。

(2)唯陈言之务去——文以明道

如前所述,韩愈认为教学的目的在于"修先王之道",所以对文与道的关系,他认为文是手段,道是目的。欲学先王之道,就要读六艺之文。欲宣传先王之道,也应用古文形式。于是,韩愈提倡新古文,教人学古文,着眼学古道,鼓励青年根据仁义之道,用古文的形式去写作。

他认为要学古文就应该选择古代名家作品作为学习典范。"宜师古圣贤人","师其意不师其辞"。对于为文之道,他提出了自己独特的见解,认为写文章要有自己独创的语言,把"能自树立不因循"①作为写作的原则,力求"不袭蹈前人"、"唯陈言之务去",坚持"辞必己出",强调在继承优秀传统的基础上进行创新。这样,韩愈就把学习与独创很好地结合了起来。

柳宗元在唐代的古文运动中与韩愈齐名,他支持韩愈的"文以载道"的主张,提出"然圣人之言,期以明道,学者务求诸道而遗其辞,辞之传于世者必由于书。道假辞而明,辞假书而传。"②可见,柳宗元不但支持"文以载道",而且进一步主张"文以明道"。他说:"文者以明道,是固不苟为炳炳烺烺,务采色,夸声音而以为能也。"③主张思想内容重于艺术形式,这也是他教育思想的重要特点。

2. 个性的坚守与兼容——对教育内容分歧中的同构

韩愈一生反对佛老,柳宗元一生好佛,这似乎水火不相容。可是,在教育内容上,两人在崇尚儒道方面又有很大的交集。

---

① 韩愈《答刘正夫书》引自《韩昌黎文集校注》(上海古籍出版社1986年版)
② 柳宗元《报崔黯秀才论为文书》引自《柳河东集》(上海古籍出版社2008年版)
③ 柳宗元《答韦中立论师道书》引自《柳河东集》(上海古籍出版社2008年版)

韩愈想挽救先王之道，再兴而传。柳宗元的教育目的是培养君子，认为君子要像伊尹、管仲、孔子一样，把为人民谋利益作为自己的历史责任。

区别是存在的。柳宗元所说的君子，除儒家学者强调的"忠君、孝亲"这套伦常标准之外，还强调了要具有"生人之意"的政治理想，他和韩愈的不同主要在此。生人即生民，他要求君子爱民，不忘生民的患难，积极关心生民并为生民服务，这才具备圣人之道。

柳宗元对教育内容的主张，在肯定儒家经典的同时，还兼容百家，体现出了可贵的教育包容性，这种包容性，恐怕也是他和韩愈尽管有明显分歧，但在关键问题上总能相互应和的原因。

五、居敬穷理谱新篇——宋朝的教师教育魅力

宋朝以"兴文教，抑武事"为国策，先后发动了三次兴学运动，建立了中央和地方官学体系。书院在宋达到了兴盛期，产生了著名的六大书院。在学术思想方面，理学的产生是这个时期的重要特点。理学产生于北宋，完成于南宋，至南宋朱熹始集大成，建立了一个比较完整的客观唯心主义体系，后人称为"程朱理学"。在南宋，与朱熹同时的还有陆九渊为代表的主观唯心主义学派。宋朝的教育者继承了隋唐教师"勇为风气先"的精神，在办学形式和学习方法等诸多方面有了新的突破。以朱熹为代表的宋朝教育者，居敬以穷理，不断寻求突破，为教师教育魅力注入了新的内涵。

朱熹他一生从事教育活动四十余年，他的教育魅力首先源自对教育的热爱。朱熹在长期的教育活动中，培养的学生多达几千人。他曾长期在福建崇安武夷山"寒泉精舍"、"武夷精舍"授徒讲学，又先后主持修复白鹿洞书院、岳麓书院。他还很重视编著教材，他的著述对后世影响极深。其中影响最大的是《四书集注》，成为元、明、清各代官学的必读教科书。他所编的《小学》以及与吕祖谦合编的《近思录》也是中国古代通行很久的正统教材。朱熹的教育影响力在后世，也在当时。

朱熹先是思想家，然后才是教育家。他在教育理论和实践上的成就都是他思想发展的体现。他的教育魅力，处处闪耀着他思想的光芒。

1. 渗透在教育中的理学魅力

朱熹是南宋著名的理学家，他在 24 岁时拜程颐的三传弟子李侗为师，继承和发展了二程学说，成为宋代理学思想的集大成者。他的教育思想和他的理学思想是密不可分的。

（1）明天理

朱熹认为，"理"是宇宙的本源。天理体现在人身上，就是"性"。他用理学的观点来论述教育的任务在于"明天理、灭人欲"。

朱熹非常反对当时以科举为目的的学校教育。一个为后来的几百年科举考试写教科书的人反对为科举的学校教育，这会让很多对朱熹存有偏见的人吃惊。他认为："古昔圣贤所以教人为学之意，莫非使之讲明义理以修其身，然后推己及人，非徒欲其务记览、为词章，以钓声名取利禄而已。"①他要求改革科举，整顿学校，认为当时的学校教育忽视了伦理道德教育，诱使学生"怀利去义"，这会导致"风俗日敝，人材日衰"。朱熹的这些主张，对于今天中小学教育中的唯考分论者，是个不小的讽刺。

（2）居敬穷理

朱熹说的"居敬"，是指专心致志，谨慎认真的意思。"敬不是万虑休置之谓，只是随事专一谨畏，不放逸尔。"②

所谓"穷理"，就是通过格物致知的工夫达到穷尽事物之理的目的。要达到致知的目的，读书是主要途径。

他说："天下之理，莫不有理，而其精蕴，则已具于圣贤之书，故必由是以求之"，"为学之道，莫先于穷理，穷理之要必在于读书；读书之法，莫贵于循序而致精；而致精之本则在于居敬而持志，此不易之理也"③。

对学生的这些要求，也是朱熹自己的行为准则。他认为无常的天命感动到人的内心，就使人常处忧患，兢兢业业，小心翼翼，认真对待周围的一切，这就悟出了"敬"字，进入了良知"仁"的境界。

2. 学段意识的创新魅力

朱熹在自己教育实践的基础上，对人的心理特征有了初步认识，据此把一个人的教育分成"小学"和"大学"两个阶段。他说："大学者，大人之学也。古之为教者，有小子之学，有大人之学。"④这个分段，以年龄和智力发展为准，因此在学习内容和培养要求上，也有所不同。

---

① 《朱文公文集》卷七十八 转引自孙培青主编的《中国教育史》（华东师范大学出版社 2009 年版）
② 《宋元学案·晦翁学案》转引自孙培青主编的《中国教育史》（华东师范大学出版社 2009 年版）
③ 《性理精义》卷七
④ 《朱文公文集》卷十五 转引自孙培青主编的《中国教育史》（华东师范大学出版社 2009 年版）

八岁至十五岁是小学教育阶段。朱熹认为小学教育对一个人的成长至关重要。他说"蒙养弗端,长益浮靡","而今自小失了,要补填,实是难"①。因为小学儿童智识未开,思维能力很弱,所以他们学习的内容应该是"知之浅而行之小者"②。朱熹提出,让儿童在日常生活中,通过具体行事,懂得基本的伦理道德规范,养成一定的行为习惯,学到初步的文化知识技能。

对于小学阶段的教育,朱熹还提出了一系列的方法。首先,他主张先入为主,及早施教,"必使其讲而习之于幼稚之时,使其习与知长,化与心成,而无扞格不胜之患也"③。其次,还要形象生动,能激发孩子兴趣,使之乐于接受。他广泛地采集格言、训诫诗、故事等,编成《小学》,专供儿童教育,影响深远。此外,他首创以《须知》、《学则》的形式来培养儿童的道德行为习惯。这种做法尽管也存在着压抑儿童个性发展的缺陷,但在培养儿童良好的生活、学习习惯方面,还是有可取之处,如"凡脱衣服,必整齐折叠箧中。勿令散乱顿放,则不为尘埃杂秽所污,仍易于寻取,不致散失。著衣既久,则不免垢腻,须要勤勤洗浣。破绽,则补缀之。尽补缀无害,只要完洁"、"凡读书,整顿几案,令洁净端正。将书册整齐顿放。正身体,对书册,详缓看书,仔细分明读之。须要读得字字响亮。不可误一字,不可多一字,不可倒一字"等。

十五岁以后是"大学"阶段。与"小学"阶段重在"教事"不同,"大学"阶段重在"教理"。朱熹在《小学辑说》中说:"小学是事,如事君、事父兄等事。大学是发明此事之理,就上面讲究所以事君、事父兄等事是如何。"在大学阶段,要"教之以穷理、正心、修己、治人之道"④。

在"大学"教育方面,朱熹有很多成功的经验。他很重视自学,主张教师指导下的学生自学与研究,说:"书用你自去读,道理用你自去究索,某只是做个引路底人,做得个证明底人,有疑难处同商量而已。"⑤这在如今大学中,也是很重要的方法。他还很倡导不同学术观点之间的相互交流。如淳熙八年,他曾邀请与他学术见解不同的陆九渊到他主持的白鹿洞书院讲学,赞其"切中学者深微隐痼之病",并将其讲稿刻石为记。

---

① 《朱子语类》卷七(龙文玲等编　广西师范大学出版社 1998 年版)
② 同上
③ 《小学书题》转引自孙培青主编的《中国教育史》(华东师范大学出版社 2009 年版)
④ 《朱文公文集》卷七十六转引自孙培青主编的《中国教育史》(华东师范大学出版社 2009 年版)
⑤ 《朱子语类》卷十三(龙文玲等编　广西师范大学出版社 1998 年版)

这种不囿门户之见的作风,在当时尤为难得,一直是学术史上的美谈。

朱熹创造性地明确划分学段,根据学龄和智力发展采取不同教学内容和方法的主张,确实反映了人才培养的某些客观规律,使原本模糊的自发的分学段教育有了清晰的依据,对中国古代教育发展贡献巨大。

3. 读书有法的启发魅力

朱熹自己就是个饱读之士,读书的工夫下得很深。

朱熹强调读书穷理,他一生酷爱读书,在读书方面提出过很多精辟的见解。朱熹去世后,他的弟子门人将他有关读书的经验和见解整理归纳,成为"朱子读书法"六条,在教育史上具有重要影响。六条的内容如下:

(1)循序渐进

朱熹主张的"循序渐进"有三层意思:第一,学习的过程应当根据知识的难易程度确定次序,由浅入深,由小及大,切合自己的认知能力。第二,循序渐进也包括知识的积累和持之以恒的治学精神。治学应该坚持不懈,不断长进。第三,循序渐进还体现在读具体的书上,要按照首尾篇章的顺序,"未明于前,勿求于后"。强调扎扎实实,一步一步前进。

(2)熟读精思

朱熹认为,读书既要熟读成诵,又要精于思考。他强调读书必须反复阅读,在遍数上不能打马虎眼。不仅要能够背熟,而且对书中的内容了如指掌,做到"认得,如同自己作出来底一般"。熟读是精思的基础,要对书中的名物训诂,都一一领会。在此基础上,进一步深刻理解文章的精义及其思想真谛。至于如何"精思",朱熹提出了"无疑—有疑—解疑"的过程。他说:"读书始读,未知有疑。其次则渐渐有疑。中则节节是疑。过了一番后,疑渐渐解,以至融会贯通,都无所疑,方始是学。"①

(3)虚心涵泳

"虚心"是指读书时要虚怀若谷,静心思虑,仔细体会,不先入为主,牵强附会。"涵泳"是指读书时反复咀嚼,细心玩味。

(4)切己体察

也就是"须要将圣贤言语,体之于身"。读书不仅是要获得知识、寻求义理,更重要

---

① 《宋元学案·晦翁学案》转引自孙培青主编的《中国教育史》(华东师范大学出版社2009年版)

的是落实到自身修养的提高上，这是儒家提倡"求诸己"，讲究自律的思想体现。

（5）着紧用力

读书学习一定要抓紧时间，抖擞精神。朱熹把读书形象地比做"撑上水船，一篙不能放松"。读书又是细致功夫，不能蛮干。他以鸡抱卵为喻，急躁是不行的，而且过冷孵不出来，过热又会死。为此，他提出"宽着期限，紧着课程"的读书原则。要考虑到熟读精思的高标准需要，总的读书期限不能安排得过于紧凑。而一旦进入学习阶段，就绝不能放松，要按部就班地完成任务。

（6）居敬持志

这既是他的道德修养之法，也是他最重要的读书方法。"敬"就是端正态度，诚心诚意、兢兢业业地去做，可以说是做好一切事情的基础，读书也不例外。而居敬则还有专静纯一、持之以恒的意思。"持志"，即有坚定志向。树立了明确的志向，学业才会不断长进。

"朱子读书法"是朱熹对自己长期读书经验和对前人读书经验的总结，他这六条反映了读书学习的基本规律和要求，是我国古代学者论述读书最充分、最系统的，在今天仍具有一定的参考价值。

当我们略过时代的特定局限，客观地考量朱子其人，他的魅力是直贯古今的。

六、师古变今，寓教于乐——明朝中后期的教师教育魅力

明初的统治者制定了"治国以教化为先，教化以学校为本"的文教政策，促进了学校教育事业的发展。尽管由于统治阶级的内部矛盾，明朝曾四毁书院，但明朝还是建立了较完备的中央官学和地方官学体制，科举制度达到鼎盛时期。学校教育受到科举制度的严重影响。

明朝的统治思想是程朱理学。到明朝中期以后，王守仁继承和发展了陆九渊的学说，创立了与程朱理学相悖的"王学"。王守仁，号阳明，明代最著名的思想家、教育家。王守仁不同意朱熹将"心"和"理"分开，进而否定了"居敬穷理"的主张，认为"理"本来就存乎"心"，教育就是要去除"心"的"昏蔽"，从而完成教化之功。

他以人为本，广收门徒，传授研究心得，培养学生的"圣心"。他不仅继承了前代教育家的学习精神，批判精神，开创精神，而且还以其独有的寓教于乐的亲和魅力深深影响乃至改变了他所处的那个时代。

1. 匡时救世的教育动机

王守仁的教育思想、教育实践等都是因时代需要而产生的，其动机在于匡时救世。明王朝社会矛盾重重、危机四伏，由来已久，发展到王守仁所生活的时代，越发严重，主要的三个根源是统治集团内部的权力之争、封建统治阶级与农民阶级间的矛盾以及明王朝与北方少数民族政权的武装冲突。

王守仁认为要真正做到安抚夷族，缓解民族矛盾，维护明王朝的统治，应当建立学校，用文化来改造少数民族。他兴办了思田学校，南宁学校，并指出"理学不明，人心陷溺，是以士习日头，风教不振"，社会动乱由此而起。武力镇压是封建统治者常用的平乱手段，但是王守仁坚持"安上治民莫善于礼"，除了要"破山中贼"，还要依靠教育手段来"破心中贼"①。他也践行了自己的主张，在当地学校每日讲学。在思田，王守仁举乡约，重礼教，兴学校，立书院。一时民风向学，在边陲之地成功地兴起了教育事业，而这种教育已经不止是单纯的文化活动，而且是他的政治实践的一种特殊形式，做到了政教合一。

通过以上事例可以发现，王守仁非常重视教育，始终不变地坚信教育的力量。他企图用拯救道德危机来拯救政治危机的想法，是历代儒家治乱策略的再现，因此，王守仁的教育实践旨在重建儒家道德价值体系，而其最终目的就是"忘其身之不肖而思以此救之"。

2. 改革经学的战斗精神

在明代，官方极力推崇程朱理学，使得程朱理学的教育流弊愈发恶化，科举考试中的文章有八股化倾向。明初，朝廷确定八股取士，只许"代圣人立言"，不许个人有任何发挥与创造。所以明朝初期的教育也就是照本宣科的理学教育。读书人整天研究八股文的写作，埋头于文字训练，只为利禄仕途，学术风气可谓一蹶不振，虽有学校之名而无教育之实。针对这种流弊，王守仁指出它失去了儒家"圣人之道"的本旨，其根源就在于程朱理学将"知"与"行"分离开来。由此，他提出"知行合一"说，来弥补程朱理学"先知后行"的偏颇，更为了拯救现实中"知而不行"的弊病。

教育生涯中，他大部分时间都是从事政务和军事活动。这种实践经历使他不把为学仅仅看作书本上的事，而强调实事磨炼与身体力行，这正是他根据"知行合一"原则

---

① 《王文成公全书》卷十七(王守仁　上海中华图书馆 1913 年版)

教人在实践中锻炼思想与意志,培养优良品质与行为习惯的治学方法。他主张即事即学,即政即学,身体力行,知行合一,不可离开亲躬实践而空谈为学。王守仁经常教导学生通过时常磨炼与身体力行,使自己的学业精进,道德品质得以发展和完善。他也常常现身说法,告诉弟子们说:"知行合一"、"良知"等学说,都是他从"百死千难"中实践得来的,人不经过艰难困苦的磨炼,无以提升自己的道德境界和建立自我的主体性,无以养得"此心中和"。

王守仁的理论突出了人的伦理化的感性心理,而不是与感性血肉没有关联的"理",因此决定了教育的价值取向是脚踏实地的"行",而不是空洞飘忽的"知"。

明代的经学教育实则为程朱理学教育。当时,天下学子只知《四书集注》、《性理大全》,却把五经视作可缓之学,只知做八股文以"代圣人立言",却不知"续经"来发展儒学。有鉴于此,他提出要"正经"、"尊经",并且列出了三条"正经"举措:其一,重新返归到"孔子之旧"的古经上去,抛弃流行的章句支离之学;其二,大胆革新当时学风,继承和发展儒家"求真"的经学传统;其三,扭转当时空谈心性和摧残身心的科举教育,使之走向面对现实社会和人生的实学轨道。尽管王守仁并未明确点明是批判程朱和传统道学,但字里行间的指意是明确的,体现了他革新经学和提倡经世致用的战斗精神。

3. 尊重个体,因材施教

王守仁在贵州龙场讲学时为诸生立下的四项准则:立志、勤学、改过、责善,充分体现了其教育思想的最基本点。立志,是四项准则中最重要的一项。他认为,立志是为学的基础和前提,并贯穿了为学的全过程。他曾说:"志不立,天下无可成之事"①。这就高度强调了"立志"的重要性和必要性,希冀学生能以善良的动机和情感来树立人生目标。

王守仁采用的教学方法多种多样,主要的有点化法、启发式谈话法、讲授法、讨论法、笔谈法等。对于不同的学生,不同的情境,他会灵活采取不同的方法。笔谈法的著名事例就是王守仁教育聋哑人杨茂,这个例子在中国教育史上堪称最有代表性的特殊教育案例。对于这名特殊的学生,他首先从激发杨茂的学习动机开始,然后肯定他"做人"的勇气。王守仁用笔谈方式问的第一个问题是:"你口不能言是非,耳不能听是非,你心还能知是非否?"杨茂笔答:"知是非。"王守仁进而教导:"如此,你口虽不如人,你

---

① 《书朱守谐卷》出自《王文成公全书》(王守仁　上海中华图书馆 1913 年版)

耳虽不如人，你心还与人一般。"杨茂获得了学习的动力，他的学习能力被肯定，于是"首肯、拱谢"①。王守仁针对聋哑人的心理特征、表情、表达方式的变化来把握教学内容与进度，足见王守仁因材施教原则运用之巧妙、对人的心理研究之深，以及他对教学的热忱和对人的价值的重视。

王守仁将他的"知行合一"、"良知"理论与教育结合起来，强调根据受教育者的"良知"发展需要而因材施教。他的弟子来自四面八方，从事不同职业，出身不同阶层，因此各人性格、志趣、目的均有不同。总的说来，王守仁教学的目的在于焕发每个学生的道德主体精神，培养成"良知"觉醒、"师心自是"的敢作敢为的豪杰之士。这与明代八股教学的培养目标大相径庭，王守仁反对以"文教"教人，公然宣称"狂者"以成就他的"狂"，"狷者"以成就他的"狷"。王守仁主张教学应当根据个性特征来成就学生，发展学生，而不是将学生束缚起来，他也是这样践行的。

4. 寓教于乐的亲和魅力

"师道尊严"是中国传统的教育观念。而在这种观念引领下，学生对教师讲授的内容都应视作真理不可违抗，师生关系是不平等的。这种非常不公平的观念会导致粗暴教育的泛滥，极大地扼杀学生的创造性，此种情形在科举盛行的明代极为严重。而王守仁既没有贯彻师道尊严的旧原则，也没有抛开作为授业者的责任。可以说，他既是封建教育的叛逆者，也是建设者。

王守仁授徒，有一个显著特点就是把门人看作朋友，不加以训诫、体罚，而是寓教于乐，寓教于游览山川，寓教于吟诗作对，寓教于书信往来。他与学生之间的相处模式绝非一家独大，而是朋友式情感交流。游览是王守仁的最大爱好之一，他会尽可能地邀请朋友、门人一同游览山水与名胜古迹。即使在被贬谪到贵州龙场这样偏远之地，他也不改所好，把游览河山当作消愁解闷、养身、交友以及和门人探讨学问的大好时机。"盖先生点化同志，多得登游山水间也。"②这是王守仁朋友和弟子们对他传授知识、培养人才灵活机动的普遍看法。

在讲学时，王守仁从不把自己的观点强加给学生，也是师生平等的一种体现。王守仁是个勤于研究思考的学者，同时勤于验证。他对刚刚悟得的道理总要再三验证才

---

① 此事载于《谕泰和杨茂》出自《王文成公全书》（同上）
② 《王守仁全集·年谱一》

向门人传授。王守仁在被贬龙场之时，困顿郁闷，他不断思考如何面对厄运、走出困境，最终认为"心"是关键。他把悟出的想法和《五经》中的言论相对照，全部吻合，证明自己的看法无误才传授给弟子。王守仁门人众多，且会向他提出各种各样的疑问，他始终坚持以理服人，直到对方完全理解。

王守仁的学生敢于向他发问，可见他对待学生的随和。而他的随和，正体现了对学生的深厚感情，这在他的诗作当中也有表现。如他在《诸生》一诗中写道："人生多离别，佳会难再遇。如何百里来，三宿便辞去？"回顾往昔师生同乐情景，顿生留恋之情。这种真情的自然流露，哪怕今人读到，也会不禁羡慕他的门生。

王守仁既是一个叛逆者，也是一个开创者。他大胆反叛传统，怀抱"明六经、兴庶民"的理想。同时，他所提倡的"实学"强调经世致用，治乱亲民，试图通过"实学"来培养能够拯救明王朝危机的实干人才，将百姓于困苦中解脱。可以说，王守仁的学说与实践是时代的先锋，开明清之际实学思潮的先河。美国学者德巴力在《晚明思想中的个人主义和人道主义》一文中指出：明代是一个需要"个人主义"和"人道主义"的时代，而王守仁的"最大才干与其说是个哲学家、学者或官吏，不如说一直是教员。恰恰是在教育领域，王守仁把个人主义表现得最清楚、最真实"。他的教育实践是极为尊重个人价值的实践，他通过教学为明代市民阶层反抗专制统治、捍卫自己的权利创造了思想武器。在后世，他的教育学说更是在全中国和其他国度引起了轩然大波，为世界文化的发展作出了贡献。

七、务本求实，匡时济世——清初的教师教育魅力

到了清初，尽管统治者重视发展文化教育事业，书院的数量至雍正年间超过了前代，但科举制度走到了末路，科场舞弊丛生，积重难返，学校也沦为科举的附庸。在学术思想和文化领域，实学思潮至明末清初达到全盛。其特征是鄙弃理学末流的空谈心性，在一切社会文化领域提倡崇实。这表现为针砭时弊的批判精神，锐意社会改革的经世思想，注重实践、考察、验证、实测的科学精神。明末清初的社会动乱也使得这个时期的教育者产生了匡时济世的使命感。

在这个时期，出现了黄宗羲、王夫之、颜元等教育家，他们抨击理学教育的空疏无用，揭露科举制度的危害，主张教育要务本，积极批判传统的弊端，产生了重要影响。本节主要介绍颜元。

颜元毕生从事教育活动：他 24 岁时设家塾；26 岁设教于西五夫村；33 岁应聘在新兴村设管；39 岁教书于杨村；41 岁因学生日渐增多，申定教条二十则，称"习斋教条"；62 岁主持肥乡漳南书院。多年的教育实践中，他培养了众多学生，形成了著名的"颜李学派"。在清朝初年，颜元的教育思想独放异彩，他是那个时代魅力独具的教育家。

1. 崩解时代的救世热忱

颜元生活在明清之际，这是一个被当时许多学者称为"天崩地解"的黑暗时代，但也是诞生了许多启蒙学者的曙光时期。明末的社会动乱以及农民起义和清政权的建立，激发了一些学者的救世热忱。有感于国家兴亡、社会动荡的思想家们深切认识到空谈心性、不理政事的危害。他们一方面开始清算造成这一状况的宋明理学的种种弊端，另一方面转而倡导经世致用之学，希望能够挽救时弊。颜元的经世意识与当时著名的"启蒙三大家"黄宗羲、顾炎武、王夫之一样强烈。这是中国古代学者的传统观念，是对社会所特有的责任感，是一种"位卑未敢忘忧国"的情操。

在特殊的时代，颜元所倡导的经世致用基于满腔的爱国热忱，对理学的批判也是在理学的腐朽性已经呈现出来却为统治者所青睐的情况下进行的。

2. 批判理学的超凡胆识

清初，在对宋明理学的批判上，颜元可谓是最激烈的。颜元所希冀的人才，是以有经天纬地的气概为先决条件，能用真才实学为国家与民族建功立业的俊杰。

颜元一生从事学术活动，对程朱理学作了相当全面的清算，是他具有胆识的证明。颜元能不为当时的文化氛围所左右，不为专制主义所挟制，独持己见，这样的勇气与胆识在当时是相当罕见的。

3. 广交师友的博学魅力

颜元之所以能够成为一代思想家，除了自身的努力求学，深入思考外，他的从师与交友过程对于他思想的形成也尤为重要。颜元深感师友对自己的重要性，他曾这样说："以友之高明，开我之蒙蔽；以友之宽厚，化我之私狭。"[①]与颜元交情深厚的学者不少，他们各自迥异的思想都启发着颜元。如王养粹是当时一位相当有个性的学者，少时狂放不羁，19 岁时立志做圣人，把读过的八股文都烧毁。时人认为他疯癫，颜元却不以为然，他们结交甚笃，曾约定十日一会，互相考察行为功过。每次会面的时候，两

---

① 《颜习斋先生言行录》（中华书局 1987 年版）

人就会进行学术上的辩论,有时意见相左,就会激烈地争论。颜元曾直言他"腐旷",王养粹则指责他流于"杂霸"。但激烈的争吵过后,两人仍然相当友好,在学问和德性上互相砥砺。

颜元是个非常注重社会交往的人,从他与许多师友的交往中可以看出他对师友很热情。与孙奇逢交往,先是主动造访,后又写书信以表达自己的学术见解;与李明性交往,则上门拜访以示对前辈的敬重。他本人热爱与人结交,可惜所住之处偏于北方,生平只有一次南下学术交流的经历。而正是由于他广交师友,起到了开拓知识面、增长学问和提高自身品性的作用。

4. 注重实效的教育理念

（1）革新教育方法——变习静为习动

理学家普遍认为,静坐有使人洞察万象、平息心中杂念的功效。而颜元通过自身经历,认为静坐不能够摒除杂念,他认为静坐的要求是不可能实现的,而静坐培养出来的是一批身体病弱、精神萎靡的学生,只能给社会带来灾难。因此,颜元提出了习动和习行的教育方法。

就个人而言,习动能使人身体健康,筋骨强健。推而广之,家庭、国家乃至天下,按照习动的要求去做,必会收到强家、强国、强天下的实效。习动的教育方法就是要求学生发挥主观能动性,主动地去寻事情做,并在做事过程中提高自身的精神素养。习行教育法是"学"与"行"反复互动的教育法。颜元把学习分为四种情况,即"思"、"读"、"学"、"习"。"思"、"读"不如"学","学"不及"习"。要真正牢固把握客观事物的知识,只经过几次"习"是不行的,"终不与我为一"。唯一的办法是不断地"习行",即"时习"才能得到真正的知识。

在颜元开设的讲堂上,安放着琴、筝、弓、矢、筹、管,每日带领学生从事礼、乐、射、书、数的学习,探究兵农水火等实用之学。颜元不仅教育学生"习动",而且身体力行。他武艺出众,57 岁时与商水大侠李子青比武,"数合,中子青腕",足见他老年时仍保持着矫健的身手。

（2）改变教育内容——变"虚文"为实学

从程颢、程颐以来,理学家在教育学生时都注重德性而轻视技艺。《二程遗书》中有这样一段内容:"致知,但知于止善,为人子止于孝,为人父止于慈,不须外面。只务观物理,泛然如游骑无所归。"认为人们不必去探究自然界的"物理"。

颜元反其道而行之,断言技艺比德行更重要。他在教育内容上反对经书训诂、背诵语录、八股帖括,主张代之以"六艺"为核心的"三事三物"的实学。"三事"指的是"正德"、"利用"、"厚生",除了"正德"规范学生的道德方面,其他都是与国计民生有关的学问。颜元强调的技艺,在古代是科学的摇篮,是中国众多的劳动者通过生产实践提炼出来的。致力于技艺,既合乎人的利益,成为人们谋求幸福的工具,又能培养人的理性力量和科学精神。颜元关于教育内容的主张,是以反传统、反教条、反程朱理学脱离实际的书本文字教育的战斗姿态出现的。

(3)理想化的培养目标——"学为圣人"

在对人才的培养目标上,颜元认为无真才实德的白面书生充斥天下的局面再也不能继续下去了。他以"学为圣人"为期望,强调造就经世致用的人才。"学为圣人"的"圣人"指的就是孔孟。从表面看,颜元的这种想法与理学家推崇圣人的观点是一致的,但实则截然不同。理学家把"圣人"看作与凡人对峙的神化人物,而颜元以为圣人就是肯下工夫的庸人。而这个用以区别庸人圣人的"工夫"就是人的意志。颜元相信,能"立志用功"的人,胸怀经世济民的远大志向,是能够为国家建功立业的人才。可见,颜元"学为圣人"的培养目标,是他"事功为首"的学术宗旨在教育领域里的体现。

明末清初,生活于"天崩地解"时期的颜元,对抗时俗,对他曾深深着迷的程朱理学进行了全面的批判,并在此基础上构建了"以事功为首"的功利论思想体系。狂狷的颜元,别是一家的见解,使他开创出轰动一时的颜李学派[①],并且成为他的影响持续至今的原因所在。

八、教育图存,广开民智——清末的教师教育魅力

洋务运动开始后,随着"西学东渐"的深入以及工商业的发展,中国思想界出现了改良主义思潮。中日甲午战争后,民族危机急剧加深,这股改良主义思潮迅速转变为维新运动。维新运动期间及失败后,涌现了一批教育家,以康有为、梁启超为代表。他们把兴办教育看做国家图存的重要渠道,把广开民智视作教育使命,作出了很多积极的尝试,提出了很有意义的教育主张。

---

① 李塨(1659—1733),少从学于颜元,发挥颜元学说,世称"颜李之学"。

1. 康有为的教育魅力

康有为既做过激进的改革领袖，又当过顽固的保守派，所获评价历来褒贬不一。不论历史如何为他定性，我们都必须承认，在那全民族深陷泥潭的时代，康有为曾经是一盏耀眼的明灯，为整个民族照见了一条出路。从教育史的角度去看，他更是魅力独具的教育家。梁启超在《康有为传》中评价其一生说："吾以为谓之政治家，不如谓之教育家；谓之实行者，不如谓之理想者。"

（1）为救国而重教育

康有为从小就博览群书。但是，越是博览群书，越是对八股文反感，科举自然不会有什么好成绩。

1882 年，康有为到北京参加顺天乡试，没有考取。南归时途经上海，购买了大量西方书籍，吸取了西方传来的进化论和政治观点，初步形成了维新变法的思想体系。1891 年，他接受梁启超、陈千秋的建议，在广州长兴里设万木草堂聚徒讲学。起初只有学生十余人，后来增至一百多人，著名的学生有梁启超、陈千秋、梁朝杰、曹泰、麦孟华、韩铭基、徐勤、王镜如、王觉任、陈和泽、林奎、潘藻鉴等，他们不少是后来参与戊戌变法的骨干。

万木草堂共分三科一库，即博文科，相当于后来的教导处；约礼科，相当于训育处；干城科，相当于体育处；书器库，相当于图书馆。体育方面以兵式体操为主，隔天进行一次，这是开创"尚武"教育的先河。后来梁启超在《康有为传》说："其为教也，德育居十之七，智育居十之三，而体育亦特重焉。"可见康有为在教学上是注意到德、智、体的全面发展的。在教学方法上，康有为喜欢用比较法。"每论一学，论一事，必上下古今，以究其沿革得失，又引欧美以比较证明之。"①在学习上，提倡集体学习，他说："凡艺业必合群讲习而后精……君子亦必居学校乃致道也。"在师生关系上，康有为认为同学要团结，教者要关心学者。因此梁启超曾说当时的同学是"相爱若昆弟，而先生视之犹子"。

1895 年 8 月，他在北京成立了强学会，后虽被禁，但却冲破了旧习，解放了当时人的思想，从此学会之风遍全国。

在维新运动中，康有为突出强调了教育的作用，认为教育是救国的必然途径。他

---

① 梁启超《康有为传》（梁启超 团结出版社 2004 年版）

明确指出："欲任天下之事，开中国之新世界，莫亟于教育。"[①]他提出的教育改革主要措施是废八股和办学校。

康有为力主创办学校，改变传统的教育内容，传授科学技术，培养新型人才。他在《请开学校折》中设计了这样一个学校系统：在乡间设小学，学习文史、算术、地理、物理、歌乐。时间为 8 年，7 岁以上儿童必须入学。在县立中学，儿童 14 岁入学，加深小学阶段的内容，还可学习外语，重实用学科。中学分初等和高等两个阶段，各两年。中学初等科毕业后可以升入专门学校。专门学校或中学高等科毕业的学生，可以升入省府设的专门高等学校或大学。康有为这是仿照西方尝试建立近代中国学制。

在和平时期，重视教育是人之共识。但在民族危亡之际，社会满目疮痍，弊病极多，还能清醒地认定教育是救国根本之道，并为此不遗余力，这就需要高度爱国情怀下的极高的识见力。康有为在教育史上的魅力，主要在于此。

（2）超现实的理想主义

在《大同书》里，康有为对大同社会理想制度进行了全面设计。

康有为认为，现实世界一切苦难的根源是"九界"的存在。所谓九界，即国界、级界、种界、形界、家界、业界、乱界、类界、苦界。在他描绘的大同世界里，破除了"九界"，即消灭了国家、阶级、种族、家庭，消除了性别、职业差别，天下太平，人生极乐。儿童是整个社会的儿童，不再只是某个家庭的子女，对儿童的抚养和教育均由社会承担。康有为为儿童的受教育设计了一个前后衔接的完整的教育体系：从母亲进入人本院受胎教起，到出生后进育婴院，然后再进入慈幼院，直到进入小学院、中学院、大学院。

人本院，接受已怀孕的妇女。康有为认为胎儿时期是人生的关键时期，"生人之本，皆在胚胎，人道之始，万物之原也"，对人的教育应从胎教开始。人本院必须环境优良，最好处在地球的温带和近寒带之间。孕妇的居室要宽敞清洁、通风去湿。院外要有美好的景致，院内应有品种丰富、内容健康的书画、音乐，随时供孕妇阅读欣赏。就连工作人员，也要精心选择女医、女师、女保、女傅等。

婴儿断乳之后，送入育婴院抚养，3 岁后送入慈幼院。也可两院合并，不设慈幼院。这是幼儿教育的主要机构，其建筑结构和环境要做到"楼居少而草地多，务令爽垲而通风，日临池水以得清气，多植花木，多蓄鱼鸟，画图雏形之事物，皆用仁爱慈祥之事

---

① 梁启超《康有为传》(梁启超　团结出版社 2004 年版)

以养婴儿之仁心。凡争杀、偷盗、奸诈种种恶物,皆当屏除"。管理者应仁爱,熟悉养生学。工作人员有医生和女保等。幼儿的保育目标是:"养儿体,乐儿魂,开儿知识。"

6—11岁入小学院。小学教育遵循"以德育为先"、"养体为主而开智次之"的原则。校址要远离戏院、酒馆、市场,选在爽垲广原之地,使儿童的学习和精神免受干扰。校园要环境优美,多设秋千、跳木等,满足儿童的好动天性。小学教师专用女傅,兼有慈母职责。女傅的言行举止、音容笑貌都应善良规范,让儿童从小模仿,培养影响终生的善良德性。

11—15岁入中学院。这是人生关键时期,"人生学问之通否,德性之成否,皆视此年龄"。应当德、智、体并重,尤其注重育德。中学的设施应齐全,包括食堂、体操场、藏书楼、游乐园等。教师男女皆可,但一定要有才德。课程应照顾学生的个性特征,根据学生资质的"敏钝好尚"设班开课。

16岁以后进入大学院,学习到20岁。大学院教育专门之学,主要任务是开智。大学教育应注重实验,校址选择应结合专业实际,如矿学设于矿山,农学设于田野,工学设于工场,政学设于官府等。要让学生"各从其志",自由选择专业。

在《大同书》里,康有为还以专章论述了女子教育问题,认为当时社会对女子的压制是人类社会历史上最大的不平等,极力主张男女平等,给女子公平的受教育权力。

《大同书》结构清晰,层次分明,论述逻辑严密,可见这不是一本能够一蹴而就的思想著作,而是康有为对现实的思考和对理想的理解的一点一点的总结积累。

康有为向我们展示了一幅人类教育发展的美好图景,充满了理想主义色彩,似乎离现实很远,但谁又忍心说这一定是幻想主义呢?

如今的学术界,在肯定康有为功绩的同时,对他的批判也不绝于耳。这些批判不仅有针对其学术的,还有针对其人格的。我们今日提起康有为,能通过他获得自身成长的滋养,这就足矣。其人再怎么受争议,他的爱国情怀是不容置疑的,他的教育魅力仍将感染着越来越多的人。

2. 梁启超的教育魅力

梁启超是个难得的通才。他是很积极的政治活动家,始终追求宪政,致力于改革社会,所以他的教育主张和他的政治主张就有着千丝万缕的联系;他又是一个兴趣广泛的学者,在文学、哲学、史学、政治学、经济学、法学、社会学、新闻学、宗教学等很多领域都有较深的造诣,并留下了很多的论著,所以他的教育主张和实践具有宽广的视野和极高的认识起点，不受拘泥，锐意变革。他与康有为、严复大力倡导的废八股、变科举、兴学校的主张改变了一千多年的教育故习。他培养的学生，如梁实秋、王力、徐志摩等等耀若星辰。梁启超的教育魅力，不只是来自他对所处时代的引领，还来自他那难以被超越的杰出才智、学养。

（1）"开民智"，育"新民"

梁启超把国势的强弱与人民的受教育程度密切联系在一起，在维新变法期间明确地将"开民智"与"兴民权"联系起来。他说，"有一分之智，即有一分之权；有六七分之智，即有六七分之权"，"权之与智相倚者也，昔之欲抑民权，必以塞民智为第一义。今之欲伸民权，必以广民智为第一义"①。

戊戌政变后，梁启超又认识到"民智"与"民权"并非完全对等的。教育的确可以通过"开民智"而"兴民权"，但也会培养一个人的奴性。而且，教育周期长，见效慢，所以，必须要有明确的方向。教育要确定宗旨，就是要明确培养什么样的人。对此，梁启超提出了他理想的国民标准。梁启超明确地把培养"新民"的路径归于教育，而且对于新的国民性有比较全面的设想。

从梁自身的实践来看，即便在他从事政治活动过程中，他也时刻注意着对"新民"的培育。在清王朝专制时代他呼唤新民，是致力于思想启蒙。在共和国出现以后，他又在实践层面教育、锻炼一代国民。这是他新民理想的自然延伸。

（2）勇敢地开拓

① 变科举、兴学校

梁启超和康有为一样都是科举制度下的成功者，但他们对科举制度的反对却同样激烈。他指出："兴学校、养人才，以强中国，惟变科举为第一义。大变则大效，小变则小效。"②他设计了上策、中策、下策三种方案。上策是取消科举，合科举于学校；中策是"多设诸科"，增加明经、算经、明医、兵法等科；下策是对科举取士稍作变通，加试一些实学。

他不遗余力地呼吁废科举，还因为科举不废，就难以形成激励人才进入新学堂的机制。

---

① 《论湖南应办之事》转引自孙培青主编的《中国教育史》（华东师范大学出版社 2009 年版）
② 《变法通议·论科举》转引自孙培青主编的《中国教育史》（华东师范大学出版社 2009 年版）

② 改革儿童教育

梁启超非常重视儿童教育,他十分赞赏西方的儿童教育,主张为孩子办新式学校,学习要循序渐进,先识字,次辩训,次造句,次成文。教育内容应该丰富多彩,合乎儿童年龄特征。要改进教学方法,增加一些直观教学的手段,提高孩子的学习兴趣。

梁启超指出,中国古代《学记》等已对教学之道有所认识,只是近世尽失古意。他建议重新编写一套蒙学书籍,包括:(1)识字书。选择实用的字,采用合理的方法进行编排,让儿童尽快识得约 2000 个常用字。(2)文法书。教儿童联字成句,联句成篇的方法。(3)歌诀书。将当前各种知识,选择切用者,借鉴中国古代的经验,编成韵语。(4)问答书。与歌诀书相配合。歌诀助记忆,问答通过设问引导学生理解。(5)说部书。文言合一,采用俚语俗话,广著群书,包括圣教史事等。(6)门径书。开列儿童应读书目。(7)名物书。即字典。梁启超还为上述各类书的具体内容作了说明。

他还专门为 8—12 岁的儿童拟了一个教学程序表,把孩子从早晨八点上课直至下午五点放学的全部活动分十一项,作了具体的安排。

梁启超的儿童教育思想和其师康有为是有共性的,但梁更注重儿童的接受度。根据康有为弟子卢湘文写的《万木草堂忆旧》中的记述,卢氏对康氏戊戌以前改革幼学、拟新编蒙学书的计划评论说:"盖先生天分太高,视事太易,不能为低能儿童之设想。"认为其编书悬的过高、不切实际,注定在教学实践中无法应用。这自然与康所教万木草堂生徒"皆一时之秀"有关,故不知中人以下者读书的甘苦。康有为曾把女儿康同复送到卢处受教,并言:"此女甚钝,幼时尝教以数目字,至数遍尚不能记,余即厌恶之。"①康氏眼界太高,似乎更偏好教天才。梁启超对孩子则随和得多。他建议孩子一天学习不超过三小时,不可太累,防止造成他们对于求学的畏难情绪。他自己子女甚多,在子女选择学习方向上,他也非常开明,致其子女成就颇高。

③ 倡女子教育

梁启超早在 1896 年就于《事务报》上发表《记江西康女士》一文,介绍中国早期女子留学生康爱德的经历和优异的成绩,号召发展女子教育。不久,他又在《论女学》中,系统地论述了女子教育问题。他从女子自养自立、成才成德、教育子女、实施文明胎教等方面揭示女子教育的必要性。他提出女子有耐心、喜静、心细等特点,与男子相比,

---

① 《妇孺韵语》转引自孙培青主编的《中国教育史》(华东师范大学出版社 2009 年版)

各有所长，可以互相补充，中国应充分开发和利用女性这一巨大的人才资源。

梁启超说，中国没有女子教育事业至少存在着五个"不利"：一不利于提高妇女的社会地位。妇女无知识、无职业，只能依靠男人供养，事必造成男女不平等，久之，"男贵女贱"、"男尊女卑"、"重男轻女"、"夫唱妇随"的传统偏见形成流传开来。二不利于广大儿童的教育，儿童教育的关键在于母亲，他猛烈抨击"女子无才便是德"的腐朽观念，把它看作"祸天下之道"。三不利于国家、民族的发展，造成国家的积弱。"妇学实天下存亡强弱之大原也"，认为中国积弱的根本原因在于妇女的没有知识，缺乏教育。四不利于经济发展。妇女无教育，靠他人供养，这就减少了就业的机会，失业者多，社会负担重。五不利于妇女身心健康。妇女无知识，不懂得体育、卫生、心理常识，于身体心理发展都不好，如何教育下一代要有强健的体魄，怎么提高民族的素质？他强调体育课程必须成为女子教学中的"一大义"。

（3）中西并举

梁启超胸襟很宽，为培养出新的国民，他积极提倡西学，但也要保存中学，主张中西并举。

他认为学校设的西学，要包括西政、西艺、西文、西史等，又要先政后艺，以政为本。他说："启超谓今日之学校，当以政学为主义，以艺学为附庸；政学之成较易，艺学之成较难；政学之用较广，艺学之用较狭。使其国有政才而无艺才，则行政之人，振兴艺事，直易易耳；即不尔，而借材异地，用客卿而操纵之，无所不可也。使其国有艺才而无政才也，则绝技虽多，执政者不知所以用，其终也必为他人所用。"①具体的西学内容，他在《西学书目表》中作了详细的叙述，西艺诸书，包括算学、重学、电学、化学、声学、光学、汽学、天学、地学、动植物学、医学、图学；西政诸书，包括史志、官制、学制、法律、农政、矿政、工政、商政、兵政、船政等。这和洋务派所办的洋务学堂是有区别的。他批评洋务学堂培养出的人"上可以为洋行买办，下之可以为通事之西奴。如此而已"②。

在提倡全面学习西学的同时，梁启超也强调学习中学的必要。他提倡要读原本的古圣先哲创立的经、史、子学。他说："孔教之至善，六经之致用，固非吾自祖其教之言也。不此之务，乃弃其固有之实学，而抱帖括考据词章之俗陋，谓吾中国之学已尽于

---

① 《与林迪原太守论浙中学堂课程应提倡实学书》转引自《简明中国教育史》（王炳照等编　北京师范大学出版社 2008 年版）

② 《西学书目表后序》转引自《简明中国教育史》（王炳照等编　北京师范大学出版社 2008 年版）

是,以此与彼中兴学相遇,安得而不为人弱也。"①

梁启超是要在保留传统文化的基础上,引进西方政治学说和科学技术,使西学扎根在中国的土地上,虽与张之洞同用一个"中学为体,西学为用"的概念,但其区别是不言而喻的。

梁启超的教育魅力除了体现在上述的主张与实践中,还体现在他几十年不间断地利用媒体进行思想宣传,他是一位出色的宣传家,而且可能是中国近代最优秀的宣传家。他一生阅历丰,贡献多,建树大。他的才能卓著,他的著述,涉及甚广,他学识的魅力能启发我们深入思考。

九、思想自由,兼容并包——民国的教师教育魅力

民国成立后,第一任教育总长蔡元培主持制定了《文化教育革新措施》。其后,蔡元培就任北大校长,他领导的北京大学成了新文化运动的中心,他崇尚的"思想自由、兼容并包"思想深深影响了当时的教育,为这个时代的教师教育魅力注入了现代因子。

蔡元培是20世纪初中国教育制度的创立者。在那个论争激烈,各种思潮不断更新过渡的时代,涌现了许多见解独到、影响深远的文坛巨擘,蔡元培就是其中尤为引人瞩目的一位。他是共和教育的奠基人,也是雷厉风行的革新者。在他担任北大校长的几年间,开创了自由、纯粹的学风,促成了新文化的繁荣,因而林语堂这样评价他:"论著作,北大很多教授比他多,论启发中国新文化的功劳,他比任何人大。"

1. 乱世中短暂而美好的教育革新

文化教育上的革新与当时政治上的民主共和是相对应的。随着南京临时政府的终结和袁世凯的上台,由民国第一任教育总长蔡元培支持制定的文化教育革新措施,几乎很快被淹没在一片复古的读经声中。但这次短暂的教育革新给人留下了难以磨灭的美好印记,直接促成了其后的新文化运动。

(1)教育独立的历史性尝试

蔡元培认为,教育独立就是教育超然于政党、超然于教会,主张教育脱离政党、脱离教会而独立,要求把教育事业完全交给教育家办理。他主张大学是研究高深学问的学府;大学办学原则是思想自由、兼容并包;大学学科的设置应沟通文理、废科设系;实

---

① 《西学书目表后序》转引自《简明中国教育史》(王炳照等编 北京师范大学出版社 2008 年版)

行教授治校。

蔡元培在首次担任北京大学校长期间,所搜罗的各部的主管人员和教授思想各异,形形色色,正是践行了"学术至上、兼容并包"的办学旗帜。除了曾经发起组织中国共产党的陈独秀外,还有复辟派的辜鸿铭,洪宪遗孽的刘师培,无政府党的李石曾、吴稚晖,共产党的李大钊,国家主义派的李璜以及后来成为乡村建设派的梁漱溟等等,他们在各党派内都是领袖人物,所以对于校内学生的思想都曾给予相当大的影响。一些守旧的学生对于胡适、陈独秀几个教授时常表示不满,而新潮的学生对于辜鸿铭、刘师培的攻击也是不遗余力。蔡元培得知后,开导学生说:"我希望你们学辜先生的英文和刘先生的国学,并不要你们也去拥护复辟或君主立宪。"这种对于不同思想的学者都能包容、任用的举动引发了当时社会的巨大反响,而这种表面上百花齐放、百家争鸣的繁杂现象背后,是蔡元培对待学术的纯粹。

蔡元培到北大以后,立即采取教授治校的原则,就是学校由教授来管理主持。他首先组织起教授聘任委员会,新教授的延聘要经过教授委员会的审查与投票决定,这一番审查是相当严格的。教授治校的原则使得北京大学不会成为官僚式的机构,也不易为政治力量所左右。在众说纷纭莫知所是的情况下,有如此的认识与实践是不易的。

(2)完人教育的美好蓝图

"完全人格"是蔡元培要培养的自由、民主、平等社会新人的目标。

蔡元培为实现对国民进行完全人格教育,提出了"五育"并重、和谐统一发展的教育方针,也就是军国民教育、实利主义教育、公民道德教育、世界观教育和美感教育五育并举。[①]

① 军国民教育

军国民教育,即军事体育。蔡元培认为"军国民教育者与社会主义背驰",不是理想社会的教育。但他认为当时"强邻交逼,亟图自卫,而历年丧失之国权,非凭借武力,势难恢复",即为了反对帝国主义侵略,必须用武力自卫,这就要实行军国民教育。就国内而言,为了打破当时国内封建军阀拥兵妄为的局面,就要"行举国皆兵之制","以平均其势力",也要进行军国民教育。后来,他把军事体育发展成为普通体育。他认为

---

① 《我在教育界的经验》出自《蔡元培全集》(浙江教育出版社 1998 年版)

体育是培养"共和国民健全之人格"的重要环节，他说："健全的精神，必宿在健全的身体"，如果一个人的身体不健康，精神上也必感痛苦。他要求学生"各就所好，多多运动"，以发达学生的身体，振作学生的精神。

② 实利主义教育

实利主义教育，即智育。实利主义教育主要给人以各种普通的文化科学知识，发展实业的知识和技能，以及一定的职业训练。进行实业主义教育的目的，是为了提高人民的富裕程度，增强国家的财力，这样才能在世界竞争中立于不败之地。他认为"今之世界恃以竞争者，不仅在武力，而尤在财力。且武力之半，亦由财力而孳乳。"同时，他还指出"我国地宝不发，实业界之组织尚幼稚，人民失业者甚多，而国甚贫。实利主义之教育，固亦当务之急者也。"他把实利主义教育，当成富国强民、发展国家经济的一项重要手段。他认为实利主义教育，不仅可以使人学到文化科学知识，还可以使人的思维"臻于细密"，例如学习算学，既可以增加知识，又可以使脑力反复运用，使人的思维日趋细密。

③ 公民道德教育

公民道德教育，即德育。他认为军事体育和实利主义教育虽是"强兵富国"之道，但是，仅有两者还不够，还必须有公民道德教育。"何谓公民道德？曰，法兰西之革命也，所标揭者，曰自由、平等、博爱。道德之要皆尽于是矣。"以法国革命时所提倡的"自由、平等、博爱"为纲，而以古义证之："自由者，富贵不能淫，贫贱不能移，威武不能屈是也，古者盖谓之义；平等者，己所不欲勿施于人是也，古者盖谓之恕；友爱者，己欲立而立人，己欲达而达人是也，古者盖谓之仁。"①

我国自古以来，一直以修身齐家治国平天下为立身处世之道。所以一切教育，都把修身当作根本。修身也就是蔡元培所说的公民道德，是他相当重视的一项。在辛亥革命爆发以前，蔡元培留德四年期间，曾翻译了包尔生《伦理学原理》一册，写了《中国伦理学史》一册，并编写《中学修身教科书》五册。1917 年，他在留法期间，又曾为当时在法国的华工师资班写了华工学校讲义四十篇，其中包括德育三十篇，智育十篇，而德育篇占全书篇幅的四分之三。这些都是蔡元培在道德教育方面所花的工夫，做的研究，也可见他对此方面的重视。在民国之初，蔡元培就制定了正确的教育纲领，可谓高

---

① 《对于教育方针之意见》出自《蔡元培全集》(浙江教育出版社 1998 年版)

瞻远瞩。

④ 世界观教育

世界观教育属于实体世界，是"超轶乎政治的"。他认为世界观教育的主要任务是培养人超轶乎现世之观念，而达于实体世界之最高精神境界。"其现象世界间所以为实体世界之障碍者，不外二种意识，一，人我之差别，二，幸福之营求是也。"通过世界观教育，就可以使人破"人我之差别"，泯"幸福之营求"，人也就达于最高的精神境界，人生也就变得更有价值。蔡元培在中国近代教育史上首倡世界观教育，并认为世界观教育是教育的终极目的，这点是值得重视的。当然，他的世界观教育是建立在把教育分为现象世界与实体世界这个唯心主义观的基础上的。然而，他的目的是引导人们去追求真理，追求有价值的人生，"不以一流派之哲学一宗门之教义梏其心。"这表示了他对当时封建传统教育的否定，具有重大的反封建的进步意义。

⑤ 美感教育

美感教育亦称美育。在我国把美育列为教育方针的组成部分，为蔡元培首创。1916 年成立的北京美术专门学校（即今中央美术学院前身）是蔡元培创办的，他当时在百忙中也坚持每周亲自到该校讲授美学课程。在担任北大校长时，为了丰富学生的课外艺术活动，他聘请了徐悲鸿为美术导师，萧友梅为西洋音乐导师，也因此，贝多芬的交响曲得以首次在北京演奏。1917 年 8 月，《新青年》杂志发表了蔡元培的论文《以美育代宗教说》，把善和美浑然化为一体，唤起了不少青年对祖国文艺复兴运动的期望。其后，蔡元培又先后发表了一些美术理论文章，其中影响比较深远的有《文化运动不要忘了美育》、《美术的起源》、《美术的进化》、《美学的进化》。特别是在《美术与科学的关系》①一文中，蔡元培主张："治科学以外，兼治美术。有了美术的兴趣，不但觉得人生很有意义，很有价值；就是治科学的时候，也一定添了勇敢活泼的精神。请诸君试验一试验！"在《美育实施的方法》②一文中，蔡元培说："我从不信家庭有完美教育的可能性，照我的理想，要从公立的胎教院与育婴院着手。……我说美育，一直从未生以前，说到既死以后，可以休了。"蔡元培的美育理念是非常先进的，这与当今大家的共识相同：美育可以陶养憾情，使人日趋高尚；可以去私忘我，超脱利害；可以使人寄托于美

---

① 原载《北京大学日刊》1921 年 2 月 23 日
② 原载《教育》杂志，1922 年 6 月

的享受,去掉生活恶习,从而美化人生。可以说,当今社会主义音乐美术事业的发展,与当年蔡元培先生的启蒙、播种和培育是分不开的。

(3) 教育革新的现代化因子——"崇尚自然、展现个性"

蔡元培主张教育要适应受教育者身心发展的实际,他说教育者应"深知儿童身心发达之程序,而择种种适当之方法以助之。"就像农家对待植物那样,"干则灌溉之,弱则支持之,畏寒则置之温室,斋食则资以肥料。"为此,他极力反对违反自然、束缚个性的教育。他指责旧教育"是教育者预定一目的,而强受教者以就之;故不问其性质之动静,资束之锐钝,而教之止有一法,能者奖之,不能者罚之。"

为了能"尚自然、展个性",在教学方法上,蔡元培重视启发式教学,提倡自动、自学、自己研究的方法。他说教书并不像注水入瓶一样,注满了就算完事。最重要的是引起学生读书的兴趣,使学生自动地求学。做教员的不可一句一句、一字一字地都讲给学生听,最好使学生自己去研究,等到学生实在不能用自己的力量完成功课时,再去帮助他。他说:"在学校不能单靠教科书和教习,讲堂功课固然要紧;自动自习,随时注意自己发见求学的门径和学问的兴趣,更为要紧。"他的"展个性、尚自然"的思想是一贯的,他任南洋公学教习时,就提倡"学生自己读书"以展个性。他任北大校长时提出"改良讲义"和"添购书籍"两个计划。提出讲义只列大纲,细微末节以及精旨奥义,或教师口授,或自己参考,以期学有心得。

(4) 教育公平的惊人变革——倡男女同校

蔡元培在早年就提倡男女平等,他认为中国社会要有大改革,则女权必须扩张。他一直积极地支持并且参与上海爱国女校的兴办。他有这样的想法,是源于他看到当时的中国社会,妇女是受压迫的一方,在思想上受到的压迫尤其严重。他提倡男女平等,并且主张男女同校。民国九年,王世杰初到北大任教时,发现教室里竟然坐着女生,非常惊讶。① 因为在那之前,公立大学是没有女学生的,但是蔡先生不顾当时教育部的反对和社会上一些批评声音,在北大招收女生,开男女同校之先河。

2. "人世楷模"

蔡元培去世后,毛泽东在唁电中称"孑民先生,学界泰斗,人世楷模"。蔡元培的同道以及他的众多学生,在回忆他时,总是对他的为人赞不绝口,为他的气度所折服。回

---

① 此事载于王世杰《蔡先生的生平事功和思想》

顾其生平，蔡元培确实无愧"楷模"的评价。

（1）志向纯粹

吴敬恒曾说："他唯一的志愿，一定要盼望中国出些了不得的大学问家。"[①]因为蔡元培抱定这种志愿，以当仁不让的气势进行不少改革。当蔡元培从欧洲游学回国的时候，他的政治才能也越发显著。然而在民国初年，孙中山请他担任教育部长，他并不推辞，因为这个任务，可以实现他的主张。到了民国十七年，国民政府成立五院，那时他本想做考试院院长，因为考试工作，和他生平的主张有很大关系，可以从这里来发挥他的主张，达成他的目的。所以有人请他做监察院院长，他拒绝道：我是好好先生，怎么可以做监察事情？后来设立中央研究院，他去担任研究院院长，心里很高兴。这并不是因为可以做官，而是因为这个任务和他的志愿相近。可见，蔡元培一直都守着一个纯粹而高尚的目标不懈努力，因此才能置身官场却仍然不失书生本色。

（2）两袖清风

蔡元培一生专注于教育事业，从来不考虑自己的家业。通常大家用"家徒四壁"来形容一个人无所积蓄，而蔡元培在六十岁以前连"徒四壁"的房子都没有，直到担任中央研究院院长以后，才遵循夫人的意见在上海愚园路购置了一栋矮小的二层洋房。蔡元培在留学期间结识了前清驻德公使孙宝琦，有一次，蔡元培担任北大校长之后，孙氏见到他门前没有马车，对他说："你现在不可再徒行了。"蔡元培答应了下来。但第二次孙氏看到蔡元培时还是如此，于是买了一部新马车送给他。蔡元培仍旧没有使用，孙氏只得将自己的常用的马车送过去。又过了几年，当大街上已经开着不少汽车的时候，蔡先生才坐在这部表面斑驳的车厢里，由这匹有气无力的马每天拖到北大去上班。

（3）身体力行提倡女权

蔡元培生平尊重男女平等。例如，1901 年蔡先生在杭州和夫人结婚，婚礼是创新的，与旧习俗不同：中堂设着孔子的神位来代普通的神道，婚礼结束后举行演讲会来代替闹洞房。当时有一名学者陈介石就在那里说明男女平等的理论，有位老学者质疑道："倘若黄夫人的学行高出于蔡先生，则蔡先生当以师礼待黄夫人，何止平等呢？反之，若黄夫人的学行不及蔡先生，则蔡先生当以弟子视之，又何从平等呢？"蔡先生回答道："就学行言，固然有先后之分，就人格言，总是平等的。"所以蔡先生写给他夫人的

---

①《蔡先生的志愿》(陈平原　郑勇编　中国广播电视出版社 1997 年版)

信，信面上总是写夫人的姓字，从不写蔡夫人或于夫人姓前加一蔡字。

（4）关怀后生

对待晚辈、学生，蔡元培的关怀似乎是无尽的，孙德中说他"任何客人都见，凡有请求都尽力协助"。[①] 也是因为他的关怀，学生们对他尤为信任、尊重。五四运动是中国现代史上的一桩大事，其开端原是以北平学生为先导的一种自发自觉的运动。那一天，当学生游行示威时，偶然经过曹汝霖住宅附近，有人无意中指出那是曹汝霖的住宅，群众因而闯入。警察闻声而至，当下有七名学生被捕。这天晚上，北大学生聚集在第三院大礼堂商讨营救同学的方法以及如何处理善后事宜的时候，都束手无策、相顾无言。就在这一片严肃静默的气氛中，突然有人从门口进入，脚步声引得众人望向门口，发现进来的人竟然是校长蔡先生。这时，学生反应不一，有的害怕受到训斥胆战心惊，有的大声欢呼，还有的竟然放声大哭。只见蔡先生从容地登上讲台对学生们说："你们今天所做的事情我全知道了，我寄以相当的同情。"话未说完，全场掌声雷动。蔡先生继续说："我是全校之主，我自当尽营救学生之责。关于善后处理事宜也由我办理，只希望你们听我一句话就好了——从明日起照常上课。"手足无措的学生听闻校长这样说，都一致表示听从。从学生的反应中，最可以见出一名校长、一名教育者的威信。蔡元培并没有口若悬河滔滔不绝，只是简洁地表述了自己的想法和立场，就使得所有学生都信任他。当然，这绝不是没有来的信任。就在蔡先生离开学校的那天夜里，他连夜赶赴一位当局最敬重的孙老前辈家中，请求他对段祺瑞说明当日学生的举动完全出自爱国热忱以及被捕学生的无辜，希望能够释放他们。这位孙老前辈因为事件影响太大，不敢答应，十分犹豫。蔡元培就坐在他的会客室里，从下午九点一直呆到十二点都没走，孙氏无可奈何只能答应明天去试一试。不久，这七位被捕学生恢复了自由。

由于蔡元培待人宽容厚道，当时人称他为"老好先生"，但是这一种"好"绝不是过分的或者盲目的。虽然求蔡元培办事的人很多，然而，"没有人敢以不义之事求他干的"，"见了他的人，没有那个敢做坏人"[②]，这也许是被蔡元培道义的精神感染所致吧。

德国哲学家叔本华曾说过这样的话：要估定人的伟大，则精神上的大和体格上的

---

① 《一位大教育家》（陈平原　郑勇编　中国广播电视出版社 1997 年版）

② 《蔡先生的志愿》（陈平原　郑勇编　中国广播电视出版社 1997 年版）

大，其法则完全相反。后者距离越远就越小，前者却越远越见得大。蔡元培先生对我国教育事业建树之大，其精神之高大，使得后世之人在感叹"高山仰止，景行行止"时，亦可将其作为前行路上一盏高挂的明灯。

教师教育魅力的代际传承史可以让人看到教师发展的一些基本规律。

每一个时代的优秀教师，其教育魅力都离不开传承基础上的创新。传承是历史的必然，有可传承之物是各时代教师尤其是当代教师的幸运所在。成就如孔子者，尚且学琴于师襄、问礼于老聃、学官于郯子、问乐于苌弘。反传统力度之大如王守仁者，尚且远师孟轲，近师陆九渊。广泛地学习是教师成长的前提。但一味地继承，缺乏创新精神，教师教育魅力也会枯竭。纵观历史，每个时代的教师都必然有新的创造，而且这种创造往往还源自对所继承内容的批判。不论是先秦诸子，东汉王充，还是隋唐韩柳，明朝王阳明，他们都极具批判精神，又都是广泛求学的博学之士。

每一个时代的优秀教师，其教育魅力都不只是时代风貌的投射，更是引领时代的风向标。孔子的教育主张与方法固然是要切合时代发展与个体发展的需要，但同时又为时代的发展注入了活力，成为影响数千年的师表；韩愈柳宗元对师道的倡导改变了整个时代的治学风气；朱熹的居敬穷理引领了整个时代乃至其后多年的读书人专心致志，格物致知；王守仁推翻程朱理学所建的"王学"以及寓教于乐、尊重个体的教育方式更是对整个时代产生了深远的影响，其思想主张甚至影响到了日本的明治维新。

教师教育的魅力还与教师的国家意识、民族意识密不可分。颜元等人匡时济世的理想与务本求实的作风之间本就有着不可分割的联系；康有为梁启超的教育魅力主要来自他们为图国家民族之存而广开民智的积极努力；蔡元培主张思想自由、兼容并包正是为了治疗民族文化的痼疾，让国家的发展与世界接轨。

从教师教育魅力发展史中，可得出的远不止上述这几条。回望历史是为了更好地前行。今天的教师了解一下教师教育魅力的来源与代际传承，或许可以更清楚地看到前方的路。

第五章　现代教师教育魅力的基本构成

一个时代有一个时代的教育。当历史走进现代,现代教师以其独特的教育魅力,书写着现代教育的辉煌篇章。

历史在创造中前行,但历史也是在传承中前行。所以,现代教师教育魅力既有鲜明的现代特性,也有着深厚的历史印记。

中国现代教师教育魅力有哪些内涵? 本章试图站在历史的现代端点阐述之。

一名现代教师,其教育魅力由许多方面共构而成,而时代精神、人格力量和学术素养则是最关键的要素。

一、时代精神

教育是人类的永恒话题,也是人类永远新鲜的话题。讲永恒,是因为教育具有恒定不变的内涵;讲新鲜,是因为教育又永远具有时代性。恒定性与时代性的融会,构成了人类教育每一个时代的总体特征。

因此,探究现代教师教育魅力的内涵,也必须扣住"恒定性与时代性融会"这个总体特征展开。并且,作为一名现代教师,"现代"是他的时代特质,没有这个时代特质,也就不具有现代性,也就无从称之为现代教师。

所以,现代教师教育魅力的内涵,首先就体现在鲜明而强烈的时代精神上,而这种时代精神又具体体现为开放性、现代性和创造性等方面,且每一个方面又蕴含着细致而丰富的内涵。

1. 开放性

"开放"是当今时代的一个显著特征。

"封闭"曾是中华文化中的一个基本特征。中华民族在几千年的发展过程中,主动打开大门接纳外来文化的只有唐代,其他时期的"对外开放"基本上都是被动行为。当今的改革开放具有很大的主动性，也有一定的被动性。在经历了惨痛的十年文化大革命后，中国于1979年实行改革开放。

三十多年的改革开放，使中国逐步融入了"全球化"进程中。现在的中国不仅在经济上与世界融为一体（WTO的加入是一个标志），文化上也正在与世界各种文化形成互激互渗而共生的局面（"西学东渐"、"东学西渐"与"孔子学院"等名词不断被提及即是表征）。教育作为中华民族参与"全球化"进程的重要一环，在今天，不仅中国留学生遍及世界各地，而且世界各地的学生也来到了中国各地求学，中国所有的省会都有外国留学生的身影，甚至许多二线、三线城市也时常有外国求学者；中外合作办学、教育互访、学生交流，已成了大学办学的重要方面，甚至成了许多中学办学的重要特色。

很显然，这也是一个教育的"大开放"时代。不仅是主动走出去，而且是主动送出去；不仅是主动请进来，而且是主动带进来。在这样的前无古人的"主动"中，发挥核心驱动功能的是教师——具有开放精神的现代教师。只有教师具有开放精神，教育才能真正谈得上与世界融合。而具有这种开放精神的现代教师须具有以下魅力。

（1）接纳古今，融汇中外

当代人站在一个文明的交汇点上，这个交汇点连着古今中外。因为信息传媒的发达，这个交汇点较之以往历史的任何一个时期，都显得格外纷繁拥挤，古往今来，中西融汇，车水马龙。

这是一种幸运，也是一种考验。说幸运很好理解，因为古今中外的文化文明成果成为当代人可以歆享的资源，挑挑拣拣或信手拈来，都为己所用；说考验，则可能为有的人不太会接受，其实，资源越是丰富，对选择者的眼光和智慧越是一种考验。

不能否定，"当代人"都有一个如何面对"古今"的问题；"中国人"都有一个如何面对"中外"的问题。而一名真正的现代人，应该是不会厚此薄彼的。同样，作为一名具有开放性特征的现代教师，其必然具有接纳古今，融会中外的心胸与气度。或者说，接纳古今、融会中外，使得现代教师在教育中散发着独特的时代魅力。

这是复旦大学张汝伦教授授课的一个镜头——

　　暮春时节。复旦光华楼。

　　课程：《论语》导读

　　教室里挤满了学生，甚至不乏来"蹭课"的中年面孔。素以严谨严格闻名的张汝伦教授面对台下一双双求知的眼睛，侃侃而谈。思想乘着语言的马车，在时光的隧道里纵横。

"《论语》作为不朽的经典，任何时候都不会失去它的魅力和价值。对于关心现代教育的人来说，问题在于：《论语》对于今天的教育，是否仍然具有它对于传统教育同样的意义？如果答案是否定的，为什么？如果《论语》对于现代教育具有不同于它对于传统教育的意义，那么是什么样的意义？这是当代从事儒家经典教育的人不能不深究的。"

《论语》导读是从这些问题开始的。

而接下来的课程中，张汝伦教授自由穿行在古今中外文明的时空里，旁征博引，鞭辟入里。

他讲到17世纪西方哲学家对现代性的人的基本观念：人是欲望或利益的动物，人生的目的就是使用理性尽可能地满足自己的一切欲望。而现代教育须适应现代性体制发展和物质发展的需要。所以大学变成一个经济利益组织，教育变成一种产业乃势所必然。

他提到1963年的美国加州大学校长克拉克·柯尔在《大学的用途》一书中，将大学界定为回应多种社会力量的服务性机构，而不是自足的学术基地。所以即使今人想以通识教育竭力矫正这个问题，但根据曾任哈佛大学文理学院院长的罗索夫斯基的说法，通识教育最后要达到的目的无非是增加学生的知识和技能，与一般教育只有量的区别而没有质的区别。

但儒家重视教育，因为教育首先应该是人道教化，而不仅仅是传授知识。他援引《周官·大司徒》中"六德"（知、仁、圣、义、中、和）、"六行"（孝、友、睦、姻、任、恤）、"六艺"（礼、乐、射、御、书、数）来说明儒家的教育目标和教育内容。作为传统教育的佐证，他举了苏格拉底的例子。未经过反思的人生是不值得过的，苏格拉底的学生柏拉图鉴于雅典城邦的种种弊病，将教育作为建立理想城邦的主要手段之一，很多人就因此认为他的《理想国》是一部最伟大的教育哲学著作。

……

我们无需也无法将张汝伦教授的讲课内容全部列述出来，做以上"一斑"式的呈现，旨在窥其学术思想面貌。古今中外在他这里融会贯通，"《论语》导读"的课程只是一种外化形式。除《论语》外,他开设的"国学通论"、"四书精读——《中庸》"、"现代思想专题研究"、"现代西方哲学"、"黑格尔《精神现象学》"、"海德格尔《存在与时间》"、"康德《纯粹理性批判》"等课程受到学生极大欢迎;他还同时任复旦大学哲学学院先秦哲学、中国近现代哲学、西方哲学史、现代西方哲学、政治哲学、中西哲学比较等方向的博士生导师。从这些课程和研究方向,我们看到的是一个学者的广阔视野和学术修养。所以,在复旦他被评为教学名师,被本科生称呼为"复旦的尼采"。

现代教师教育对学生的吸引,学术思想占其重要一极,而世界视野、古今贯通的学术品质又乃此极中难能可贵的境界。

大学教育如此,中学教育亦然。虽然教学对象、方式等都有所不同,教学内容的延展性也存在界域上的明显差异,但一个现代教师必须具有的胸襟、器识是相同的,就是要把古今中外的文明成果都纳入自己的教育视野。

让我们把镜头切换到三十三年前于漪老师教学《拿来主义》的课堂——

时间:1979 年 12 月 28 日

地点:杨浦中学初二(1)班

[预备铃后,师生齐背《扬子江》、《示儿》、《枫桥夜泊》、《饮湖上初晴后雨》和《题西林壁》]

师:我们同学课外阅读的兴趣很浓,阅读的范围也比较广泛。我初步统计了一下:半个学期以来,全班同学看的书籍杂志种类,多达 67 种,不计科技图书,单说中外文学图书,也有 270 多本,也就是说,这个学期平均每个同学已看了课外书籍 5 本左右。有一个同学看得非常多,连杂志带书籍共四十几本。书的种类也是很多,譬如说,有唐宋诗词,有《三国演义》、《水浒》、《红楼梦》,还有同学看"西厢",(学生笑声)是《西厢记》,我曾借这位同学的来看了看,是"王西厢"。还有同学看明清笔记小说,是选译的。外国文学作品也看了不少。有的看列夫·托尔斯泰的《安娜·卡列尼娜》和《战争与和平》;巴尔扎克的《高老头》,听到过吗?[生(集体):听到过。]还有看雨果的《悲惨世界》等等。总而言之,古今中外的作品都有。对古代的和外国的文学作品,对这一些文化遗产,我们在接触的时候,看的时候,应该采取什么态度呢?——今天我们学习鲁迅先生的《拿来主义》,从中可以受到启发,得到教益。

……

本来初二《语文》没有鲁迅先生的《拿来主义》，于老师觉得很有必要，于是在课堂给学生补充了这篇经典。必要性至少有二：一是老师已经引导学生读了很多书，现在需要从理性上给学生一种引导，引导他们更自觉地读更多的书；二是1979年中国的改革开放刚刚起步，怎样对待人类（中外）的文化遗产，整个社会的意识都还比较模糊，初二的学生更是如此，这篇文章能使他们模糊的意识清晰起来，知道"应当采取什么态度"。这体现了教师重要的文化导引作用。

从上面所引的这节课的导入部分，我们还能看到于老师对学生的另一重文化导引意义：引导学生广泛涉猎古今中外的经典及当时的各种杂志。她所带的班级半个学期下来，中外文学作品阅读量多达270多本，唐诗宋词、四大古典名著、明清笔记小说、外国文学作品等应有尽有。人文与科技并重，经典与时文统一，古今中外统一，共性与个性统一。它近乎是一个完美的语文阅读境界。这一境界的背后，有学生旺盛的求知欲，有教师精湛的导引术，更有教师融会古今的阔大的文化视野。但这三点不是并重的，前两点需要后一点支撑。有融会古今的阔大的文化视野，才可能自如地引导学生在广阔的文化之原上奔驰。

三十三年前的1979年，改革开放刚刚起步，各种现实的掣肘和思想的束缚一如既往，但于漪老师以其融会古今中外的文化视野、敢做敢为的勇气，带领学生走向无比广阔的文化世界，彰显出了独特的教育魅力。所以，她上的课受学生喜欢，她教的学生视野开阔，文化积淀丰富，这都是水到渠成，丝毫不令人意外的事情。

三十年后，不断推进的教育教学改革赋予了教师更多的课程建构自主权，不断开放的教育环境、发达的信息资讯不仅让教师的视野日益开阔，也为他们融会传播古今中外的文化提供了便捷。国际教育竞争现象也进入教师的视野，成为他们热议的话题，促使他们思考应对。所以，今天一个教师可以在多大程度上带领他的学生汲取古今中外的文化，取决于他的视野胸襟。

复旦附中语文教研组长黄荣华老师在这个方面所做的努力或许能给我们一些启示。

　　复旦附中是一所人文底蕴丰厚的学校。在新课改形势下，如何建设满足学生发展需要的校本语文课程，是黄荣华老师着力思考的一个课题。面对浩瀚的人类文化汪洋，他在博览精思的基础上大胆提出了一个人文选修课程体系——

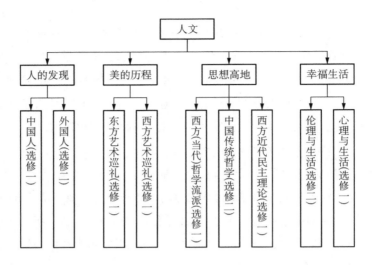

基于这个课程体系,黄荣华老师还带领该校语文组老师一道编写校本教材《中国人》《外国人》,希望以中外历史上文化名人的思想、人格来教育启迪今天的学子。教材以历史为经,精神为纬,引导学生认识"中国人"、"外国人"的思想发展脉络,提升思想,传承文化,获得中外文明的浸润。《中国人》已经出版,在这里我们录其章节标题,可窥其用意之一斑:儒家的理想人、墨家的理想人、道家的理想人、法家的理想人、释家的理想人、魏晋时期觉醒的人、儒道合流的人、儒道释合流的人、明代寻找真我的人、近代寻求真理的人、现代寻求"解放"的人、当代"走向世界"的人、传说人物、神话人物、侠义英雄。

毫无疑问,今天的教育面临重大的发展机遇,同时也面临巨大的挑战。挑战之一就是工具理性已深入人们的"骨髓",使得真正的教育在应试的夹缝中饱受挤压,分数之争成为学生和老师的心结。在充满纠结的现实面前,能以古今中外的优秀文化来建构自己的课程,并以适当的形式传递给学生,是对功利短视教育行为的自觉矫正,体现的是现代教师的良知和担当。

(2) 拥抱美好,悦纳多元

现代教师的开放精神,不仅体现在接纳古今、融会中外的心胸与气度上,还广泛地体现在拥抱美好生活,悦纳多元文化价值的行为与态度上,而这种态度与行为,主要表现在两个方面:一方面是对美好生活的坚定信仰和热情拥抱,一方面是对大开放时代多元价值的包容接纳。

从来就有人对人类生命存疑，对人类美好生活存疑。而在当今，受各种思潮，特别受现代后现代思想对传统进行无情解构的影响，青少年中对人类生命存疑，对人类美好生活存疑的比例，在不断地增长。面对这样的学生群体，现代教育应当感召学生，使他们建立起追求美好生活的坚定信念，也就是说在引导学生坚定地拥抱生命的美好方面体现它应有的魅力。

从 2005 年开始，上海市在中小学校开展生命教育。当年 6 月，中共上海市科技教育工作委员会、上海市教育委员会联合颁发了《上海市中小学学生生命教育指导纲要（试行）》，要求全市中小学全面落实对学生的生命教育。《纲要》指出，生命教育的着眼点在于全体学生的身心和谐发展，为学生的终身幸福奠定基础；学生个性的健康发展，为提升学生的生存能力和生命质量奠定基础；增强学生在自然与社会中的实践体验，为营造健康和谐的生命环境奠定基础。其目的在于引导学生热爱生命，建立生命与自我、生命与自然、生命与社会的和谐关系，学会关心自我、关心他人、关心自然、关心社会，提高生命质量，理解生命的意义与价值。

上海市在中小学及时、广泛、深入地开展生命教育，引导学生认识生命的美好，张开双臂去拥抱世界，既有传统教育"化民成俗"的意义，更有现代教育的"回归生命""回归生活"的意义。

长期以来，我们的教育将教育的外在价值、工具价值（承担社会所赋予的人才选拔功能）和教育的内在价值或根本价值（促进人的发展）割裂开来，甚至只关注外在价值，漠视以至践踏内在价值，致使学生的心灵日益封闭，与世界的关系越来越远，以至于最后走向自我封闭。再加上现代、后现代思潮对传统的解构力量的牵引，使现代的许多学生常常处在生存的困惑之中。这样，上海市开展的生命教育，引导学生"开放心灵，融于世界"，可以说是为学生"回归生命"、"回归生活"打开了一条通道。

雅斯贝尔斯说："教育正是借助于个人的存在将个体带入全体之中。个人进入世界而不是固守着自己的一隅之地，因此他狭小的存在被万物注入了新的生机。如果人与一个更明朗、更充实的世界合为一体的话，人就能够真正成为他自己。"上海市在中小学开展生命教育的意义，也正在于此。

《心灵的对话》[①]高中卷中，叙述人陈小英老师。

---

① 引自《心灵的对话》（高中卷.）（广西师范大学出版社，2004.）

开学不久,我在随笔本上读到了一个女同学写的短篇小说。主人公是一位外地学生,在上海某高中就读,因为和寝室同学闹矛盾,和班中同学关系也紧张,成绩又退步,感到孤独无援,最终跳楼自杀。我边读心里边发紧,据我平时对这个学生的了解,我知道,她写的就是自己。

怎么办?她在一个尚未成熟的年龄便离家求学,她完全有理由痛苦,想不开,甚至会因此走上绝路。教师必须理解她、尊重她、关爱她。

思考片刻后,我做了一个语文教师的个性选择,为她的小说重新设计一个结尾,于是我在她的随笔本上写道:"小赵同学,祝贺你,能写出这样的小说。但小说的结尾太残忍了,也缺乏人物性格发展的必然性和合理性。让我为它重新设计一个结尾好吗?'当安(小说主人公的名字)站在六楼屋顶往下看时,夕阳的余晖正洒满大地……她猛然醒悟,其实问题并没有严重到必须以生命作为代价,是自己夸大了所受的挫折,应该换一个角度,换一种活法。是啊,生命是多么美好,怎能随意抛洒?她眼中流露出自信的光芒……'你还能为安设计更好的结局吗?我们再讨论。"

我把作业本交到她手上,并告诉她中午我在办公室等她。

中午她果然来了,在讨论小说结尾的过程中,我顺势引导,她终于大哭着把心中的积郁倾吐出来,并反省了自己性格的弱点,我为学生纯净的心灵感动,也为自己苦心经营的"伟大成果"激动不已。

陈小英老师一直为同学们所喜爱,她的教育魅力正源于将她的学生"与一个更明朗、更充实的世界合为一体",使他"能够真正成为他自己"。但要引导一个内心封闭的学生走向广阔美好的生活,教师必须是一个胸怀开放、内心阳光明媚的人,否则你拿什么驱走学生心灵上的阴影?

所以一个现代教师的开放精神不仅仅体现在对古今中外优秀文明的融会接纳,也体现在敞开心灵拥抱美好世界的生活态度,而且后者与前者互为表里,相辅相成。它对学生的成长所产生的感召吸引彰显出一个现代教师的人格魅力和精神价值。

今天是一个多元价值共存的时代。而一元化思维模式对我们的影响却极其深刻,几乎成了文化心理本能。这样,学生群体的多元共存现实与教师一元化思维模式就会发生激烈的碰撞。而此时,教育就在广泛认同与接纳多元共存的美好生活方面体现它应有的魅力。

下面是从一节《项链》公开课上截取的片段,这个例子也许可以从反面给我们一些思考和启示。

> 师:同学们,看完小说我们不难发现女主人公马蒂尔德身上有着强烈的小资产阶级虚荣心,我们同学不要学习她贪图富贵、爱慕虚荣。
>
> 生1(举手):老师,我觉得一个女人希望穿着美丽的衣服是没错的。广州新春音乐会不就要求观众服饰要得体、优雅吗?
>
> 师(诧异):这另当别论。得体优雅也不必像马蒂尔德那样花重金去置办新衣服啊?
>
> 生1:马蒂尔德这样做虽然有点虚伪,但可以理解啊,爱美之心,人皆有之嘛。我觉得对她不能光是批判,那样太残忍了。相比之下,我觉得她还是诚实、善良、勤劳的品质更让人感动。
>
> 生2:欠债还钱,天经地义啊,我没觉得这应该得到赞美肯定。
>
> 生3:那如果她不还,又会怎么样呢? 今天欠债不还的人不是很多吗?
>
> 师:同学们的讨论很热烈,但课堂时间有限,在此就不展开了,但请大家记住,爱慕虚荣任何时候都是遭受批判的,小资产阶级的虚荣也是有害的。请同学们记住课文中的中心思想,这一内容后面是要考的。

一堂本可以出现思想碰撞和语言交锋的精彩好课被老师叫停了。很大原因是源于老师观念认识的一元化。可以看出,过去时代的价值观念对老师的束缚很深,使得他在文本解读上仍囿于陈见,不敢直面学生的问题和思考,虽然学生的这种思考非常有价值,有明显的时代进步和思想解放印记。

今天仍然受着这种束缚的教师应该说还有不少,他们观念陈旧,抱残守缺,其重要原因还是缺乏学习,因而思想不能与时俱进。

但有一点必须说明的是,反对一元化,提倡多元价值认同,不是说“公说公有理,婆说婆有理”,不是任何思想观点拿来都是对的,我们需要思考、辨析、剔除、留存,对于腐朽的、落后的,我们仍要坚决地否定并抛弃,而不可以时代变革和观念进步为借口,照单全收。

洛阳48中贺晓红老师曾在《中国教师报》读者论坛提出过这样一个问题：

今年（指2011年）的中招考试中有这样一道试题：请你用楷书写一句你喜欢的或自制的读书格言。在批卷时，发现一些考生的答案有问题，"书中自有黄金屋，书中自有颜如玉"赫然纸上，格外醒目，直觉告我，这种答案是要酌情扣分的，因为其思想违背了时下的教育观念，与我们的教育方向背道而驰。出乎意料的是，这样的答案频频亮相眼底，刺人眼球，于是我感到问题的严重性，便向小组组长请示，始料不及的是，组长的话像一盆凉水一样劈头盖脸袭来，他说："'书中自有黄金屋，书中自有颜如玉'，怎么就不是读书名言了？现在是新课标了，学生说真话，说实话有什么错？别说是现在，再过一万年，这句话仍然是千真万确的。"我的心一下子沉重起来了，因为自己的"误判"，因为自己的孤陋寡闻。更没有想到的是这位组长大人似乎发表了以上的言论还不够过瘾似的，停了一会又自言自语地说："老天爷呀，书中没有黄金屋，书中没有颜如玉，谁还会读书呀！"我明白了，这句话是上面言论的有力注脚和诠释。

"真话"、"实话"不等于就是"正确的话"。无论是新课标还是老课标，违背了教育核心价值观念的观点思想都是不被认可的，这个教育的核心价值观就是学生的身心健康、人格健全，而不是名利等其他拖累学生身心健康成长的外在附庸。不管应试教育如何甚嚣尘上，不管唯分数论如何大行其道，一个拥抱美好、悦纳多元的现代教师一定会有自己执守的原则和立场，那就是一切教育观念和行为都以学生健康的生命、健全的人格和美好未来为归依。

所以虽然今天的社会鼓励和提倡思想文化多元，但它不应成为错误思潮、异端邪说占据主流大雅之堂的借口。一个有辨析力的现代教师，他知道在多元价值观面前如何做出判断和遴选，这是思想的魅力，也是品格的魅力。

2. 现代性

现代不单纯是一个时间概念，并不意味着今天的教师就都是现代教师。现代性是一种品质内涵，具备这种内涵的教师方可以称之为现代教师。对于一名教师而言，其现代内涵的构成是丰富多元的，科学民主、平等博爱、自由通达、批判质疑、革故鼎新、与时俱进等等都是构成现代性的元素，但是在众多的元素中，我们把平等观念、自由精神、质疑意识作为具有现代性品质教师的核心元素来予以重点阐述,因为它们在所有属性中最具有标志性意味和生发功能。

（1）平等观念

平等观念是诸多现代观念中的核心观念。

从某种程度上说,人类是在追求平等中长大的。东西方古代均有"均贫富"思想。西方进入启蒙时代后,平等观念逐步深入人心。中国自"五四"之后,现代平等观念也开始成为社会的共同追求。但无论是东方还是西方,要做到平等都非易事。

当前我们的社会正处在一个转型时期,社会各阶层之间的流动和分化成为社会的一种运行常态,但因为家庭出身、所处地域、经济水平等的不同,阶层之间的差距也在被无形放大。在教育上,城乡差别尤为明显。即使许多孩子跟随父母进入城市,但农民工子弟的身份仍然限制着他们在城市的受教育条件——农民工子弟学校的存在即是一个明证。如何让这些孩子同样分享城市现代教育的阳光,不仅是一个政府的执政理念问题,也涉及一个普通教师的行为观念。

一个拥有现代情怀的教师,平等是他高高托举起的一轮太阳,每一个学生都能从它那里享受到幸福的光热。

2011年4月15日的《文汇报》刊登了上海唐镇中学校长倪建刚老师的事迹。

唐镇中学的学生没有显赫富裕的家境,他们大多是进沪打工的农民工子弟,尽管学生来源进城务工随迁子女占到了八成以上,但来到这里的学生,没有"身份"之别,他们在这里得到了学生的一切教育权利和待遇。校长倪建刚说,学生到了唐中,只有一个身份,就是学生,让每个学生健康快乐成长,就是我们的一切。

农民工子女最怕什么?农民工子女最怕被人看不起。"没有农民工,上海能建设发展得那么快吗?"让农民工随迁子女也能享受到城市文明,让他们愉快地进入学校、课堂,让他们的心理、生理都有愉悦的展示。"把孩子内在的东西调动出来!为孩子提供展示自我的舞台!"唐镇中学的老师们在倪校长的带领下,朝着这一方向,迈开了脚步。

小记者社团搭设锻炼平台。唐镇中学小记者社团已成立三年。成立之初,有人不理解:"农民工子女搞什么记者团?上好课就不错了!"可倪校长不这么看。"我们就是要锻炼他们大胆采访的能力。坚持,一定要搞!"于是,学校为小记者社团开设课程培训、请资深媒体人来辅导小记者、与中国少年报社、少年新闻学院上海分院合作开展活动，为小记者们的专业能力打下很好的基础。如今，在校内外许多活动中，都有小记者们活跃的身影：校运会采访选手、在高桥烈士陵园采访祭扫者、在世博园区采访外国友人、采访著名电影制片人顾泉雄、采访奥运火炬手金晶……小记者们写出的精彩报道都在《唐中风采》校刊刊发。而小摄影师们也拍出了很多佳作并举办了多场摄影展。其中，王娜同学的作品《升腾》荣获2011年上海市学生摄影大赛三等奖；贾先勤、商贤榕同学在第16届全国中小学生绘画、书法作品比赛中，分获美术类二等奖和三等奖。小摄影师们在体验美、捕捉美的过程中，培养了认识美、发现美、创造美的能力。

在遍布农民工的国际大都市上海，校长及教师对待农民工子弟的眼光，很大程度上决定着这些生活在城市边缘的孩子未来的人生走向，也很大程度上决定着这座城市乃至这个民族的未来发展。倪建刚的眼中、心中写着"平等"二字，对待农民工子弟施以等同于城市孩子的高标准教育，这是一个教育工作者的眼光、襟怀和良知，也是一座发展中的现代化城市对教师素质的基本要求。

在中国走向城市化的发展过程中，在整个社会面临转型阵痛和分配调整的过程中，我们无法逃避教育公平这个命题，从这个意义上来说，倪建刚带给我们的思考和示范作用是不可小觑的。

史学大师、辅仁大学的校长陈垣先生，曾经说过"万不可有偏爱、偏恶，万不可讥笑学生"。今天的教育中，像倪建刚那样内心骨子里就有平等思想的教育者广泛地存在着，但"不平等"现象在校园里也是随处可见，让人触目沉思。基础教育司2008年对上海部分区县的调查，就反映没有得到老师公平对待的学生还有很多。

这种校园里的不平等主要体现在两个方面：一是生生之间不平等，二是师生之间不平等。

造成这种不平等的主要原因首先是应试压力带来的冲击，考试分数常常左右着教师看待学生的眼光，成绩好的学生在提升老师的教学业绩上总能帮老师一把，因此受到老师的垂青，乃至特别关照；成绩落后的学生却常常在教学业绩上拖老师的后退，老师为了提高他们的成绩花去了很多精力，却往往难以奏效，这往往让有的老师心生抱怨，个别的甚至会产生歧视冷落。

其次，虽然每个学生从本质上来说都是一块待琢的璞玉，但在成长过程中，受到各种因素的影响，行为习惯表现出较大的差异。有的学生让老师省心省力，甚至做起"小老师"给老师帮助；有的学生行为习惯差，影响了班级的荣誉，占去了老师太多的精力和时间，这也是造成老师眼中生生不平等的一个原因。

另外，虽然是极个别的存在，但也不容忽视，那就是物质金钱对教师的侵蚀，家长希望老师能给予自己的孩子特别的关照，给老师一些物质的馈赠，这也导致了教师对待学生时难以做到一碗水端平。

《岁月如歌》中有这样的心理描述："初当教师时，对两类学生不由自主地十分喜爱，一是反应敏捷，非常聪明的（我讲上句，他下句已能回答），教起来时十分省力；二是长得很可爱，像洋娃娃一样。后来才明白，天工造物十分奇妙，人都是两道眉毛、两只眼睛、一个鼻子、一张嘴，在脸上也都是那样排列的，但一个人一个样，即使是孪生兄弟姐妹，也会有点差异。每个学生有他自己的独特性，不要说是长相，他们的禀赋、性格、文化基础、兴趣爱好等都有所不同，因而，必须热爱每一个学生，每个学生的生命都值得尊重，都必须关心。在教育实践中，与学生长期相处，真切感受到他们生命的蓬勃和聪明智慧，自己的认识和感情都起了变化，懂得了教育事业是爱的事业，没有爱就没有教育。教育无选择性，只要生长在这块热土上的孩子，都要真心实意，全心全意地爱他们，培养他们。"①

这里讲的"爱"的一个最重要内涵就是平等意识，所有学生在老师心中都是平等的，都有一样的分量，老师不应因学生的外貌长相、聪明程度而厚此薄彼。书的作者在平等性问题上是有自我反思的，她的行为多了一份理性的自觉，多了一份真情的投入，所以对待那些因各种原因暂时落后而更需要老师关爱的孩子，她就能平等地给予关爱。

　　天津市聋人学校王晶老师几十年来面对的是一帮特殊的孩子，但她关心爱护残疾学生，全身心投入到聋人教育事业。所带的学生在市劳动局组织的劳动技能鉴定中 100％通过初级工考核，90％通过中级工考核，成绩超过正常学校的健听学生，历届毕业生 100％走上就业岗位。

---

① 引自于漪《岁月如歌》（上海教育出版社，2007.）

在她的班上有一位翟××同学，父母由于工作繁忙、沟通障碍和教育方法偏激，导致家长与学生间隔阂越来越深，以致该生产生轻生念头，家长打电话向王晶求助。基于王老师对学生一贯的爱护赢得了学生的信任，所以经她与该生几小时的长谈，终于让翟××放弃了轻生的念头。后来王晶带着翟等一批同学去北京联合大学参加高考，考了一半，翟闹情绪不考了，她母亲请王晶去做工作，才继续参加考试。最后这位同学被天津理工大学录取。

2003年非典时期，住宿生宁某睾丸炎发作。由于道路封闭，他的家长一时不能来津。当时谁也不愿进入医院，王晶不顾个人安危，带宁某去医院治疗。医生说再晚来一天就会丧失生育能力，需住院治疗。王晶毅然留在医院陪护，直到家长到来。

爱学生是老师的天职和本分，爱一个优秀的学生是老师情不自禁的行为，但爱一个生理上有缺陷、行为习惯上有毛病，或学习成绩给老师拖后腿的学生，则是一个教师良知和责任的体现。魅力和崇高也正在于此。虽然感情是培养来的，学生是可以转化的（有的生理上的缺陷例外），但在最初从内心接纳这样的学生的时候，教师的理性和自觉是必不可少的，其中很重要的就是平等观念，它不是挂在嘴上，说有就有的，它渗透在一个教师心灵世界中，外化为对一切学生一视同仁的关爱和尊重。它所产生的效应就体现在学生的成长过程中。

钱梦龙老师回忆起儿时的学习经历时，说一位叫武钟英的国语老师用一本字典改变了他的人生轨迹。一天放学以后，武老师把他叫到办公室，拿起一本《王云五小字典》，对他说："老师们都说你笨，如果你能学会查这本四角号码字典，就能证明你不笨。"从来没有翻过字典的钱梦龙，在武老师的引导下居然很快就学会了这种查字法。忽然之间，他真好像发现了一个全新的"我"！"笨"学生钱梦龙心里升起了一种前所未有的希望。

接下来，武老师交给他一项任务：每教新课之前，把课文中生字的音义从字典里查出来，抄在黑板上供同学们学习。一个学期下来，在武老师的帮助下，钱梦龙不但学会了查字典、用字典，还养成了课前自习的习惯。在武老师的鼓励下，他的求知欲被唤醒了，自信心复苏了，学习成绩自然也如芝麻开花节节升高了。到毕业时，武老师在他成绩报告单上写的评语是："该生天资聪颖。"

平等的另一层含义表现在师生之间。

也许，做到"一碗水端平"，对所有学生"一视同仁"不是最难的，最难的恐怕是真正做到师生平等。"天、地、君、亲、师"，师道尊严是我们这个尊师重教的文明古国由来已久的传统，身份决定地位，决定话语权和主导权，老师就是权威，挑战权威就是对老师不尊重，老师难以接受，舆论也会批评你狂妄。这样做的结果是老师的地位巩固了，但学生的人格和创造力矮化了、萎缩了。这与一个现代教师的教育追求显然是背道而驰的。所以师生平等是一个现代教师应有的人格内涵，体现在教学中，老师只是"平等中的首席"，是参与者和导引者；体现在师生交往中，彼此是朋友，你中有我，我中有你。

近年来，从台湾走红到大陆的《老师的10个对不起》，仅书名对于讲究师道尊严的中国人来说，就有不小的刺激。毕业于台东师范学院初教系，在南投光华国小担任教职十余年的简世明老师在"公平的教室"一文中说：

"很少人提到的是老师与学生之间的公平，不是以身作则，是指两种身份之间的公平。常见老师在上课间与隔壁班老师聊天，上课接听手机；聊得兴高采烈的老师一转身便大吼："老师在讲话你们也趁机讲话！"这不是很不公平吗？老师上课可以迟到，然后到处牵拖、理由一大堆，学生迟到却要挨骂。老师忘了带东西、跑错教室，这都是很常见的，也没有人会予以计较吧！但学生忘了带作业、忘了带直笛，大概就要罚站了，这不也是相当不公平吗？长此以往学生又如何服气？

我的班级很特别，强调公平，"简老师宪法"第一条：老师可以做的，你也可以做。譬如我尽量不迟到，迟到了一定会道歉，并延迟下课以补足时间。上课时老师可以喝水，学生就可以喝水，什么时候喝、喝几次都无所谓。上课上到一半内急了，本人是绝不憋尿，告知学生后先上厕所再说。同样的，学生上课想问问题举右手，想上厕所举左手，想上几次都无所谓。"人有三急"，别憋出尿道炎这比较重要。有没有学生会"尿遁"借此逃避上课？几乎没有。多"遁"个几次，老师说的笑话都听不到了，岂不是一大损失？

……

"将心比心"、"别一味地严厉"是我所谓公平的真谛。有的人以为执法严格、绝不宽待便是公平,然而事实真是如此吗?学生很精明的,他们即使嘴上不说,眼睛是会看的,种种的借口、说辞都将会是反面的教材。

有一次上课,一位小朋友竟公然把一本"游戏攻略"大刺刺地摆在桌上,这明显违反了"简老师宪法"第二条:老师不会做的,请你也不要做!这小孩还趴在桌上抄小说奋笔疾书……于是我拿着教鞭轻轻点他的头:"咦!好大的胆子,竟敢把禁书放上来。"想不到学生一脸无辜地把该书一翻,原来只是"封面广告",其实是一本笔记簿罢了!

这下糗了,不过我毫不迟疑马上说:"对不起,老师'老眼昏花'看错了,为了公平起见……"于是我拿起竹鞭,也敲了一下自己的头以示公平,并说:"希望您别介意啊!"

"公平"是一种承诺,承诺把自己放在天平的另一头与学生们两相对照,不觉得自己是"老师",不以"指导者"的姿态"君临"学生,那么学生将学到公平待人,他们对老师也不只是畏服,而是打从心底里敬重!

人非圣贤,孰能无过。老师也自然无法例外。但认识到自己的过错,并虚心向学生说声"对不起",则是一种可贵的襟怀,是现代教师平等观念在具体师生关系中的体现。"对不起"看是一句简单的认错,但由老师的口中说出,反映的却是师生关系的本质改变,它给学生心理上带来的尊重和平等体验是我们无法用言语明了的。我们常常看到一些倔强的学生在与老师的冲突中,态度僵硬,但老师的主动反省和自我批评,则会让学生泪流满面,态度180度大转弯。

也许,做错了什么,向学生说一声"对不起",还不是最难的。最难的,恐怕是教师有一种高度的教育自觉,通过自己的教育,使学生的注意力从教师身上转移到自身,成为一个真正的生命主体与学习主体。

一次,于漪老师讲授《变色龙》,课堂上坐着一百多位观课的老师,课到尾声,一位同学突然站起来说:"老师你教错了!"作为老师怎么办?于老师在《让课堂充满生命活力》一文中这样叙述:

我立即请这位同学上台前讲述。她指着板书说:"这时警官奥楚蔑洛夫已吃准了这条狗是将军哥哥家的狗,巴结拍马的心情更急了,你用和前面一样的线条来表示,不符合实际情况,应该频率更快,距离更短,波峰更高。"一石激起千层浪,许多同学七嘴八舌表示赞成。学生是可爱的,我请他们用红粉笔修正我白粉笔线条的错误,并诚恳地告诉他们:"我在习惯的轨道上走多了,课前只考虑到主人公变的现象和不变的本质之间的关系,用两根线条表示,而忽略了现象本身也在变化。我是单向思维,学生多向思维。就这一点而言,学生是我的老师。"

从这个生动活泼、生气盎然的教学现场,我们感受到了学生的勇气,感受到了他们的思考力、批判力、学习力。而这样的场景之所以能创造出来,一定与教师长期的教育期许——造就具有平等意识、独立人格的精神健全人——紧密相连。

（2）自由精神

与平等观念紧密相连的是自由精神。

但对于我们而言自由精神是个舶来品。西方民主主义者曾以它作为一个强有力的思想武器来抵制君主专制的统治,掀起了现代民主自由革命的浪潮。在人类社会走向现代文明的进程中,自由主义和自由精神是一面色彩鲜艳的旗帜,对人类文明的前进起着引领感召的作用。

但中国社会因为几千年的专制统治,"自由精神"从来就稀缺。再加上传统教育以"控制"为特征,所以中国教育传统中几乎不存在"自由精神"一说。也因此,"自由精神"的葆有,对现代教育而言,尤其显得难能可贵。也因此,"自由精神"的葆有,将使教育显示其强大的魅力。

作为一名具有现代精神的教师,葆有自由精神不仅是现代性的一个根本体现,也是教师教育魅力之源。

自由精神对于教师而言,需要教师有独立的思想与人格,思想观念上没有既定的框框,敢于打破固有的成见,敢于挑战传统的权威,不被束缚,不随大流,不阿权贵,独立思考,洒脱不羁。

柳如是,"秦淮八艳"之一,风华绝代。历史一直把她定格为明末清初的一个烟花女子,但陈寅恪的研究发现,柳如是其实是一位有主见的才女,在那样一个大变动的年代里,从事着地下的反清复明运动。于是他毅然决定为这个被士大夫轻蔑的奇女子立传,以此表彰"我民族独立之思想,自由之精神",在双目失明后完成了《柳如是别传》。

陈寅恪作为一名学者和人师，其自由精神在为学和为师两方面都是堪为楷模的。他在同为清华"四大国学大师"之一的王国维的碑文中表达了这样的思想：读书治学，只有挣脱了世俗概念的桎梏，真理才能得以发扬。他还说："我要请的人，要带的徒弟，都要有自由思想、独立精神，不是这样，即不是我的学生。"

因为这份精神，他敢于打破世俗成见，写《柳如是别传》；因为这份精神，他早在1911年通读《资本论》原文时，就主张"不要先存马克思主义的见解，再研究学术。"

陈寅恪先生为什么令人景仰？除了学术成就巨大，还因为他倡行"独立之思想，自由之精神"。而他倡行的自由精神也是他取得学术成就的内在原因。

他后来说到自己创作《柳如是别传》的初衷，很大程度上就是要彰显自由独立的精神，要冲破人们既往的陈见。从这一点来说，为柳如是正名还不是陈寅恪先生创作的目的，唤醒民族的自由精神才是他想借由此书实现的一个根本愿望。

因为教师有了自由精神的引领和驱动，他不仅在学术观点上敢于打破陈见，大胆存疑，而且在教学的方式上，他也勇于推陈出新，独辟蹊径。

2011年9月13日晚7:30，北京四中操场。

农历八月十六。十五的月亮十六圆。可惜云层遮住了一轮圆月，但遮不住相聚在一起的一百五十余名师生、家长赏月的雅兴。

初中部操场领操台上下，师生们围坐在一起，用桌椅、投影、临时照明灯布置现场，营造出一个活泼而又沉静、喜庆又不乏思考的活动氛围。

"天下明月白"活动由高一、高二两届人文班男生合唱苏轼、苏辙的中秋词而拉开大幕，"但愿人长久，千里共婵娟"，是大家的美好祝愿。随后，连中国老师作为此活动的首倡者，讲述活动的发起、发展和对学生们的殷切期望。活动的主要内容是学生们用诗文吟诵、乐音传情的方式表达自己的中秋情思。高二(10)班刘思纯同学在高二(6)班付润馨同学的古筝音乐中，现场书写"天下明月白"几个大字，并将自己的书法作品献给学校。北京四中少儿《论语》班的小朋友们还登台背诵了《颜渊十二》的前四章，稚嫩而琅琅的读书声感染了现场的观众们。

之后，现场师生、家长共话中秋，月亮成为那晚的核心意象和中心话题。活动在全体参与者共同参加的祈月仪式和《礼运大同篇》的吟唱中结束。

这是一个名叫"天下明月白"的中秋赏月吟诗活动，师生、家长在这场活动中所体验到的自然、生命、历史人文的美好，可能不是每一个人能用语言文字来表述出来的，但我们有理由相信那晚的月光和吟唱将长久地驻留在他们的心间，平凡的生命因此充满温馨和诗意。活动的设计者和发起人就是北京四中首届人文班的语文老师兼首任班主任连中国。

黄玉峰老师，那个时候已经小有名气。他不拘一格的"大语文"教学方式，"死去活来"（"死去活来"是指背诵大篇大篇的"死"文章，在写作的时候就能够"活"在自己的笔下）的新理念，利用中午时间的书法课、文学社、假期文科集训等，至今记忆犹新。任何新的东西都不可能在推行之际一帆风顺，畅行无阻，而高中面临的终点是一张凭分数说话的试卷，质疑的声音是有的，反抗的情绪是有的，承受的种种压力是有的。有一整个学期我们都在进行一种类似于讨论课形式的课程，一个小组承担一个话题的解读与演绎，大家给予提问和讨论。我还记得在那个二楼的多功能厅，我用激昂的声音，讲述着古希腊的悲剧和尼采的《悲剧的诞生》……

这是十年前毕业的学生在《复旦人》上回忆当年上黄玉峰老师语文课的情景。黄玉峰老师是复旦附中人文班的首创者，他至今还坚持着人文班的教学。

无论是连中国老师，还是黄玉峰老师，他们的共同特征就是在应试教育的大背景下，坚守着自己的教育理想。他们除了在日常课程中坚持与众不同的教学外，还在假期坚持带领学生游学。他们之所以能这样特立独行，恐怕最重要的是他们有着一种强大心力——自由精神为支撑。

从大学毕业至今，我一直在教书，我那不安分的头脑也一刻没能平静。现在，我终于明白，凭一门专业课的教学不可能实现自己的教育理想。当年，我自认为学校是"净土"，忽略了学校只是社会的一部分，现在我终于知道世上唯一可以"静"的可能只有个人的心境。年轻时以为教育就是诗，教师的一生也在为教育写诗,没想到后来总是为教育写申告状,为学校的堕落而愤怒,为教师的尊严而呼喊。作为教师,我认为自己应当是理想主义者,而现实却总在种植悲观;我以为自己的工作对青年成长能有意义,没想到青年常常会对一个教师的理想投来同情的目光……我就这样在困惑和矛盾中走向耳顺之年。然而,和很多同行一样,我心中的信念不会消逝。

想要学生成为站直了的人,教师就不能跪着教书。如果教师没有独立思考的精神,他的学生会是什么样的人? 在巨大的麻木和冷漠面前,我的确有过放弃的念头,然而一想到中国人有千百年下跪的历史,想到文革给中国人带来的耻辱,想到下一代还可能以各种各样的形式下跪,就觉得我们中国首先得有铁骨教师,教育的辞典中才配有"铸造"这样的词条。

这是吴非老师《不跪着教书》的序言。吴非老师讲得很清楚,教育辞典中要配"铸造"这样的词条,教师就一定要有独立思考的精神。

其次,教师在教学中要践行自由精神。

现在我们的课堂依然具有浓厚的专制色彩,具体表现在"标准答案"说了算、"教师理解所及"说了算、"教师尊严"说了算。这与理想的现代课堂背道而驰。要使课堂激荡着鲜活生命和奔涌着自由思想,很显然,需要教师践行自由精神的教育理念。

下面是于漪老师 1980 年教学《白杨礼赞》的实录(片段)。

生 1:白杨树是不成材的,而楠木是贵重木材,为什么作者贬楠木,说白杨树怎么好怎么好? 我是学生,人微言轻,说了也无用。屠格涅夫是大田园作家,他的《猎人笔记》中也写了白杨树。请听,他是怎样写的。(从课桌里拿出《猎人笔记》朗读有关段落:白杨树叶子硬得像金属,枝条也不美,只是夕阳西下时太阳照到枝条上才有点美。)请问老师,是不是作者言过其实了?

师:你为了验证自己的观点,能注意课内外联系,积极思考,通过课外阅读来找依据,这就是学得自主,学得积极。

师:茅盾的《白杨礼赞》是用象征的手法来写的,象征的手法从来是景随情移的,客观的景随着作者主观的情而变动的。

生 2:这一点我能理解,但有个句子看不懂。"如果美是专指'婆娑'或'旁逸斜出'之类而言,那么,白杨树算不得树中的好女子,但是它伟岸,正直,朴质,严肃,也不缺乏温和,更不用提它的坚强不屈与挺拔,它是树中的伟丈夫。"根据我的生活经验,温和的人使人容易接近,严肃的人使人敬而远之。在一个形象身上又严肃又温和,是不是茅盾先生疏忽,用词矛盾了?

师:这个问题问得好,我没有想到,你读书很仔细。请大家思考,作者用词是不是矛盾了?

生:(七嘴八舌)

师:一个人有时候温和,有时候又严肃……

生2(不信服地):树也不会变脸的呀?!

(学生讨论)

师:世界十大文化名人孔子就是这样。《论语·述而》中说:"子温而厉,威而不猛,恭而安"。可见,在孔子身上二者都统一起来了。

于漪老师的这个教学片断,给我们最大震动的是两位学生的三个问句。

1980年的于漪老师已是有名的语文特级教师。当时,特级教师在上海、在全国都只有那么屈指可数的几位,而于漪老师更以自己独特的语文课堂征服了几乎是所有观摩过她的课堂(包括实况录像)的教师。面对这样的名师与权威,两位学生在与老师的短短两个回合的对话中,接连提出了三个问题,且有理有据。从中还看得出,前两个问题是有备而来,后一个问题是课堂的自然生成。有备而来是"蓄谋",自然生成是的"随机"。也就是说,无论是课上还是课下,学生都是"敢于"发言、"敢于"发问的;学生对教材、对教师都是"敢于"挑战的。

两位学生的三个问句,让我们看到了三十年前于老师语文课堂的这样一些特质——民主和谐的氛围。有问题大家提,有想法随时说。可以想象,如果老师一贯是专制的,是不让学生提问的,学生是不可能有这样的"蓄谋"与"随机"的。

平等愉悦的对话。在第一回合中,学生这样发问:"请问老师,是不是作者言过其实了?"在老师给出鼓励性评价与自己的答案时,学生有了"这一点我能理解"的回答。这样的对话,学生眼中有老师,有教材,不是目空一切的否定;老师眼中有学生,有对学生所提问题的充分尊重。这种师生相互尊重与理解的对话,无论话题有多尖锐,最后师生心中都是愉悦的。

积极主动的探索。"生1"的两个问题,一个是求异,一个是证同,但无论求异,还证同,都是积极主动探索的表现。更可贵的是,"生1"对自己的观点都给出了他这个年龄段学生所能达到的思维高度的答案。

互助合作的平台。当"生2"提出第二个问题的时候,老师说:"这个问题问得好,我没有想到,你读书很仔细。请大家思考,作者用词是不是矛盾了?"于是课堂讨论开来,于是有了教师"子温而厉,威而不猛,恭而安。在孔子身上二者都统一起来了"的答案。这两个回合,让我们看到课堂作为"互助合作的平台"的真正意义:通过生生互动、师生互动,相互启发,自然产生可能得到的最完美的"结果"。

多年以后,于老师在讲"自主、合作、探究"的课堂学习时,还回忆了这一非常生动的教学场景。这样的教学场景,实际上是于老师作为一名现代教师对学生作为一个现代独立"个体"充分尊重的结果,对学生独立思考与自由探索精神的充分肯定与精心呵护的结果。有了这样的尊重,有了这样的肯定与呵护,才会有这种民主、平等、自由、主动、合作的教育平台,课堂才会激荡着鲜活的生命,奔涌着自由的思想。

(3)质疑意识

中国传统教育目标——"传道、授业、解惑"之"道"、"业"、"惑"是先在的、既定的,因此,是不需要研究的,也是不能研究的。特别是进入科举时代后,"传道、授业、解惑"之"道"、"业"、"惑"是不能置疑的。尤其是"四书"被确立为科考书目后,"传道、授业、解惑"之"道"、"业"、"惑"更是不能质疑。代圣人立言、为圣人立言,成了师生共同遵守的最高教育法则。

与此同时,传统教育因"师道尊严",教师也不需要去研究教育技术,因此也无需去质疑灌输式教学方法。因此也可以说,质疑意识是中国传统教育所缺失的。

但作为一名现代教师,则需要践行质疑精神。质疑是一种反思式的研究,它包含反思之后的否定、反思之后的补充和反思之后的认同三个方面。因为现代教育不是白手起家,现代教育是在传统教育的基础上发展而来的,所以,现代教育要求教育者认真反思传统教育,研究自己所面对的教育对象、教育内容以及教育方法。

现代教育的目标——促进学生文化生命的成长——与传统教育有着很大的区别,既有先在的、既定的内涵,也有即时生成的内涵,因此,需要教师在教育过程中即时把握,即时生成,这就需要教师具有预见性、前瞻性、灵活性。这样,必须研究教育对象的发展,研究教育内容的调整,才能真正做到"长善救失"。

现代教育的教育方法——对话式、生成式的教育方法，需要现代教师具有较强的反思意识，才能真正实现。

按大的分类，教育大致有三种方法：经院式，也即"知识"传输（控制）式；师徒式，也即教师中心式（教师的权威具有绝对意义）；激发与唤醒式，也即对话式、生成式，教师退居暗示地位。前两种方式虽早已被痛打，但我们得承认，它们至今还是中国教育的两种主导方式。而第三种方式的核心价值是学生在被激发与唤醒后真正成为学习的主人，成为真理的探求者。虽随着课改的深入，第三种方式越来越深入人心，但真正能很好地理解并落实在自己的教育行为中的老师还是不多的。这里既有社会大环境（应试教育）的控制的原因，也是教师自身懒惰的原因。

① 静态需要反思，动态更需要研究

经院式教育是传输"静态"的知识，即"已然"。今天的教育当然需要传输"知识"，需要继承经院式教育的优长，但需要对静态的"知识"进行反思。哪些只能传输，哪些可以在体验中获得，哪些需要通过探究式学习获得，都需要现代教师根据"知识"的性质与自己的学生实际去认真研究。

总体而言，数学等理科方面的知识因逻辑推导性质可以直接传递，文科方面的知识因关乎人的生存特质而难以直接传递。柏拉图说，怎样接触学习对象呢？事实上，语言不可能把握对象，而是要经过长时间与对象进行科学的交往，并在相应的生活团体中，真理才突然出现在灵魂中，犹如一盏被跳起来的火星点燃的油灯，然后再靠自己供给材料。

对话式、生成式教育是以激发与唤醒学生的内在生命力为主的教育。这是动态的教育。它将所有影响学生成长的因素共构而成的教育环境看作教育课程，因此，任何一个因素的变化都会影响到教育的成效。这就需要施教者对教育课程有很好的研究。这首先就要摒弃仅以课本，甚至仅以课本知识为课程的传统课程观，建立起崭新课程观。"多米诺效应"和"马太效应"，甚至"蝴蝶效应"，都是现代课程观要特别关注与研究的。

② 过去、现在需要反思，未来更需要研究

现在人们在备课时，可能能关注学生的基础，关注学生的现实，但很少关注学生的未来。而未来恰恰是最需要关注的。"教师的担子很重，一头挑着孩子的今天，一头挑着祖国的未来"。这句话很形象。从 30 年前看今天，从 60 年前看今天，如果内心不慌,不感到痛彻肺腑,那不是好官员,那不是好教师,那不是好国民。60年了,我们培养出来了哪些人?研究未来,才会真正关注今天。看到孩子的未来,才不会为了今天的一分半分让他们伤透心!让他们失去信念!让他们一辈子萎靡不振!一个为了学生未来的教师,他不会唯眼前的应试是瞻!他有足够的心胸去接受挑战。

③ 他者都需要研究,自我更需要反思

我们研究学生,研究教材,反思自己吗?与前两者相比,我们反思自己很少!我能做什么?我哪里做得好?我哪里做得不好?我的教学对学生生命成长有促进作用吗?还是在扼杀学生的生命?或者说,我们现在太缺少"修身"了。古人讲"吾日三省吾身",讲"内圣外王"。不能"外王",至少要"内圣"。"内圣"不是指自己一定具有圣人的内心,而是指向圣人情怀靠近,所谓"我欲仁,斯仁致矣"。

汤王所以能成为圣人,恐怕与他坚持"苟日新,日日新,又日新"的反思精神很有关系。只有自省,才能自新!

马克思以"怀疑一切"为座右铭,所以马克思在反思德国古典哲学、法国空想社会主义和英国古典政治经济学的基础上创立了马克思主义学说。

纵观古今创新者,都离不开对既往的质疑与反思。现代教师要呈现现代教育的教育魅力,同样需要以质疑的姿态面对既往的教育。

上海市语文特级教师程红兵老师是一位颇具质疑姿态的魅力教师。我们仅从他关于"公开课"与李镇西老师的通信中也可窥一斑。

镇西:

今天来信,想着重谈谈公开课这个话题。从教这么多年来,我上了不少公开课,也听了不少公开课。现在,我觉得有必要反思一下公开课(包括观摩课、示范课等等)。

我以为此类课应该分级,一级是参加工作不久的青年教师,完全可以沿用现在的流行方式,反复备课,反复试教,个人备课,集体备课,不断接受来自各方面的修改意见,最后上台表演。这一系列反复的过程是青年教师掌握规范的过程,是青年教师明确如何上好课的过程,是激发青年教师精益求精的过程。

另一级是已经工作过好几年的教师,则绝对不能采用上述形式。在掌握规范多年之后,再表演规范,是在演戏,而不是教学实验,在掌握规范之后,应该是超越规范。

听课是学习，就应该具有可学性，因此它必须在常态下进行，这是教育实验的一个基本要求。观摩课虽不拒绝漂亮，但绝对应该拒绝为表演而表演，拒绝为刻意追求漂亮完善而失去常态；失去常态，就失去了真实，失去了可学性。在目前观摩课更多追求表演性的时候，我倒觉得现在有必要提倡否定表演，杜绝表演。因为这种观摩课甚至连执教者本人平常教学也不这么上。可见其假到什么程度，虚到什么程度，脱离实际到什么程度。

我以为公开课的目的在于实验。语文课堂教学实验无非在于探索一种新的教育思想在课堂教学中的实践，在教学常态下的呈现（这里用"呈现"，而不用"展示"，是因为"展示"很容易走向表演）。

正因为是常态下的呈现，它就能给人以学习借鉴的意义。正因为是探索，所以无需圆满，即使是不成功的地方，也能从反面给人启迪和教训。

我们总在说素质教育是以培养创新精神和实践能力为核心，现在需反问一下，我们教师自己具不具备创新精神？语文课堂正是教师创新的一块天地。我们语文教师，如果具有创新精神、创新能力，就应该在人格上给学生以极大的正面影响。

以上是我的一些想法，不知你以为然否？愿闻指教。

程红兵

我们每个老师都不止一次地上过公开课，大家都有一个共同体会，那就是既然"公开"，展示表演的性质自然难免，于是反复"磨课"成为老师们上公开课的共同体验，校级、区级、市级，乃至国家级，级别越高，磨得就越细，一堂课反复上四五遍，七八遍都是常事，以致到真上的时候，一点激情都没有了，虽然上完了，常常赢得赞声一片，但留给上课老师的只有解脱和无聊。

对于上公开课，我们都有这种体验和困惑，但我们没有产生过怀疑反叛之心，程红兵老师发出的声音，是一个学者型教师对流行风气的质疑，需要智慧和理性，更需要勇气和担当。当我们都是风气的俘虏和推手时，这样一个声音显得多么可贵。

质疑的姿态实际上是一种批判的姿态，当大多数人局限于眼前的现实时，他指出这不是唯一的现实，或真实的现实，需要通过我们的努力改变现实或让真实重现。程红兵老师与李镇西老师的探讨意义正在于此。

现代古史辨学派的创始人,中国历史地理学和民俗学的开创者顾颉刚先生曾说,"对于别人的话都不折不扣地承认,那是思想的懒惰,这样的脑筋永远是被动的,永远做不了学问。"

但需明了的是,质疑不意味着否定一切,打倒一切,质疑是为求真、求证、求实。质疑应持理性的态度、科学的精神。在学术环境日益自由、开放、多元的形势下,许多打着质疑的旗帜,实际是行歪曲炒作之能事的行为尤其值得警觉。

朱自清《背影》中的父亲形象,一直以来给我们留下深刻印象,其老来怜子的温厚慈祥,表现在攀越月台去给儿子买橘子一节尤为感人。但这个历来为语文老师重点分析的细节,今天却在有的老师的"质疑"声中变了味。有人把"父亲"的行为解读为违反交通规则,甚至显得猥琐丑陋。

《鲁提辖拳打镇关西》中鲁提辖三拳打死镇关西是何等精彩的描写,鲁达的快意恩仇让我们读来简直是酣畅淋漓。而现在有的教师则说这个场面过于血腥暴力,恐有误导学生的危险嫌疑,建议删去。

《景阳冈》中武松打虎一节跌宕起伏,扣人心弦,让我们都替武松捏了一把汗,但到了有些人那里却被说成是滥杀国家珍稀保护动物,而且宣扬暴力,建议删去。

《狼牙山五壮士》的革命英雄主义曾激荡过一代又一代人的精神情怀,而现在却被有人说成是不珍惜生命,会对学生的生命观产生误导,所以也应该删去。

……

教育似乎正迎来一个无比自由的质疑时代,每个人都可以大胆存疑,勇敢批判,却无须思考求证。这样的质疑显然有悖科学精神,它经不起推敲和验证,是脱离了特定时代背景的一种歪曲和吊诡。这样的质疑不要也罢,因为它只会误导学生。

所以一个充满质疑精神的现代教师具有的不仅是批判的头脑、犀利的眼光,还有理性的科学态度,在质疑中解惑、求证、求真,触摸真相和真理,而非哗众取宠式的标新立异。

3. 创造性

"创造主未完成之工作,让我们接过来,继续创造。"

"宗教家创造出神来供自己崇拜。最高的造出上帝,其次造出英雄之神,再其次造出财神、土地公、土地婆来供自己崇拜,省事者把别人创造现成之神来崇拜。"

"恋爱无上主义者造出爱人来崇拜……"

"美术家如罗丹,是一面造石像,一面崇拜自己的创造。"

"教育者不是造神,不是造石像,不是造爱人。他们所要创造的是真善美的活人。真善美的活人是我们的神,是我们的石像,是我们的爱人。教师的成功是创造出值得自己崇拜的人。先生之最大的快乐,是创造出值得自己崇拜的学生。说得正确些,先生创造学生,学生也创造先生,学生先生合作而创造出值得彼此崇拜之活人。"

以上摘自著名教育家陶行知先生的《创造宣言》。陶行知先生是中国 20 世纪早期的教育家,距离我们已隔着半个多世纪了。他提出"生活即教育","社会即学校","教学做合一","在劳力上劳心"等理论,注重"发展学生的生活本领"。他创办育才学校,择优选拔有特殊才能的优秀儿童,并根据学生的兴趣和条件聘请大批专家学者担任教师。

陶行知先生摒弃、反叛了旧时代的科考教育,对新时代"人"的教育做出了创造性贡献。对照我们今天的教育,许多我们自诩为创造性的教育理念和做法都可以在陶行知先生那儿找到出处。

但时代总是在不断进步的,今天的教师面对的是新的环境、机遇和挑战,一个富有创造精神、创造活力的教师永远大有作为。每个时代都由这个时代的创造性成果构成,如果没有更多具有创造精神的现代教师,没有教育的创造性实践和成果,那我们今天的时代又如何有别于以往呢?

创造性是现代教师宝贵的能力品质和重要的精神标志。但它作为教师的一种内隐品质,常常通过教育教学中的具体行为体现出来,以下的例子可能会给我们更多关于教师创造性的直观感受。

据说有这样一件有趣的事情——某天,在海淀区一家大商场,三个初中生模样的女孩,正围在柜台前仔细打量着一种商品,一会儿拿起来左右端详,一会儿又掏出尺子,量商品的几条边。旁边一位女教师见此情景,笑一笑走上前去问:"你们是张思明那个班的学生吧?"学生奇怪地说:"对呀! 您是怎么知道的?"女教师说:"我看你们这样子,就知道是张思明班里的。"

张思明，数学特级教师，享受国务院特殊津贴专家，北京大学附属中学副校长。他的"中学数学建模和导学探索的教学模式"在中学数学界引起了极大的反响。

在去日本学习时，日本人处处流露出的优越感就让张思明深有感触：只有教育才能真正使我们强大起来；在美国学习参观时，张思明发现，中国学生都很聪明，学习成绩也很好，可是在工作中却出不了最好的成绩。

张思明开始反思传统的教育观念及教育方法。

1993 年，张思明开始尝试改变陈旧的机械灌输的教学方法，努力在课堂上为学生创设可激发探索欲和创造欲的问题环境。搬家时大衣柜是否能通过楼道？大西瓜和小西瓜哪个瓤占的比例大？停车场怎么设计停车最多……这些都成为他启发学生们用数学去思考的问题。

同时，他大胆地在中学数学教学中渗透数学建模的思想和方法，着力培养学生的数学应用意识和创造能力。他带领学生深入生活，让学生们感受数学与我们无时无刻不在发生着关系。他指导学生研究磁带的转速问题，研究存款借贷利率问题，研究平安保险到底是亏还是赚等等。

1995 年的寒假作业，他尝试着做了变动（此后，每个假期他都变着花样给学生布置类似的作业），改为可选择项目：读一本数学科普读物或学习参考书；找出 3 处非印刷性错误并予以更正；在若干个参考选题中，选写一篇数学小论文；学习计算机，自编一个程序……开学了，23 位同学从 10 余本数学正式出版物上，挑出 60 余处错误；共收到 56 篇小论文，其中 5 篇后来获海淀区一等奖；15 位同学编了几十个计算机程序……

当首都师范大学组织的创造性教师个案研究课题组成员在对张思明进行了一个多月全方位的调查了解后，得出了这样的结论：无论是在教学上，还是在教育上，张思明的创造性都达到了一个很高的境界。他的创造，不是像工人、科技人员的那种创造，也不是在方法技能上的一些创新。而是根据自己的特点、学生的特点、自己教学过程的特点，来选择一些适合自己、适合于自己的对象的方法和做法，创设一个激发学生的创造的"场"，让这个"场"再去激发更多学生的创造。这是一种更多、更广、更深刻的创造。①

---

① 引自雷玲《故事里有你的梦想》（华东师范大学出版社，2007.）

　　她是上海市闵行中学一位普通的年轻教师,但数年来她却在坚持着自己的一种教学方式:每个星期五节语文课,她会拿出两节来带学生到微机房去上。

　　学校很重视网络平台的建设,并建议教师把课程建在平台上,付雅辉老师就是把拓展阅读、热点关注、思想交流建在毕博系统上的。下面是从她的课程中截取的部分页面。

　　栏目:好书好文推荐

　　祝你在清晨飞翔

　　发帖者张红霞于2012年2月18日　星期六　下午4时5分4秒CST

　　推荐理由:我推荐它,因为我正被压力所困。在繁重的学习中,我一直忙碌着,忙到失去自我,甚至忘记这门新课究竟是为了什么。或许只是在应付考试,应付家长,压力冲昏了我的思想,可以说咀嚼了这篇文章后,我找到了压力的源头,是我的思维,我的斗志在沉睡。我找到了奋斗的方向,我也开始相信,会有这么一个清晨,我也可以轻松自由地飞翔! 如果,你因压力而迷惘不如走进这篇文章,寻找未来的方向吧!

　　已附加文件:祝你在清晨飞翔.高一七班　张红霞.doc(21.0KB)

　　栏目:热点关注

　　关于最年轻教授刘路的思考

　　发帖者　付雅辉于2012年3月28日　星期三　上午9时8分27秒CST

　　上次编辑时间:2012年3月28日　星期三　上午9时15分48秒CST

　　他是中南大学的本科生,只有22岁,他破解了数学难题,拿到了一百万的奖励,他被破格聘为正教授级研究员,成了镜头前的红人,他就是刘路。他的走红不同于艺人,我们又该报以怎样的关注呢?"新闻1＋1"节目对此专门做了一期节目,我们今天的阅读和思考就从这里开始吧! http://tv.sohu.com/20120323/n338724189.shtml

　　人生好比一道数学题,外在环境只能影响你的速度,或牵引加速,或阻碍减速,决定最后终点的人只有你自己。这是他给学弟学妹的寄语,值得我们深思。

　　付雅辉　已阐述……

　　　　　　　2012年4月11日　星期三　下午2时16分17秒CST

"天才的出现和成长有其特殊规律。"这特殊规律是什么呢？是"羞怯"和"寂寞"吧。羞怯，刘路有，这是研究学术者必备的气质；寂寞，刘路也有，据他的同学讲，他总是早上出去，晚上很晚回来，基本都是去图书馆，啃的多是外文书。没有对寂寞的坚守，绝不会有傲人的成绩。只是不知道自此之后，他还有没有享受寂寞的自由了。

除了羞怯和寂寞，我想这特殊规律应该还有一点，那就是勤奋吧！

杨徐杰　已阐述······

2012 年 4 月 11 日　星期三　下午 2 时 17 分 2 秒 CST

刘路被任命为此职务，更多是校方对人才的重视和希望他能走得更远，虽然职位与其年龄相较有点夸张，但是身患"天才饥渴症"的国人将太多注意力放在了这颗突然崛起的新星身上，对他自身发展并没有一点好处。

其实我们对于刘路什么都不用做，只要将讨论他的精力放在自己的"学问"上，那样做，有一天即便达不到他这样的高度，也可以创出自己的一片天地。

姚舜扬　已阐述······

2012 年 4 月 11 日　星期三　下午 2 时 17 分 46 秒 CST

陶行知先生说："处处是创造之地，天天是创造之时，人人是创造之人。"从以上的例子中，我们确实可以感受到老师们在教育教学上所体现出来的创造精神和创造能力完全可以不受学科、地点、时间、教学经历等的束缚。

时代在变，今天的教育从人的环境到物的环境都有别于以往，而教师的创造性也明显带有时代的特征。从学科教学内容的创造再生，到教学手段、方法、工具的创新变革，只具备创造精神还是不够的，创造能力更是衡量今天一个教师专业素养的重要标准。

如果说新的手段、方式、工具的创造是具有创造意识的教师可以努力为之的事情，那么教育理论的创造性呈现当属教师创造性的更高层次，因为理论超越了手段和工具，而能将自己的成果进行创造性的理论表述，则更属不易，其散发出的学术和思想魅力为我们所追慕。

四十年前，语文在工具性和思想性之间摇摆，语文教学有文道之争。1980 年代中期以后于漪老师阅读有关语言学、文化语言学和人文科学方面的书，深入思考，打开另一个视角,寻找新的天地,提出了"人文性"的想法。很显然,"人文性"是一个创造,但这不是一个简单的方法、工具的创造,而是基于对一门学科本质认识之上的思想理论的创造,且概念表述准确浅易,于漪老师关于语文学科"人文性"的界定,显然是创造的难得境界。她在《弘扬人文,改革弊端——关于语文教育性质观的反思》等一系列文章中作了充分论述。

　　"小小的船两头尖,我在小小的船里坐,只看见闪闪的星星、蓝蓝的天。"这是一年级的一篇传统课文,就这四句。我们不是简单地把几个字认识了,也不是简单地把意思解释一下,朗读一下,会背,这样还不够。我们今天来教这样的课文,让孩子去向往宇宙,去向往天体之间的奥秘,要去探究宇宙的奥秘,就是所谓"仰望星空",那就很广远。但是又不是说我们仅凭想象,那不行。我教这课的时候就说,你们说天上的弯弯月像什么?有的孩子说像香蕉,像镰刀,像小船。我说课文上小朋友说怎么就只说像小船,而不说像香蕉、镰刀呢?你们想想看小船可以怎么样?孩子们受启发说小船可以坐,香蕉只能吃不能坐。课文上的小朋友要想上月亮,你们想去吗?孩子们都说想去。这是口头上,这样激起他的情绪来,然后我们很简单地说,今天晚上我们坐在院子里,看着天上的月亮,就是一个简单的圆月亮的一个画图,看着天上的月亮,月亮和星星也看着你,看着看着,听着音乐,小朋友是不是好像上去了?小朋友们就听着琴声想象着想象着,一会儿我说谁上去了?孩子们举手,说我上去了,我也上去了。最生动的,我到现在都记得,他说,李吉林老师我觉得我的腿变长了,说我觉得我的身子变轻了。这样一说,我感觉孩子是真的上去了。我当时惊喜不已。

　　我说我们现在就坐在弯弯的月亮上,说你们现在看蓝天、看什么的。那么孩子就身临其境,有一种真切感,他被感动了。然后我说,现在蓝蓝的天就在我们身边,你想想看,如果用蓝蓝的天上说一句话你们会说什么呢?孩子们就动脑筋想想,说在蓝蓝的天上怎么怎么样,我怎么飞上了蓝天等。还有一个小朋友说什么呢?说我坐上宇宙飞船,在蓝蓝的天上给李老师打电话。

　　我听了开心得不得了。就是我们自己都不会有这样的想象。前两年我们的宇航员在蓝天上给家人打电话,在以前也没有。但是我教这篇课文大概是20多年前,就是说在80年代初期,我们的小朋友就能想到在蓝天上给李老师打电话。

他真的是仰望星空，他的心已经飞上蓝天，坐在月亮上，这个对孩子的教育意义和效果是可想而知的。

这是江苏南通师范第二附属小学李吉林老师的一节"情境教育"课的介绍。对于我们来说，"情境"和"教育"都不是陌生的词汇，但合成"情境教育"则成了李吉林老师的创造。不仅是概念和语汇的创造，更是理念的创新。在"情境教育"的实验与研究中，李吉林老师提出了一系列自己独特的教育主张，构建了"情境教育"的基本模式和基本原理。其"情境教育"法已成为现代基础教育的一种重要教育方略。

综观几十年来一些耳熟能详的教育名师，他们无一不在自己的讲台上有所创造，如钱梦龙先生"三主四式"语文导读法，于永正老师的"重感悟、重积累、重迁移、重情趣、重习惯"的"五重"教学，刘德武老师"在后退中前进"、"跳出数学教数学"的数学思想……

正因为这些理论创造及理论的创造性表述，我们的教育才不断地由实践经验层面向知性理论层面提升，从而不断地优化我们的教育行为。

当然，如果从更高远的目标看，中国近六十多年来的教育史并没产生真正具有广泛的世界影响的教育大家。这也从一定程度表明了现代教师应有的教育魅力还没有得到充分彰显。

英国前首相撒切尔夫人 2002 年出版的《治国方略——应对变化中的世界》指出："中国没有那种可用来推进自己的权力而削弱我们西方国家的具有国际传染性的学说。今天中国出口的是电视机而不是思想观念。"撒切尔夫人说的思想观念就是话语体系，出口思想观念就是话语权力的获得。

今天有五种打着创新旗号的人值得注意：洋搬运工、洋奴（民族虚无主义者）、民粹主义者、"粉碎机"、应试术权威。他们都不是真正的创造者，因为他们说的已基本上不是地道的"中国话"，他们已丢掉了自己的话语体系。

我们期待教育界有人站出来追问："中国教育学如何在世界登场？"

当然，能站出来说这种话的人需要三个条件：是有影响的教育家；对中国几千年教育有自己的学术认识体系；对外国的教育史及重要的学术著作都有研究，且能融会贯通地理解，有自己独到的见解。

所以，我们期待在未来的教育领域中有真正"志于道"的创造者，在追问"中国教育学如何在世界登场"的过程中,建立起中国自己的教育学,使现代中国的教育魅力闪耀世界。

二、人格力量

教育家乌申斯基讲过,在教育工作当中,一切是以教师的人格为依据的,因为我们的教育力量,它只能是从教师的活的人格源泉当中来。这是特殊的教育力量。

教师人格是指教师在其生理基础上,在履行其教师角色的责任和义务中自觉形成的相应的和相对稳定的心理特征的总和。它是由诸如需要、兴趣、动机、理想、信念、价值观、世界观、能力、气质和性格等多种成分组成。教师人格的魅力是指教师在从事教育教学职业活动中所产生和体现出来的人格美,其核心是热爱教育事业,热爱学生,有使命感和责任心。教师人格的魅力是影响学生人格形成和学业成绩的重要因素,是一种特殊的教育力量。

确实,如果要问一个接受过学校教育的人,你曾经的老师身上有什么最让你受益以至终身的,多数人可能会想到"人格"而非知识。回顾我们所接受的学校教育,我们深有同感。

关于教师的人格魅力的内涵,有许多研究者做过阐述,但任何描述恐都难以完整地呈现教师人格魅力的全部。

美国教育家保罗·韦地博士花了 40 年时间,深入研究,归纳出作为一个好教师所具备的 12 项人格魅力。(见本书第二章《欧美部分发达国家对优秀教师的理解》)

作为中国的现代教师,其人格力量主要体现在哪些方面? 我们从现代教师的许多教育实例中概括出下面几个方面。

1. 热忱

"忱",即"诚"。"热忱"就是情感热烈而诚挚。英文的"热忱"(Enthusiasm)源于希腊语"神在其中"(God Within),就是有一种永恒的神性、神力注于自己追求的情感中,使其产生长久的热情。当今社会越来越浮躁,越来越短视,越来越功利,影响到教育,就是对教育终极之"道"的追问者越来越少,表现在具体的教育行为上就是越来越具有"短平快"的特征。在这样的教育行为中,理想、激情、耐心这些非常重要的教育内质被放逐。因此,我们认为,现代教师人格魅力的内涵首先是对教育的"热忱"。

对教育的热忱,就是对教育有一种长久不衰的热烈的情感。有了对教育的"热忱"

情感,就会有一种教育理想的不懈追求。反之,缺乏"热忱",就不可能有对教育的真爱。列宁曾说:"没有人的情感就从来没有也不可能有人们对真理的追求。"套用列宁的话来说"热忱",就是:"没有热忱,就从来没有也不可能有对教育的热爱与追求。"

1977 年 10 月 19 日,当于漪老师历经磨难,和千千万万的被迫害者一样从文革的泥淖中挣扎出来,伤痕累累地迎来新时代的第一缕阳光时,她接到一个光荣而艰巨的任务是到南京路上海医药商店 7 楼上海电视台教育演播分室第一次向全市直播《海燕》的教学。她有过无数次公开课的经验,但这样的场合还是第一次。当她接受了这个挑战,在课堂上将生命的全部激情融入这只自由飞翔、勇敢搏击的精灵——海燕时,师生都振奋了,自信、豪迈、欢乐洋溢在课堂上。教学取得了出人意料的效果。

那天当于老师回到家中的时候,一直在看电视,替她捏了把汗的爱人说道,"你哪里是上课? 你是用生命在歌唱。"于漪老师认为爱人真是一语中的。她说:"三尺讲台无限爱,我爱学生,爱生活,爱未来,爱蕴含着灿烂中华文明的语文。教课不是当旁观的评论员,只有用生命编织的,从心底里流出来的歌,才动听,才感人,才会如清澈明净的泉水叮叮咚咚流入学生的心田。"

于漪老师成为深受人们爱戴的一代师表,无论遇到什么样的困难和挫折,都微笑着倾其一生的心血、智慧和爱,在三尺讲台上,用生命歌唱。这与她对学生、对教育、对生活的无限热忱是分不开的。无论是生活中与她言谈,还是聆听她的授课或报告,她所到之处,通身所散发出的热忱、智慧的生命能量,是周围的人们都能感受到的。她的心灵俨然是一座典雅高贵的教育殿堂,在这里,每一个向往教育真谛的人都可以拾阶而上,仰望,依傍。

也许可以说,于漪老师用一生创造并践行的那句名言——"一辈子做教师,一辈子学做教师",很好地诠释了现代教师对教育的"热忱"所散发的教育魅力。这份生命的热忱是有传承的。

她在深情回忆起她初中的国文老师黄老师的时候,虽然隔着六十多年的时空,但黄老师的音容宛在昨日。她回忆说,他是那么喜欢我们这些幼稚的不懂事的孩子,下课从不匆忙离开教室,总是和同学谈这谈那,今天这几个,明天那几个,谈得最多的不外乎是课外阅读,那里有斑斓的世界,迷人的风景,无穷的乐趣。讲到刘延陵的新诗《水手》,他会情不自禁地朗诵起来,"……他怕见月儿眨眼,海儿掀浪,引他看水天接处的故乡。但他却想到了石榴花开的鲜明的井旁,那人儿正架竹子,晒她的青布衣裳。""你们看,多好,多好,远离故乡的水手对他心上人的怀念,至诚至情,鲜气扑人,火红的石榴花与蓝布衣裳,色彩鲜明,像幅动人的画,意境朴素清新。"讲得忘形之时,又会朗诵起课上教的田汉的《南归》:"模糊的村庄已在面前/礼拜堂的塔尖高耸昂然/依稀是十年前的园柳/屋顶上寂寞地飘着炊烟。"老师进入了角色,那深深感动的神情凝在眼睛里。如今稍一回忆,那对深沉的眼睛还在放着异彩,那里面储藏着对文学、对生活多少的热情、多少的爱啊!

从于漪老师的回忆中,我们可以感受到黄老师是一个多么喜爱学生、热爱生活、钟情教育的人啊。他整个的精神世界是向学生敞开着的,生命内在的激情和才情源源不断地奔涌出来,流进学生稚嫩的心灵。回顾于漪老师的人生历程,在其岁月深处,像黄老师这样满怀热忱的师长很多很多,他们从少年于漪、青年于漪的生命中走过,把足迹深深印在她的心上。他们对学生、对生活、对教育的无限热爱无形中对学生产生的深远影响远非他们当初所能预见,而这却是不容我们忽视的。

无法想象一个内心黯淡阴冷的人能有光和热传递给别人。许多老师在几十年的教育生涯中,始终以对生活、对文学、对事业的激情感染着每个学生,"和学生的心弦对准音调"是他们的追求,也是他们的骄傲。联系起对初中国文老师、黄老师的回忆,我们看到的是生命的薪火在师生之间,在两代师表间接力传递,明亮而温暖。

所以,一个现代教师首先是生活在现代社会中的一个人,一个知情合一的丰盈的生命个体。一个充满魅力的现代教师心态是年轻的、开放的,充满张力的,他热爱学生、热爱生活、热爱教育,对生活怀着一份敏锐感知和由衷赞美。虽然在社会进步的主旋律中,常常夹杂着一些不和谐的音符,但他对阳光背后的阴影有清醒的认识,内心明亮而温暖,并把这种温暖和光明传递给学生。

他会有自己相对独立的精神世界,但师生的交流、交融构成他生活的常态。在这种交融中,他以自己开放、开朗、阳光的心态感染影响着学生,师生一同汇入时代进步的潮流,同享着现代文明的美好。

　　以前,我在一所中学做老师,教英语。在我工作的第六个年头,学校来了位刚毕业的大专生(代课的),是个 80 后,也教英语(她不是英语专业的)。开学了,我们英语老师都在一个办公室里办公。上课的第一天,她拿着英语教本微笑着走到我的身边,向我请教英语词组 much too 与 too much 的区别。我像给学生讲课般的,详细地给她作了讲解。讲完后,我心想,她这样的英语水平怎么去教孩子们呀! 该不会误人子弟吧? 以后,几乎每逢备课她都要向人请教一些英语方面的问题。因此,她的形象在我心里每况愈下。

　　这样,一学年过去了,她代课的期限满了,自然离开了我们学校。让我感到很意外的是,她班上学生的英语成绩出奇的好。让我感到更意外的是,第二学年学生开学报到的那天,她教过的那个班上来了很多家长,家长们围着我问,他们孩子班的英语老师怎么不来了? 我跟他们说明情况后,看到他们脸上失望的表情,我心里有种说不出的滋味。家长们告诉我,他们这次来学校,是想要求学校将他们的孩子还放在她班上,"多么好的一位英语老师! 怎么说走就走了呢?"说实在的,当时我认为自己是一名有六年教育经验的老教师了,而且好几次被上级教育主管部门评为"优秀老师",再说,我的英语也教得不错啊! 可是家长们从未给我如此高的评价。

　　后来,我从她的学生们那儿了解到,她关心他们的学习,关心他们的生活,和他们一起读书,还经常借书给他们看,她就像他们的姐姐一样……听孩子们数着她的好,我越发感到惭愧。许多时候,我认为自己是一名有经验的老教师,认为自己摸索到了一个属于自己的成功的教学模式,掌握了教学的"窍门",认为以自己的知识教学生是绰绰有余的,认为这就是教育教学的高境界,于是就放弃了学习,远离了阅读,渐渐地我远离学生,脱离了教育的常识,也就远离了教育。对于一名老师来说,这是多么危险的事情啊! 幸好,我遇到了她,不然我仍执迷不悟,终会成为一个名副其实的教书匠。

　　一个没有任何教学经验、教授的课程又非所学专业的年轻代课教师,凭借什么取得了不错的教学成绩并深受学生、家长欢迎?

　　"我从她的学生们那儿了解到,她关心他们的学习,关心他们的生活,和他们一起读书,还经常借书给他们看,她就像他们的姐姐一样……"或许答案就在这里。教师对学生、对教育充满热忱,学生就会喜欢老师,喜欢她教的课,取得好成绩则是自然而然的事情。亲其师才能信其道,教师靠什么让学生"亲"? 靠的就是满腔的热忱。所以"我"反省自己"远离学生,脱离了教育的常识,也就远离了教育",也是切中要害。大道至简,教育的常识就是对学生、对事业的热忱。这可能是当下所有耽于技巧钻研、玩命拼分的老师都应该思考的。

2. 关爱

关爱他人,在中国传统文化中有着非常广泛、深刻、持久也是最动人的表达。同样,在东方其他文明,如印度文明、伊斯兰文明中,在西方文明中,都有着关爱他人的动人表达。关爱他人,是整个人类文明中的内核。

作为人类关爱他人的重要方式——教育,从本质上说,就是人类之爱的代代相传。所以说,"爱是教育的原动力"。

但人类发展史上的"历史与伦理二律背反"现象,在今天的人类教育中有着鲜明的表现。那就是现代国家为了追逐现代国家的利益,而忘记了教育为何物。这一点,在雅斯贝尔斯写于1960年代的《什么是教育·教育意义与任务》中有过精到的表达:"在民主观念放任的情况下,人们忘记教育为何物。从上一个世纪教育与科学开始分道扬镳,因此人们所理解的教育只是将青年人培养成有用之才。当某一科学被运用于经济之中时,这门科学马上身价百倍,人们为了获利,纷纷追求它,并在学校中推广这一学说。研究者和教师也以此要求编入新教材中。假如这门科学与国家的存亡有着密切的关系,那么这门科学的功能就会发挥到极点,这种状况一直存在,直到原子武器的时代仍然如此。今天的美国突然意识到苏联在科学方面超过了它,因此,科学和培养科学人才的重要性得到了前所未有的强调。"(三联1991年版第49页)雅斯贝尔斯指出的教育弊端,在半个世纪之后,成了全球所有现代国家的教育的通病——仅将教育主要理解为人才的培养,忘了教育的本质是人类之爱的传递。

那么中国呢? 中国作为发展中的现代国家,在忘记教育的本质上,甚至可以与它的经济发展速度相提并论。今天中国教育深陷应试教育的泥潭,在分数的无穷追逐中,教育的本质——爱的传递,已在多数人的心中成了最没有意义的"噱头"或表演秀。学生在这样的教育中身心均受到损伤,哪里还有多少"爱的传递"?

在这样的教育背景下,真正的对学生身心的关爱,就越发显示出她光芒四射的魅力。

时间：2012年5月8日20时38分。晚自习过后。

地点：佳木斯市胜利路北侧第四中学门前。

事故回放：学生纷纷走出校门。校门口停了4辆车，突然最后面的大客车失控，先撞到了前面的一辆大客车，这时，刚好有几个学生过马路，正在疏导学生的十九中学教师张丽莉迅速冲过去拉过了其中的一个学生，又推出了另一个学生，用身体挡在了大客车前面，两个学生没有受伤，而张老师却被大客车碾压在车下。在场的老师和学生都吓坏了，一时间不知所措，后来学校领导赶到，迅速拨打了"120"急救车。急救车赶到后将张老师送到医院救治。

当时她还说"先救学生"。

据张丽莉的同事李金茹回忆："事发前，张老师正面对着大客车，只要她向后退一步，就能躲过大客车，可她却义无反顾地冲出去救了学生。"

事故造成29岁的张丽莉老师双腿截肢。

以上交通事故中的张丽莉老师就是2012年感动全国人民，被全国网友盛赞的"最美女教师"。

在这起事故中，张丽莉是用生命诠释着一位人民教师的大爱。虽然这是一个特例，崇高、沉重而悲壮，为我们所不愿看到，但我们又深知，一个对学生有着挚爱之心的教师，她爱的表达细微或壮伟，不是由她的人格情感来决定的，因为这对于他们根本不成为问题，牺牲的程度取决于学生需要的程度，任何时候都毫不含糊。

以下摘录的是《文汇报》对上海市2009年上海市"园丁奖"获得者，吴泾中学数学教师孙琴辉的一段访谈。从孙老师的话语中，我们对"关爱"可能有更丰富的理解。

吴泾这地方，真算城市发展的缩影。你看见对面那排老房子了没有？上世纪60年代造的房子，当时是工人宿舍。外表是后来重修的，里面的居住条件，真是一塌糊涂。我们学校的很多学生，就是住在这一片的。

有句话是这么说的：来我们这里读书的，家长里找不到一个"科级干部"；学生里没有一个"一条杠"。什么意思呢？过去，吴泾是工业区，国营工厂很多，所以住着一批批高级工程师、高级技工。可后来产业结构调整，工厂都搬迁了，有能耐的人都走了，稍微有点"花头"的，后来也都想办法买房子搬走了。

最后留下来的,本地人里基本都是弱势群体,不少人是低保户,他们哪里都去不了。后来,很多来上海打工的,也在附近租房子。所以说,我们学校的生源本来就不太行。

不久前,学校来了一个新老师。她去家访,回来就哭了。她说,走遍全班每个孩子的家,竟看不到一件值钱的家具。

我自己的班级,13 个同学是上海人,其中 11 个是单亲家庭。有些孩子从来没有看到过自己的妈妈,另两个孩子虽然家庭健全,但家里很穷。班级里,"吃低保"的学生家庭有 5 户。有的学生,半个月父母养,半个月爷爷奶奶养。如果不是这么着,这孩子就养不活了。

现在,班级里外来务工人员的孩子也多起来了。他们和本地孩子不一样,父母倒健全,就是都忙着赚钱,没空管孩子。他们经常满脸泥巴来上课,领子都是脏的,行为习惯也比较差。

别看这些孩子有的学习差,有的调皮,有的作业不做、乱涂乱画,时不时还有人打打闹闹,但只要知道他们的故事,了解他们的家庭,你对他们就"狠"不起来。相反,你会想办法把他们教好,让他们将来有个出路。

我上一届班级里有个女孩子,就住在对面那房子里。她爸爸有一天跑来跟我说:孩子要休学。这个女孩,1996 年生的,但到 1999 年都没上户口。因为孩子刚出生,她妈妈就跟人跑了,出生证什么的都带走了,她爸爸就这样拖了两年,一直没给她报户口。我后来就跟她爸爸说,无论如何得让孩子继续读书,因为这个孩子是 1999 年才上户口的,算年龄出去打工是"童工",犯法的。后来,他总算听了劝。

还有个孩子,也住那个小区,家徒四壁。有一天他奶奶跑来找我,硬往我手里塞 300 块钱,让我无论如何帮孩子补补数学,让孩子初中毕业。这钱,怎么可以收呢?!

我知道这些孩子太多的事情,所以舍不得离开这里、离开他们。毕竟,我也是这里的人。

2008 年,我们学校拆分,高中部并入田园高中,这里只留初中部。那时,学校走了一大批老师,我也可以走,但校长找我谈了好几次,说学校需要我。最后,我就没走。

非常朴实的话语，读不出丝毫夸耀自己的味道。在孙老师的娓娓道来中，我们感受到的除了一群需要被人关注、关心的孩子，就是孙琴辉老师为之付出的深沉绵厚的爱，涓细而非宏大，一生而非一时。对于很多老师来说，这就是他们爱的常态表达，深沉的师爱如涓涓细流滋润孩子的心田。

我们常常抱怨说，今天的孩子是不缺乏爱的，他们被两代家长包围着，在蜜罐中长大。其实这也是要区别而论的。前面说到的农民工的孩子，还有生活在社会底层的家庭的孩子，他们在物质上是不丰富的，甚至相对匮乏；在心灵上，他们更有一种自卑情结，这种心理很容易导致他们自暴自弃，或偏执孤僻。所以无私博大的师爱对于他们身心健康成长就格外重要。

但我们也看到在当前的教育现状面前，许多伤害却是以爱的名义发生的，甚至当伤害发生时，我们的老师不能理解，倍感委屈。我们有时自己都深感困惑，为什么明明是为了提高学生成绩，让他们有个好的前程，可他们却如此地不理解，我们的"好心"为什么常常办成傻事，甚至酿下悔恨、留下遗憾。

上海市最近一份问卷调查可能会让所有的老师困惑难过，调查显示百分之九十的老师认为自己关爱学生，而恰恰百分之九十的学生认为老师不爱他。

这种师生感受错位的原因何在？

囿于现实体制，我们无法超越应试分数对身心的羁绊，无法忽略各种各样的考评对业绩的影响，这样我们对学生的"关爱"无形之中就掺入了一些自我的成分，我们对学生的宽严和恩威不是完全指向学生的身心健康成长，而是与自身的名利有了千丝万缕的联系，加之当今的孩子一般都不缺乏呵护关爱，所以我们的关爱常常落得不被学生领情的结果。

这是当今值得我们反思的一个问题，解开了这个疙瘩，我们的关爱才会上升到更博大高远的境界，我们才称得上是一名超越了自我功利的现代教师，我们的爱才会熠熠生辉。联系本节开头指出的人类教育之病，探究张丽莉、孙琴辉等老师对学生的关爱之情，我们可能会有更多更深的启发。

3. 包容

请读者先试做一道选择题：假设我们要从以下四个候选人中选择一位来造福全世界，你会选择哪一位呢？

候选人 A：

　　＊笃信巫医和占卜家

　　＊有两个情妇

　　＊有多年的吸烟史，而且嗜好马提尼酒

候选人 B：

　　＊曾经两次被赶出办公室

　　＊每天要到中午才肯起床

　　＊读大学时曾经吸食鸦片

　　＊每晚都要喝一夸脱(大约一公升)白兰地

候选人 C：

　　＊曾是国家的战斗英雄

　　＊保持着素食习惯

　　＊从不吸烟，只偶尔来点啤酒

　　＊年轻时没有做过什么违法的事

候选人 D：

　　＊学校给他的评定不怎么好。在他念过书的学校档案室里找到的旧记分册，他的化学成绩评为 3 分，而物理、代数和几何成绩也是 3 分。

　　＊早在中小学就善于利用女生的好感。从五年级起与女同学接吻。

　　＊在大学二年级时差一点被除名。

　　＊是一位摔跤运动的高手。

　　是不是觉得这些信息已经足够帮助你决定最佳人选了呢？千万不要以为这是个容易的选择，现在让我们来揭晓答案，看看你选了谁……

　　候选人 A 是富兰克林·D·罗斯福；候选人 B 是温斯顿·丘吉尔；候选人 C 叫做阿道夫·希特勒；候选人 D 是普京。

　　不知道你知晓这个答案以后有何感慨。举这个例子是想说明一个道理：没有人在你的评价中会尽善尽美的，你也无法预知他将来的人生作为，即使是伟人。那么作为教师我们能做的就只有以包容之心来看待他们曾有或正在有的缺点，把他们向更好的人生境地引导。

　　这种态度在中国人生哲学中由来已久,两千年前孔子所大力倡导的忠恕之道可谓这种人生哲学的源头。"尽己之谓忠,推己及人之谓恕","己所不欲,勿施于人","己欲立而立人,己欲达而达人","躬自厚而薄责于人"。忠恕之道要求每个人都有同情之心,但不是带着道德的优越感去俯视他人,而是以"同己之情"去度量他人,承认每个人人格上是平等的,承认他人自我价值的诉求,在情感上主动接纳别人的所思所想所为。

　　今天东方古老的忠恕之道成为现代世界公民意识的重要内容之一,在西方也被认为是"道德黄金律"。东西方的人格系统在这一点上表现出高度的认同叠加。"你厌恶的事,不可对别人做。"(《多俾亚传》)"凡是你们愿意人给你们做的,你们也要照样给人做。"(《马太福音》)

　　作为一名现代教师,一个具有人格表率意义的现代人,包容则意味着尊重每个生命个体的平等和独立,尊重他们的感受和自由表达个人愿望的权利,对异己观点乃至他人错误保持宽容,为相容共生留下足够的空间和时间。

　　但在"个人主义"成为全世界"第一语言"的今天,"他人即地狱"的表述有着广泛的认同。所以,当教师的教育行为彰显着现代的包容品质时,将有非同寻常的感召力。

　　　　她是大家的"宠儿",也是榜样,成绩始终名列前茅,同学们戏称她为"女强人"。

　　　　而此刻,她毫无表情地坐在我面前。一切都对她极为不利:为作弊而写满公式的小纸条就躺在我的办公桌上;尽管是未遂,人们的目光还是集中在她身上,惊愕、叹息、嘲笑、鄙夷……

　　　　我已经决定:要给她一定的处罚! 惩前方能毖后,此风决不可长!

　　　　其实,我不是没有心软过。如果她能像那些犯了错误的学生一样,诚恳地检讨……我或许会原谅她,毕竟她一直成绩不错,到底还是个孩子,生活中谁没有犯过错误? 谁又能在诱惑面前永远保持清醒?

　　　　可是自从进入办公室,她的表情看上去就十分平静,目光空洞地看着某个地方,一言不发,看不出有丝毫悔意。

　　　　我要教训教训她,让她知道什么叫"羞耻"!

　　　　于是我拿起桌上的"赃物",单刀直入,"告诉我,这是第几次?"

　　　　她一下子脸色发白,扭转头,一言不发,多了一种傲慢,甚至不屑!

我被彻底地激怒了，不由自主地站了起来，想厉声呵斥她。然而，此刻眼前的景象让我收住了话头：她两只手紧紧地扭在一起，指关节发白，止不住地微微颤抖，眼神里有傲慢，更有绝望。

我突然明白了。这个女孩现在犹如被逼到墙角的小兽，正用残存的一点自尊，对面临的压力做最后的挣扎！

出乎自己的预料，我说了一句自己都不敢相信的话："回去吧。我相信你以后不会再这么做了。"

她满脸惊愕地离开，转身的时候，低低地说了一句："老师，真的是第一次……"

后来，她果然再没有这种行为，"第一次"成了"最后一次"。①

叙述人郑洁

这样的例子，每个教师都会不止一次地遇到。对于一名优秀生偶尔的犯错，我们可能易于做到宽容，这会让他重拾自尊，走出一时糊涂的阴霾；而对于一名行为习惯和学习成绩都让老师头疼的学生，宽容往往成为对老师的苛求，然而却也显得更为必要。因为它可能会帮助一个孩子告别不堪的过去，找回积极进取的自我。

初涉讲坛，一个姓肖的男孩就让我对职业产生了怀疑。他有一双灵气的大眼睛，一看就是个聪明的孩子。但开学才一个月，他就成为班里的头号问题人物。上课迟到，作业不交，回答问题答非所问，成绩也是倒数。找他谈过多次，毫无成效，我想我是否应该放弃他。

我把困惑告诉了父亲，父亲给我讲了一个"好肉和尚"的故事：一个云游僧来到集市，对一个屠夫说："给我一块最好的肉。"

屠夫放下手中的刀，"客官，您看，哪一块不是好肉？"

说者无心，听者有意，和尚顿时彻悟了多年未曾参透的禅机，于是给自己取名"好肉和尚"。

我明白了父亲故事背后的用意。

---

① 引自《心灵的对话》(高中卷.)(广西师范大学出版社，2004.)

一次全班出游。一个盲人在车站卖艺，二胡拉得凄凉动人，同学们纷纷将硬币投入盲艺人面前的小碗里。这时我看到小肖捏着一角钱犹豫了很久，最后从钱包里拿了一张五元的票子轻轻递给盲人。看到我诧异的目光，他解释说："我只有一角零钱，可我又觉得那是给乞丐的，他是卖艺人，这五元是他该得的价值。"

我被感动得说不出话来。在当天的班级总结会上，我讲述了这件事，同学们都热烈地鼓掌，而他也第一次敢于直视我的眼睛，露出开心的笑容。

渐渐地，我发现了小肖身上更多的闪光点。

我庆幸父亲给我讲了"好肉和尚"的故事。每一个孩子都是一块璞玉，他需要你的包容和打磨，而不是苛求或放弃。[①]

叙述人黄娟华

工作中，我们老师遇到的像小肖这样的学生可能更多，用什么样的心态和眼光来看待他，往往会对其今后乃至一生的成长产生莫大的影响。于漪老师说，一个老师就应该是一个观世音菩萨，我们要把所有的学生渡到彼岸去，不能因为其中的某个人犯过错，就扔下他不管，对于老师，那是莫大的罪过。

一个深具教育魅力的现代教师不应让自己犯下这样的错误，因为他应明白这个世界人与人是充满了差别的，优秀的学生和落后的学生同时存在于一个教室里，优秀品质和不良习惯同时存在于一个人身上，这是再正常不过的事实，是人类社会最自然真实的形态法则，明白了这一点，我们就会以包容宽恕之心来看待学生的缺点和错误，就会以欣喜赞赏的态度来发现他们的进步和成绩。

这种包容和赞赏就像是一个教师构筑的一条河流的两岸，其间流淌的是学生懵懂的青春岁月，它一路歌唱着奔向美好的未来。

4. 担当

什么叫担当？就是该自己担起的担子担起来，该自己承当的任务承当起来。一言以蔽之，就是承担自己的责任。

钱学森在临终之时，向前来探望的温家宝总理发问："为什么我们的学校总是培养不出杰出之才？"

---

① 引自《心灵的对话》(高中卷.)（广西师范大学出版社，2004.）

这个著名的"钱学森之问"当年震惊了整个中国。为什么？从不同的角度可以得到不同的答案。从担当的角度看，是一位有良知的知识分子，一位杰出的现代教师，在践行两千多年前中国先贤那句"士不可以不弘毅，任重而道远"的至理名言，体现的是"任以为己任""死而后已"的坚韧不屈精神，一种胸怀国家民族的大任精神。

中国首届教书育人楷模，北大教授姜伯驹作为一名数学研究者，他强调数学在其他学科及技术领域的应用。而中国在这方面严重脱节，一方面是数学系培养的目标比较窄，另一方面是科技界对数学的了解不够。与中国形成鲜明对比的是，国外的工程界、科学界人士对数学了解得非常多；同时，国外那些受过很好数学训练或数学系毕业的人也愿意改行，去做数学领域以外的事。他认为，这是中国数学的尴尬，数学没有走入其他学科，也没有帮助其他行业解决实际问题。

姜伯驹认为，中国要改变"数学就是培养数学家和数学研究人员"的观念。

为了促进数学的发展和应用，1995年，姜伯驹曾牵头14个院校参加原国家教委"面向21世纪数学类专业教学内容与课程体系改革"项目，他亲自主持了北大数学科学学院的教改工作，有意识地把数学系和概率统计系、工程计算系和信息科学系等整合起来，成立了数学科学学院。1997年亚洲金融危机前夕，他还成立了一个金融数学系，因为他看到数学和金融的关系越来越密切。

姜伯驹希望中国的数学能够达到这样一个境界：工程技术界、自然科学界、物理化学界、生物界，这些自然科学界的人都能比较多地了解数学。另外，很多在数学系受过很好数学训练的人也能改行到各个领域去。

这是作为一个大学教授，一个院士，希望在他所研究的学术领域，能为国家科技振兴发挥作用。他是这样希望的，也是这样去追求践行着自己的使命理想的。

正是这种强烈的使命意识，中华文化中的"担当"二字构成了影响许多优秀老师人生的主线。

担当，勇于担当，应是所有优秀教师的共同品格。

暮色四起，整个豫西北的山川河流渐渐沉入无边的夜色里。

横水镇卸甲坪村的黑暗山路上，正一瘸一拐地走来一位女性。这么崎岖的山道，这么晚的时候，哪位腿脚不便的女性还在赶路？

突然，脚下不稳，一个趔趄，她重重地跌在地上，伤痕累累的残疾之腿上又添上了新伤……

春雨绵绵，河水暴涨，昨天还架在河上的小木桥已不知被河水冲到哪儿去了，还是那个腿脚不便的女性，赤着脚，高挽着裤管，一趔趄背着孩子趟向对岸……

她是谁？她在做什么？

其实这样的情景当地的乡亲们不是一次看到，三十年来，大家为这样的情景无数次感动。大家对这位腿脚不便的女性更是熟悉如亲人，尊敬如观音。她就是全国模范教师、教书育人楷模、全国五一劳动奖章获得者、河南省道德模范王生英老师。

王生英自小患小儿麻痹症，为了钟爱的教育事业，三十年的教学生活，她二十年以校为家，从来没有误过学生一节课。为了给程度差的学生补课，她常常以校为家，以学生家为校，默默地奉献着一切。多少个夜晚给学生补课回来，在山间小道上跋涉，道路漆黑，没有灯火，经常被摔得鼻青脸肿；多少个暴雨初涨的早晨，她背着学生趟过木桥被冲垮的湍急河流，这些她都已数不清了。30年来一直不变的是她扎根偏远山村，奉献教育的决心。

一个时代有一个时代的担当。不同的地域环境，不同的职业都赋予了担当一词特定的内涵。一个现代教师的担当是什么？这样的担当产生怎样的人格力量？王生英老师以自己三十年扎根偏远山村的经历引发我们深深的思考。

常听有些人说，这件事我不去做，自会有人去做，且可能做得更好，说这种话是推卸责任，是找借口。担当是一种舍我其谁的豪迈，是我不下地狱谁下地狱的牺牲决绝；担当是填海的精卫，是移山的愚公，是以微薄之躯对抗不良却强大的环境和势力，风雨兼程，无怨无悔。今天的时代，不缺高学历、有才华的人，但你要认为对于一所学校、一个班级、一个孩子，你才是最适合的，没有人比他们更需要你，只有这种精神才能锻造出一个民族的脊梁和未来。

以下是记者对被称为"中国基础教育活化石"的教育家吕型伟先生的访谈。从这位耄耋之年的长者言谈中，我们可能会对担当一词有更深的理解。

记者：当前农村教育已成为基础教育的重中之重，您是一位一直生活和工作在大城市的教育工作者，如何看待当前的农村教育问题？

吕型伟：中国基础教育的重点在农村，难点也在农村。这就是我这个生活在上海的老人，却经常把目光聚焦于广大中西部和农村教育的原因所在。离休后，我几乎跑遍了除西藏以外的所有省市，动力也来自希望看到中国农村教育的曙光。

我曾在云南的原始森林地区，看到一群孩子就在一棵大树下上课，树上挂了一块黑板就算是教室，当时眼泪就下来了。有个棚子也好啊！不要说西部，就是苏北、浙南，也有很困难的地区。我是从农村出来的，一直有农村教育情结。中国太大了，要解决所有的问题总得有个过程。我希望尽可能快点，尽可能公平些。也许是我年龄大了，我有点急，总希望在我的有生之年能看到农村教育有大的变化。

五六年前，我自己跑到上海南汇，看到一所希望小学的牌子。到里面一看，我震惊了，原来是所打工子弟学校，租了一间非常破旧的民房当教室，挂着一面国旗。就是在上海这样的城市也还有如此简陋的学校，我看了真的掉下眼泪。后来我就给中央写了内参，呼吁要关心民工子女的入学问题。

目前有些地方办教育有个倾向，热衷于把学校办大，把学校兼并起来搞园区，搞宾馆式的校舍，我是保守主义者，对此有点不大赞同。因为中国还是个穷国家。当然，话说回来，与其投资搞别的标志性建筑，相比之下，还是投资办教育好一些，要把钱花到最贫困的地方去，而且不要搞花架子。

一位退休多年的老人，还在为教育奔波操劳，甚至不远千里，深入边远落后之地，调查研究，直陈事实，敢说真话，肩担道义，无怨无悔。如果没有心系学生发展、肩担民族未来的情怀，又怎能做到。

把自己该做的做好，把可以推诿不做的也积极做起来，把不是自己职责范围的、也非常难做的，但只要是对社会有益的也主动挑上肩。这就是吕型伟先生给予我们的关于担当的最好诠释。

5. 峻洁

我们这个民族从来就不缺乏人格峻洁的有识之士。

"峻"为高大，"洁"为纯净。因为精神纯洁，心灵清明，所以人格高大，思想境界高远。虽然同样生活在世俗的纷扰之中，柴米油盐、晋级涨薪都成为困扰着我们的现实，但因为峻洁的人格，则不会纠结于一时一地的个人名利得失。在物质追求甚嚣尘上的时代，峻洁的人格依然是一个现代教师的精神徽章，魅力闪耀，彰显着教育者的时代风范。

一名有教育魅力的现代教师，就应当具有"两袖清风，一身正气"的峻洁人格。而要葆有这样的人格，就要"守志"。"志"是什么？是"士"之"心"。教师之"志"就是教师的心志，教师的信仰。守志就是守住教师的心志，守住教师的信仰，不被污染，永葆教师情怀。

在当今物欲横流时代，熙来攘往，守住教师之"志"并非易事。只有那些具有抗拒诱惑的强大心力者，才能真正闪耀"守'志'"的光芒。

嘉定马陆的葡萄很有名，其实那里还有一位"金牌化学老师"王雅莉名声在外，上海市区的不少老师也专门跑来取经。王雅莉上课有一套，用学生的话说："王老师只要讲一道题目，就能让我们把与它相关的所有知识点、所有类型的题目都搞懂。"

这个自称"孩子王"的王老师，饱受失眠困扰。在她办公室里放着张竹编躺椅，"实在扛不住了就躺一会儿"。王雅莉回忆，失眠症是在2000年发作的，自此整日整夜睡不着，一躺下，眼前全是上课的情景，一幕幕好像放电影。她跑遍了上海各大医院，西医、中医，吃了好多药，却不见好。

这个化学老师如今每天睡三四个小时，但她一进教室就亢奋，嗓门极大。爱人担心她，想让她换工作，她不干，说："没有学生来找我，我的睡眠会更成问题！"

马陆中学当时缺英语老师，所以第一次上讲台，她教的还不是自己的专业，而是英语。紧张啊，那一年她不过21岁，学生管她叫"雅莉姐姐"。

这些年，她的学生的化学成绩单越来越漂亮，她跟着"沾光"，获得了不少荣誉。有很多人问过我，"有没有城区学校要你去？""你为什么一直留在农村？"说没有动过心，那是胡话。城区重点中学摆出的条件，有两样最让她心动：更好的待遇，更好的学生。

对一个老师来说，"好学生"比"好待遇"诱惑更大！这些年，荣誉纷至沓来，去市区开会、交流的机会也多了，但每次回来，心里五味杂陈。市区的老师们走在一起，总会交流，"我的学生当上了这个局、那个家"，"某某知名主持人是我的学生"……这时，她只能悄悄低下头。她在脑子里"翻阅"我的学生，他们也有出息，成家立业了，但大部分是"普普通通的马陆人"。

她想，当老师恐怕都需要成就感来支撑。有时看孩子们调皮，真有些恨铁不成钢，她多么希望所有的学生都超过我这个乡村教师，都走得远远的、飞得高高的！不过她有时也批评自己"虚荣心"作祟，农村的孩子懂得体贴人，看见我吃药，他们送来几块糖，她的心马上软了。几次思想斗争，离开的念头渐渐打消。她也是农村娃，就在这里呆着吧。一辈子就在家乡做个"孩子王"。

一晃23年，她从"雅莉姐姐"变成了"雅莉妈妈"。

王雅莉老师2012年被评为第二届"上海市农村优秀教师标兵"。这是对她多年来扎根乡村教育的肯定，是给予一个教师矢志不渝、奉献教育的褒奖。

有机会追逐名利，却不为所动；有资本改变处境，却能扎根乡村，心中放不下的是需要她的学生，是乡村教育事业的牵系和召唤，这就是人格的力量使然。守住自己的心灵，身处江湖之远，却心系祖国的未来，这是奉献者的情怀，是一个教师人格的峻洁光辉，魅力闪耀，令人肃然起敬。

在社会转型时期，教育自然也有它自身难以回避的困惑和尴尬，但不管身外的世界如何喧嚣，一个执守人文的教师始终清醒自己该做什么，即使不被理解，即使招来非议和责难，他们也毫不动摇，这份坚定源自他们对生命、对文化、对教育的深刻理解，因为理解，所以自信，因为自信，所以坚守。

坚守心志，师魂就会给人长久的力量。下面两位教育大师的教育行为更能带给人们长久的震撼。

中山大学教授胡守为曾做过陈寅恪先生的助手，他清晰地记得这样一堂课：那天他是唯一的学生。当他来到陈宅时，陈寅恪正在工作。在他来后，先生挪步到楼上，下楼时，竟郑重地换了一身装束：长袍。胡守为说："这件事对我的教育很深，这就是为人师表啊！"

中国国家主席、中国共产党中央总书记的江泽民同志访问美国期间，曾专程探望了他的老师顾毓琇,年逾古稀的老人书赠江总书记十六个字"智者不惑,勇者无惧,诚者有信,仁者无敌。"老人并没有因为江泽民是国家主席而放弃对他的再一次教诲。在江泽民面前,他置学生的地位身份于一边,再一次担起为人师的职责,给予自己的学生以教诲和期望,这何尝不是为人师者的至高境界。

任何时候都记得自己是一名教师,并恪守作为一名教师的道德规范,这是陈寅恪先生于细微之中让我们明白的道理,也是中国几千年的师道绵延不绝的明证。作为一名现代教师我们理当明白并永远执守。

执守一个师者的尊严和职责,道义和担当,这些都不因学生地位身份的不同而改变,也不因外部世界的种种变化而改变。这是顾毓琇先生的行为中彰显的伟岸师魂。

今天的现实中,前面两例的情况并不多见,我们的老师更多的是默默耕耘在平凡岗位上的园丁,大师的称谓离我们很遥远;同样,我们的学生也更多是工作在平凡岗位上的劳动者,不可能都做高官。但这并不影响一个教师坚守自己的心志,任何时候,我们都应该摒弃一切世俗的干扰,永远以清明纯净的内心来面对纷繁的外部世界,只有这样,我们才可以在一个物质文明高度发达的现代社会,葆有与之相称的现代精神。

三、学术素养

学高为师。一个教师最感动人的是他的品格,最吸引人的当数他的学术素养。问询所有的学生,在他们的人生中留下深刻印象的教师,其魅力也大都可以归于这两个方面。教师的学术素养是构成其教育魅力的重要一极。

1. 思想风华

帕斯卡尔说,人因为思想而伟大;我们要说,教师因为思想的风华而富有魅力。

从古到今,从中到外,举凡教育史上的大家,都是思想家,这一点毋须赘言。即便是今天的教育名家,哪一位不是具有独特的思想风华?程红兵与语文人格教育、窦桂梅与主题教学、李镇西与语文民主教育、……都闪耀着独特的思想光芒。

一个教师有思想,就会知道自己是谁,知道自己在做什么、要做什么,知道自己不能做什么、不要做什么,最终就可能形成高度的教育自觉。

一个教师有思想,就会有教育自信力,就不会跟风,不会盲从,不会失掉教育之魂。

一个教师有思想,就会见人所不能见,思人所不能思,写人所不能写,教人所不能教,最后就有可能形成自己独特的教育思想,形成自己的教育学术。

　　"《西游记》的开篇是一首诗:大意是盘古开天辟地之后才有了万物,有了人;如果你想了解世间真谛,宇宙端倪,你就应该去看看《西游记》。然后是正篇行文:讲天,讲地。按照正常的逻辑,天地之后就该是人了。不过这个人却是一只猴子。我一直在思考这只猴子的来历,但是却一直不得要领。"

　　"由此我们发现,过去和未来对我们来说可能都是一回事,因为都充满了未知。"

　　"在我们的生命里,有很多的事要推及前因后果,并且溯及意义,所以烦恼接踵而至。其实面对生命本身,我们大可不必。既然有生有灭,我们何不生如夏花,并且坦然面对上苍的赐予? 无可否认的是,孙悟空是一个英雄,而他的能力和成就都是他自身努力的结果。从这一点说,英雄不问出身。对于我们个人来说,生于何方何地何种家庭,并不是那么重要。重要的是坚持做人的操守,问心无愧地生活。"

　　"不要问我从哪里来。我们都是造物主的赐予,在生命的起跑线上,一切附加都是多余。不要问我从哪里来,让我们洗尽铅华,坦然面对生活,做真实的自己!做快乐的自己!"

　　上面的文字摘自安徽宣城溪口中学李波老师的《浅释西游之一:不要问我从哪里来》。李波老师是一位很年轻的老师,而且工作在偏远的皖南山区,但这遮掩不了他思想的光芒。他给学生讲《西游记》,深得学生的欢喜。推及原因,从上面所引文字中可以充分地感知到:他是以独特的思想引领着学生的阅读。

　　由此可见,思想与阅历有一定联系,但并非必然联系,一个教育教学阅历丰富的教师容易提出自己的思想见解,但一个初出茅庐的青年教师也可以闪现自己思想的光华。甚至有些时候,老教师往往会被经验阅历束缚,新教师却会如初生牛犊般大胆探索,勇于创新,思想的触角伸得更远。

　　师:卡索和樱空释两人你喜欢谁,为什么?

　　生1:我喜欢樱空释,他为了哥哥可以付出一切,而且不管哥哥怎样误解,他都坚持做自己想做的。我不喜欢卡索,我觉得他啰啰嗦嗦,太懦弱,而且为了王位居然杀了自己的弟弟。

生2:你认为他杀弟弟是为了王位吗? 我认为不是,卡索并不愿意做王,小说里多次提到他想要的是自由,而做王是没有什么自由的。

(激烈的辩论开始了,支持两种观点的同学纷纷发言,引用小说中的原话支撑自己的观点。)

师:这个问题暂时搁置一下,我们讨论第二个问题,卡索爱自己的弟弟吗? 他的爱和樱空释对他的爱有何不同?

生3:卡索是爱自己的弟弟的,当他和弟弟离开刃雪城避难时,弟弟问他"哥,我们会被杀死吗",他回答"哥哥会保护你,你会一直活下去,成为未来的王",说明他爱弟弟,也不想和弟弟争王位。他在凡间的时候,为了保护弟弟而第一次杀了人。这些都说明他是爱樱空释的。

生4:那你怎么解释他杀死弟弟?

生3:樱空释争王位是想自己做了王,哥哥就不用做王了,就获得了自由。但是卡索不明白弟弟的心思。关键是樱空释为了王位不择手段,这引起了卡索的误解。卡索杀死樱空释不是想杀死弟弟,而是要为王国除去一害!

师:对! 同学们注意一下,小说多次出现红莲的意象,说是象征绝望、破裂、不惜一切的爱,樱空释对哥哥的爱就是这样的。

生5:樱空释为了对哥哥的爱而争夺王位,杀了许多人,如几个占星师、那次起火事件死去的宫女,还有因他而死的人鱼岚裳,最后一次战争中死去的两族的人,难道他们的生命就不宝贵吗? 他为了对哥哥的爱就可以任意屠戮他人吗? 我认为他对哥哥的爱说到底还是一种自私的爱! 而卡索不同,他爱自己的弟弟,可是他也不允许弟弟这样肆意妄为!

师:说的好! 樱空释只爱自己的哥哥,可是卡索除了爱自己的弟弟,他还爱其他的人! 联系第一个问题我们可以看出,卡索杀死自己的弟弟,不是为了王位,而是为了阻止弟弟杀更多的人,因为他是王,他要保护自己的子民。同学们想一想,是什么造成了卡索和樱空释兄弟之爱的差异呢?

生6:是责任。卡索作为王担负着保护子民的责任。

师:对,是责任。而责任是随着成长到来的。当我们是孩子的时候,一般不要承担什么,而当我们长大,我们就要担负各种责任。卡索对婆婆说自己不想长大,就是因为长大了他就要做王。但是虽然他不想,他还是长大了,而且担负起自己的责任。樱空释始终是个没有长大的任性的孩子,他的心中只有对哥哥的爱,一种丝毫不受理智约束的疯狂的极端的感情,为了这种爱他不择手段,最后毁灭了一切,包括他的哥哥。我们应该直面成长,到了该长大的时刻,不能逃避,要勇敢地抛掉孩子的自私、任性和偏激,把自己的责任承担起来!

上述教学实录,是复旦附中王希明老师高二年级执教《〈幻城〉人物谈》的片断,时间是 2005 年 5 月。当时郭敬明的小说《幻城》红极,高中学生很多都读过,但他们对小说中人物的认识是不清晰的,甚至是有问题的。王老师发现了这个问题,于是将其作为拓展教学内容在课堂上展开。这是非常及时的,因而也是非常有力量的。

首先,具有很强的针对性。从学生自己喜欢的东西切入,针对他们的情感误区、认识误区预设教学,自然能引起学生情感的激荡,思想的碰撞。这是取得教学效果的重要一步。这里其实隐含了一个重要命题:教育是一种文化束缚,是教育者对受教育者的引导。

其次,关注了学生的现实需要。教学一定要关注学生的需要,如果既不是学生的现实需要,也不是他们的未来需要和终身需要,就没有意义。王老师的设计正是迎着学生的现实需要——如何面对成长而来的,所以给了学生很大的启发。

再次,尊重了学生的情感共鸣。学生的情感共鸣是非常宝贵的学习原动力。教师要充分认识到它的存在,并给予及时的疏导,也就是充分"利用"学生已有的"知识",使其达到"修正"、"补充"、"发展"的目的。王老师的课基本上实现了这样的教学意义。

这样的课堂之所以能取得成效,很大程度上取决于教育者的思想:见人所不能见——发现问题,识人所未识——关注需要,教人所不能教——尊重共鸣。

2. 专业领先

构成一个教师的专业素养有哪些?专业知识、专业技能和专业情意的水平构成了教师专业素养的主要部分,这三个方面的水平决定了教师专业水平的高低。

一个专业领先的教师在以上这几个方面都是出类拔萃的,可以为其他教师提供专业上的指导和帮助,堪称教育教学领域的专家,发挥着担纲领衔的作用。

一个有魅力的教师应该是站在学科专业知识前沿的人。能熟练掌握学科的知识体系，了解最新的学术动态；还能够不断更新自我，扩大知识面，提高学术水平。如果教师仅停留在所教学科的现成知识层面上，没有创新精神和创新能力，那就只能扮演"传话筒"的角色，只能培养出思维迟钝、思想贫乏的学生。这样的学生是不能适应现代社会生活和未来社会要求的。因此，一位好教师的学科专业知识总是处于流动状态，常流常新。

除了学科专业知识以外，一个有魅力的教师还必须具备多方面的知识储备，具有广泛的兴趣爱好。大量的事实证明，现代学生不喜欢那种古板、单调的教师，而是喜欢那些兴趣广泛、多才多艺的教师。这样的教师会像磁石一样把学生吸引住，成为学生仿效的榜样。我国最早的教育专著《学记》中说："能博喻然后能为师"。所谓"博喻"，即指广泛地启发、诱导、晓谕学生，没有丰厚的知识储备是不可能做到"博喻"的。

那么，是否有了良好的知识修养就可以成为一个有魅力的教师了呢？答案是否定的。教师的职业具有双专业性，"怎样教"的方法和技能是教师必须掌握的，这是教师职业的特殊要求。《学记》提出"君子既知教之所由兴，又知教之所由废，然后可以为人师也"。人师的意蕴，就在于为受教育者指引人生意义的方向，培养学生正确的人生价值信念。教师职业充满挑战和创造，真正有魅力的教师，一定具备较强的研究能力和创新能力，在掌握了教育学、心理学的一般原理后，善于在教育教学实践中发现问题并运用科学研究的基本方法，善于把研究中获得的感性认识上升到理性认识，成为一名研究型的教师。

在现代学校教育中，教学过程充满许多未知的因素，处于一种流变的状态，教师与学生的心态在变，知识经验的积累状况在变，诸多难以预料的因素使得教师不得不接受这样一个事实，即教学中没有一成不变、普遍适用的模式。面对瞬息万变的教学情境，如何才能做到因势利导、随机应变呢？别无选择，只能在实践中加强研究，不断增长自己的教育智慧，达到相当高度和境界后，就能在复杂、微妙的教学情境中迅速作出恰当的行动。孔子的弟子颜渊曾这样赞叹他的老师："夫子循循然善诱人，博我以文，约我以礼，欲罢不能。"孔子高超的教育艺术应当在今天的条件下，追求一个更高的境界。

他是一位以自己的专业成果从中国走向世界的教师。

他创下了中国教坛数个"第一"：在全国中小学教师中第一位被命名为"国家级有突出贡献的专家"；新中国第一位荣获香港柏宁顿（中国）首届孺子牛金球奖

（杰出奖）的小学教师；以个人名义编语文教材获国家审定通过，并列为与世界各国交流教材的第一位小学老师……

他叫丁有宽，全国第二届教书育人楷模，语文特级教师，被誉为"中国传统教育的现代奇葩"。

不了解他的人以为他来自哪座现代化城市的名校，其实他的出身远非你能想象。这位现已77岁高龄的农村小学教师，一生只是一名普通的农村小学教师，出生于农村，成长于农村。半个多世纪以来，除了文革期间被"劳改"的那段特殊历史岁月，丁有宽老师一直在广东省潮州市潮安县浮洋镇六联小学工作，在农村小学这块土地上辛勤耕耘，半个世纪如一日，致力于"教书育人，转化差生"和"读写结合系列训练"两项教育科研实践，形成了"没有爱就没有教育"的教育思想，创立了独具一格的"读写同步、一年起步、系列训练、整体型训练教学体系"。这些年来，他的读写结合教学实验效果显著，已成为我国最有影响的小学语文教学流派之一。

在谈到边远农村的优秀教师时，我们首先想到的是他扎根边远地区、奉献教育的精神。诚然，奉献牺牲的品质在他们身上从来就不缺乏，但我们千万不能认为这就是他们的全部，他们在专业上的执著追求以及取得的丰硕成果也应该引起我们充分关注和学习借鉴。丁有宽老师在这方面给我们树立了一个可贵的表率。

专业领先，是名师的最令人信服的一个重要原因。它的魅力来源于专业"权威"对专业范围内所有人的折服，包括同行与他的学生。

一个专业真正领先于同行的现代教师，他的课堂必然会达到这一时代较高或最高水准，他的学术报告、学术论文、论著必然给同行以专业的启迪，因此，在学养上必然为他的同行所尊崇。这时，专业领先者就成为学生与同行心中的权威。

从某种程度上说，人的内在精神力量来自对权威的认同。雅斯贝尔斯说：一个人"在成长的过程中，他为了习得传承的内涵而与权威联系起来。这些权威向他不断地开放着空间，在这个空间里，存在从四面八方向他涌来。没有权威的不断生成，即便他已掌握了渊博的知识，成为语言和思维的主人，但他却仍处在被弃置的空无一物的可能性空间，在这个空间里只有虚无紧紧尾随着他。"[1]

---

[1]　引自［德］卡尔·雅斯贝尔斯著，邹进译.《什么是教育》(生活·读书·新知,1991:101.)

专业领先的现代教师,正是以他满足于学生与同行对"权威"内在精神的需求,而闪耀魅力之光。

3. 行为示范

俗话说,名师出高徒。名师之所以为名师,学养的深厚是一个方面,而寓崇高人格于细微举止也是一个方面;高徒之所以为高徒,师承老师深厚的学养是一方面,从老师的细微之处感受其言行举止的风范,并追慕效仿也是重要的一方面。

三年前,全市大型教育论坛在浦东一所学校举办,遭遇停电。进入互动环节时,一位年轻教师上台发言,他发出了颇为尖锐的批评声。

在点评时,于老师丝毫没有批评之意,而是真诚地肯定了这位老师的一些想法,提倡"论坛就是需要这样的百家争鸣"。我从她的话语中,读懂了她对青年教师一贯的提携与宽厚。接下来,于老师讲了自己从几十年的文本解读中提炼出来的种种经验。那天,80 岁的于漪老师一口气讲了 45 分钟。要知道,当时校外的供电还没有恢复,300 多人的会场竟然没有麦克风。

当天晚上回到家,她老人家的喉咙就嘶哑了。我也深深地明白,那天,于老师教给我们的,远不止是怎样解读文本。

······

今年是于老师教育生涯的甲子之年,她老人家依然心怀着热望,在教育的星空下奋力前行,作为她的弟子,我又有什么理由懈怠呢?只有努力践行,才是最好的回报。

这段包含热忱的文字摘自 2011 年 9 月 10 的《中国教育报》,叙述者是上海市特级教师、现任上海市教研室副主任的谭轶斌老师。

作为于漪老师的弟子,谭轶斌从走上工作岗位之初就一直有幸跟随在于漪老师身边,用她自己的话来说,她是于老师手把手带出来的弟子。我们从文章结尾谭老师的真情抒发中,也能感受到这种精神的传承。

周一,又是一个星期的开始。上海市市北中学。

同学们在期待中迎来了上午"写作阅读"课。

　　"我常常想象你的背影：在工地啃着馒头，甚至连一杯开水也没有，晚上回来狼吞虎咽的样子；在烈日炎炎下辛勤工作，晚上不能洗澡，还要窝在车上睡的样子；胃痛时紧紧抓着身上衣服却无家人在身旁的样子；大冬天只穿一件单薄的外套，瑟瑟发抖，却咧着青紫嘴唇安慰我的样子……"

　　"父亲，我终于读懂了你，读懂了你沉默背后无奈的心境，读懂了你的辛酸苦楚，读懂了你对我的深沉的希望。是你用辛勤的汗水为我撒播五彩的灿烂；是你用无尽的希望默默伴我走过一路的风雨；是你用坚定的信念，在异乡苦苦撑起希望的航灯，照我前行。"

　　老师动情地朗读着题目为《懂你》的一篇范文。他期望学生能从一个农民工孩子的深情话语中，多一份对生活、对生命、对社会的认识、思考和担当。

　　教室里听课的除了一张张扬起的青春脸庞，还有语文组同仁甚至其他学校慕名而来的老师。

　　这位老师就是上海市语文特级教师、上海市市北中学校长陈军。身为校长的陈军已无法全身心地投入到他热爱的课堂教学中，但他始终无法割舍课堂和学生，他坚持用每周一的两节课来给学生上阅读写作课，一个方面是自身业务和教育情感的需要，另一方面也给全校教师树立了一个很好的榜样，虽然后者不是他的初衷，但实际的效果已远远超乎他的想象。老师们都觉得还能听到校长陈军的课是一种难得的机会，非常珍惜，他们从陈军身上既学到了知识、经验、方法和理念，也学到了对学生、对教育，乃至对待人生的深挚的爱。

　　陈军老师说，虽然岁至中年，但他一直在体验着一种成长的快乐。练书法，每天坚持阅读，写文章，给学生上课，在学校管理上不断探索，他的人生充实精进。同时他也把这种情感体验传染给他的老师们，他创造条件让老师们读书、娱乐、交流、练字，让老师们觉得在市北中学工作有一种成长和幸福的体验。

　　作为校长的陈军有些方面是一个普通教师做不到的，但这里所说的很多内容则是我们可以学习的，如阅读、思考、写作、教学以及练书法等等。他在市北中学、上海以至全国教师中都起到了示范的作用。

　　太史公在《孔子世家》中赞曰："《诗》有之：'高山仰止，景行行止。'虽不能至，然心向往之。余读孔氏书，想见其为人……孔子布衣，传十余世，学者宗之。自天子至王侯，中国言六艺者，折衷于夫子，可谓至圣矣！"

这段文字表达了太史公对孔子的深深敬意与敬佩。太史公最敬佩的是什么？是"高山仰止"，更是"景行行止"。孔子不只是一座令人景仰的"高山"，更是一条一直引领后人前行的"景行"（大路）。所以"学者宗之"；所以"言六艺者，折衷于夫子"。这也就是孔子学说（仁学）在行为上的示范意义。有了这样的示范，后代就有了孟子、司马迁、韩愈等的代代攀爬、攀越。

现代教师构造学术"高山"之"地"极其广阔，修筑学术"景行"之"路"也极多。我们期待，所有的现代教师，都能在自己所从事的专业领域构造自己的学术"高山"，修筑引领学生与同行前行的学术"景行"。当这一天到来的时候，中国现代教育园地将会闪耀着无比灿烂的教育魅力之光。

除上述之外，教师外在形象也须重视。教师外在形象指的是教师的仪表风度、言谈举止、姿态表情等给人的印象，它是一名教师道德修养、文化素养、审美情趣、精神面貌的外在显现。当教师在塑造自身人格的内在素质时，同时必须注重自身人格的外化行为。仪表，是一个人性格、气质的体现，也反映着一个人的内心世界。马卡连柯在《论共产主义教育》中说："外表在一个人的生活中有很大的意义。很难想象一个肮脏的、马马虎虎的人，他竟能注意自己的行为。"在教育教学活动中，教师优美的外部形象会对学生的心灵产生"润物细无声"的影响，使培养出来的学生也变得谦逊敦厚、温文尔雅。因为，美是一种心灵的体操，它使我们的精神正直、心地纯洁、情感和信念端正。

教师的形象魅力主要表现为和谐自然、富有职业美和现代美。而和谐自然的职业美和现代美是从仪表美、教态美、语言美三个方面体现出来的。

教师的仪表美指教师的穿戴要端庄得体，既不能不修边幅，也不能浓妆艳服、一味追求时髦。教师的仪表美能使学生产生愉悦的情绪，提高学习效率。

教师的教态美指的是教师在教学活动中的表情、手势、身体姿态等。表情要自然生动，要善于用目光与学生交流，要关照全班所有的学生。教师的一个眼神，一个顾盼，一丝赞许的微笑，常常会收到奇妙的效果。教态美还表现在手势要自然和谐。根据表情达意的需要，有时用描摹性的象形手势（如圆、方、长、短等），有时用表达情感的情绪手势（如挥拳、劈掌等），有时用指示性手势（如扳指头、敲桌子等），有时用象征性手势（如向前方挥手象征前进，举起中指、食指象征胜利等）。教态美还表现在身体的姿态自然得体。

教师的语言美首先体现在语音标准，能说一口流利的普通话，其次是懂得用气发声、吐字清晰，讲话抑扬顿挫，富有感染力。发出来的声音宏亮圆润，字正腔圆，清晰流畅，达到"兼耳底音乐而存之"（朱自清语）的效果。更为重要的是，教师应能根据不同的需要和不同的情境，组织恰当的言语内容，去打动学生的理智和心灵，或循循善诱，或幽默风趣，或以理服人，或以情感人，充分体现出教师的教育机智。特别是教师幽默的语言，能使课堂氛围和谐融洽，使学生学习化难为易，使师生心灵对接沟通。现代社会是一个高交际、高频率、高信息化的社会，可以毫不夸张地说，口语表达能力是一个人安身立命的重要技能。在西方，人们甚至把口才、美元、电脑称之为世界"三大战略武器"。对于教师而言，口语表达能力显得犹为重要，因为教师的工作就是"言传身教"，通过与学生的对话去达到教育教学的目的。从教师的语言中能充分展示教师的师德修养、学识才华和人格品位。

总之，教师面对的是一个个正在成长着的生命个体，教育需要心灵的沟通，需要情感的交流，需要智慧的火花。因此，教师的人格、教师的学识和气质是教育的载体和风帆，教育的成败在很大程度上取决于教师本身所携带的课程资源是否丰富，是否有魅力。教师以其独特的魅力支撑着教育这座千秋大厦。

第六章　现代教师教育魅力的功能价值

教育魅力的功能价值体现在诸多方面，从个体人的发展，到国家的富强，到整个人类的幸福，都与其息息相关。

现代教师教育魅力具有怎样的功能价值呢？本章试图从"培育学生求真精神"、"引领时代教育风范"、"提升时代教育境界"三个方面给予回答。

一、培育学生求真精神

现代教师教育魅力的功能价值，首先指向"培育学生求真精神"。

教师的教育魅力给予学生的影响是方方面面的，如积淀知识、发展思维、形成人格等等，都有极大的意义。但与传统教师相比，现代教师教育魅力给予学生的影响，最为独特之处则应当是激发他们探求真知的热情，培育他们探求真知的精神。

"求真"是贯穿古今教育的重要内涵。《大学》开宗明义指出："大学之道，在明明德，在亲民，在止于至善。""明德"、"亲民"、"止于至善"虽然不只指"求真"，其中也包含了"领会真知"的意味。《中庸》说："天命之谓性，率性之谓道，修道之谓教"。这里的"性""道"就含有"真"的意思，"修道"也就有"领会真知"的意味在。明代王守仁主张"教育是发展人固有的良知"，这"良知"也有"真知"的意味在。

但把"求真"明确作为培育学生的方向，作为教育目标，还是现代教育的事。从"五四"引入"赛先生"，到1930年代陶行知先生发表"千教万教教人求真，千学万学学做真人"的教育思想，这一方向即已明确，这一目标即已确立。此后，虽然中国现代教育时有弯路，但总的看，"培育学生求真精神"始终是现代教师的重要教育目标，其教育魅力也由此焕发。

1. 激发学生求知热情

每个人都有好奇心，都有求知欲。教育不仅要满足学生的好奇心与求知欲，更要保护、发展这种好奇心与求知欲。如果这种好奇心与求知欲已沉睡，就应唤醒、激发学生求知的热情。这是现代教育的重要思想，这种教育思想是现代也只有在现代才普及的。

中国传统教育中，虽也倡导"格物致知"，但总的来说这方面是非常欠缺的，特别是进入科举时代，只为圣人立言，基本没有了"致知"。现代教育一百年，从学习西方分科教育开始，到今天基础教育要求全面落实基础型、拓展型、研究型课程，这里就隐含了"激发学生求知热情"这个现代教育主题。从这个角度说，所有的现代教师，他们的课堂都散发着"激发学生求知热情"的教育魅力。确实，在今天，即使是一位普通教师的普通课堂，也散发着这样的魅力。

（1）激发学生探求自然奥秘的热情

一位地理教师在教学《昼夜和四季的成因》一课时，创设了地球自转的活动情境。全体学生在教室里面向圈里围圈而坐，圆圈中央放一只小圆桌，圆桌上放一盏圆球台灯（相当于太阳）。教室的四面墙上和窗帘上用荧光材料点缀，形成四季星座的图案。讲台撤到教室的一角，黑板前准备一块活动屏幕。这样给学生创造一个空间立体的活动情境，提出活动问题，引发思考"地球围绕太阳不停地转动，假如用我们每个人的头作地球的话，我们应该怎样旋转呢？请每个同学都起立，先想一想，该怎样旋转"。学生兴致很高，一起逆时针旋转。当学生旋转到面向台灯的时候。教师问："当我们面向太阳的时候，这时候地球上是……"学生边活动边回答"白天"。学生继续转动，当学生背向台灯，面向墙壁的时候，可以看到墙上的星座。教师问："这时候地球上是……"学生边活动边回答"黑夜"。学生兴趣很高，边活动边思考，探究活动取得较好的效果。

案例来自 2010 年 4 月《基础教育改革》，文章标题《创设情境，激发学生探究兴趣》，作者毕建凤。

"昼夜和四季成因"是个较抽象的问题，其中涉及的太阳和地球的自转、公转问题也很复杂，需要有较强的空间想象力。这位地理老师通过创设有趣的情境，把教室变成了一个太阳系，同学们身处其中，不仅获得了穿行于星球之间的神秘体验，也在游戏般的快乐中掌握了知识。这位老师可谓亮出了自己的"绝活"，情境的创设充满智慧，极大地激发了学生的求知欲。

苏霍姆林斯基说过："所有智力方面的工作都要依赖兴趣。"而兴趣是可以激发培养的。一个具有现代理念的教师首先是把学生放在学习的主体地位予以尊重,尊重的实现常常借助于丰富的手段策略激发学生主动探求知识的兴趣和热情。只有学生的主动性被激发和调动起来,求知才会成为其自觉的行为,教师的教育功能和价值才算是得到了真正的落实、体现。这种激发学生求知热情的观念正成为当今教师的自觉追求,无论是自然学科还是人文学科,无论是小学老师还是大学老师。

（2）激发学生探求社会奥秘的热情

2012 年 8 月 14 日,复旦附中人文班暑期集训,萧功秦教授应邀讲授"中国近代史上的十大问题"。

"中国近代史的特点有三:矛盾最深刻,内容最丰富,距今时间最近。但我们一直对这段历史有一种歪曲,或者说是遮盖。我们所接受的这一段历史可以说是最为屈辱的一段历史,没错,是很屈辱。但我们也应挖掘出其中不为人知的真相。历史的存在不就是为了真实吗？现代历史教育对于近代史是以这样一条线来解释的:一根红线（阶级斗争）,两个过程（反殖民地、反封建）,三大高潮（太平天国运动、义和团运动、辛亥革命）。

"这种解释,也就是范式,它的目的是革命动员,是为了让我们年轻人不忘那一段历史,并永远拥有着一种革命精神。这种出发点是好的,但它同时也以掩盖了很多事实为代价。

"其实之所以会有这种现象出现,是因为历史学听众永远是弱势群体,这和文学、哲学不同,历史学需要大量的材料,而这种材料是我们这些听众所不具备的,因此历史学者可以根据自己的需要或目的来进行删减材料,营造出一种有悖于事实真相的历史,这是对历史学的不负责任。历史需要的是一种谨慎的态度。

"那么这种所谓的革命动员,它的本质是求善胜于求真。它所希望达到的好的目的比历史真实性更为重要。但是身处于现在这种改革的时代,就需要改革的历史学。"

在接下来的讲座中,萧功秦教授讲到第一次、第二次鸦片战争,甲午战争、马关条约等近代史上的十大问题,以审慎的史学态度和求真精神让学生窥见历史的一些本来面貌。

在听了讲座后，一个学生在笔记中这样写道：

"首先我得说上完这堂课后我受到了很大的震撼，不仅仅是因为教授讲课的精彩，还因为一种在经历很长时间蒙蔽后突然收获真相的惊讶。不得不说，这节课中的很多内容都是我们以前的历史课上从未提及的。令我印象最深的，就是两次鸦片战争的动机、所签订的条约和这对中国的影响。

"现在的历史课对于中国近代这一段历史是以革命动员的方式在进行的，正如教授所言'革命动员求善胜于求真'。但这种教育会让我们不知道历史的真相从而产生很多误解，甚至是一种狭隘的民族主义。"

很显然，身为大学资深教授的萧功秦老师在向中学生传授知识、传递观念的时候，也是非常注重激发学生探究热情的。在教学内容的选择上，萧教授选取的是学生一知半解，或貌似知道而实际上似是而非的一段历史；历史的本来面貌对学生的探究欲会产生很大的吸引，能激发学生探究的兴趣；对历史真相的认识和辨析会带给学生一些认识的反思和观念的矫正，让他们体验发现的快乐。

萧功秦教授的讲座和前面那位地理老师的教学是有区别的，表现在激发学生求知欲方面，一是创设情境，让学生手脑并用，在参与中获得体验感知；一是辨析真相，让学生在对历史本原的思考和发现中，获得辨析和反思能力。这种设计符合文理各自的学科特点和要求，各自发挥着理想的教学效果。

但这种外在的差异性是以内在的统一性为基础的，他们统一在对学生求知欲的激发上，统一在对学生主体地位的尊重和保护上。差异性是表象，统一性才是内核，并且是所有学科、所有教育行为的共同内核，其驱动功能是为现代教师公认和共同追求的。

这种激发功能向更深的层次掘进，会促使学生对人性的奥秘，对"我之为我"进行思考和探究。

（3）激发学生探求人性奥秘的热情

下面是一节诗歌拓展阅读《远和近》（作者顾城）的部分课堂教学实录。

老师带领大家一道诵读诗歌：你一会儿看我／一会儿看云／你看我时很远／你看云时很近。

师："我"就在"你"身边,而云在天上,为什么却说"你看我时很远,你看云时很近"呢?

生:这应该是指一种心理感觉吧。应该是"你"看"我"时的眼神让我觉得好遥远,而看云时却觉得很亲近,并非是指实际情况。

师:对,有道理。我们讲距离有物理距离和心理距离,物理距离是不变的,而心理距离却会产生"天涯咫尺"和"咫尺天涯"的感觉,所谓"海内存知己,天涯若比邻"。但这里诗人的意思却不是"天涯比邻"了,而是"我站在你的面前,你却不知道我爱你"。(学生笑)诗人为什么会这样认为呢?

生:因为人与人之间尔虞我诈呗,人心太险恶了。所以诗人感叹人与人之间关系的冷漠遥远。

师:人性是这样的吗? 人与人之间的关系就是这样的吗?

生:不全是这样吧,否则岂不是太悲观消极了。

师:是的,在同一个人身上,人性常常是善恶交替并存的;在人群中,表现为良莠不齐的个体差异。但顾城为什么持这种消极的认识?

生:可能和诗人的性格有关吧。

师:有道理,知道顾城之死吗?

(师生共同探讨顾城之死背后的人格原因。)

师:云就指的是天上的云吗?

生:不是的,应该代表着对人类不构成侵犯和伤害的自然吧。人在自然中是放松的,所以人累了总想到自然中休息放松。

师:是的,人是自然之子。《圣经》中说:想想你有多久没读过诗了,有多久没到自然中走走了。

……

我是谁? 我是怎样的存在? 我从哪里来,我到哪里去?

对生命本质意义的探究构成了人类亘古长青的哲学命题。但形而上的哲学思索需要借助具象生动的形而下的平台来展开,否则会流于枯燥空洞,学生没有参与的热情。这位老师很好地抓住了这一契机,通过引领学生对诗歌意蕴进行探究,激发了他们叩问人性奥秘的思想火花。

学生的这种思索是不自觉地被老师引领着一步步登堂入室的,课堂上学生沉静的思考或踊跃的讨论都彰显了教育功能的应有之意。至于最后学生的思想认知能达到什么样的境地,其实已经不是最重要的。学生的思想触角在老师的激励下沿着生命的哲学之树向上攀援,这已是难能可贵的教育风景。

中国工程院院士徐匡迪说,教育是科学,科学在于求真。教育又是艺术,艺术在于创新。"不愤不启,不悱不发",在课堂教学中始终聚焦学生,让学生去独立思考,与同伴对话,与老师对话,在对话中碰撞出思想的火花,这是一个教师应有的意识,也是教育应有的价值功能。如此,提升学习的质量和水平也就有了切实的保障。

2. 培育学生求真精神

以 76 岁高龄被投进监狱的李贽,在他那篇著名的《题孔子像于芝佛院》中说:"儒先臆度而言之,父、师沿袭而诵之,小子朦聋而听之。众口一词,不可破也;千年一律,不自知也……至今日,虽有目,无所用矣!"李贽深感封建传统教条对人们思想钳制的黑暗,希望人们能睁大自己的眼睛看一看,摇摇自己脑袋想一想,用自己的眼睛去观察世界,用自己的脑袋去思考世界。

李贽的思想在中国古代是一道异常亮丽的风景线。只可惜,李贽最终在监狱自杀了,他的衣钵事实上无人继承。直到"五四"后,"赛先生"的引入,探求真知才逐渐成为时代教育的重要内容。

经历了近一百年的发展,教育早已打破了封闭,冲破了迷信,培育学生的求真精神已成了现代教师教育魅力的重要光源。这种求真精神包括了求真的毅力、求真的勇气和求真的力量等。作为一名具有现代精神和教育魅力的教师,他在帮助学生培养这种毅力、勇气和力量方面,发挥着先儒经师所不可能有的作用和功能。

李贽的话发人深省,其背后是一个时代的悲剧,也是教育的悲剧、人的悲剧。随着人类文明的发展进步,这样的悲剧必将终结。

(1) 锻炼学生求真的毅力

2012 年 11 月 24 日,上海科技馆。

随着一辆电池驱动的小火车缓缓驶完高七层、全长 2888 米、由 13769 段部件组成、占地约 200 平方米的椭圆形木制轨道。来自英国的吉尼斯世界纪录团队认证官宣布:闵行中学师生创造了"托马斯 & 朋友"最长小火车轨道纪录。

闵行中学项目负责老师张志明在接受采访时说:"当时我们在接受这个项目时,没想过它一定能成功,因为吉尼斯纪录的挑战性是人所共知的,但借助这个项目我们可以培养学生一些好的品质,这是我们学校的共识。"

从暑假开始以来的四个多月,张志明老师带领学生精心准备,从方案设计到设备改造,直至最后的组装搭建,50 多名同学齐心协力,终于创造了新的吉尼斯世界纪录,比前世界纪录保持者 2011 年在日本御台场建造的轨道长 20％。

张志明老师在谈到项目的研究过程时说,这好像是个游戏,但是个考验人的游戏,2888 米的轨道,只要中途小火车出轨了,实验即告失败,而出轨是随时可能发生的,且不可预见,因为轨道那么长,接头那么多,接缝不平整。四个多月来,单是轨道用材就三次更换,先是铝合金,但造价高,耗时长,后改用塑料的,又不好用,最后采用木制轨道架。

实验开始大家兴趣很高,但困难一多,战线一拉长,老师都备受煎熬,更不用说学生了。但张老师变着法地调动、调整学生的精神情绪,四个月来大家周末几乎没休息过,其间承受的苦和累,非言语所能说尽。但张老师说,正因为难,所以它才是吉尼斯纪录,若都能攻克,那还叫世界纪录吗?

吉尼斯世界纪录,对于闵行中学的学子来说,意味着四个月的坚持,四个月心血和智慧的凝结,但走过来了,"大家都觉得自己上了一个台阶,这种收获不仅是能力方面的,更有精神方面的。"张老师这样说道。

学校教育的功能不仅是教授学生知识,培养学生能力;而且锻炼学生的精神意志,培养其可贵的品质,是时代社会赋予学校和教师的天然使命。学习的过程饱含着艰辛和快乐,快乐是尝尽艰辛后的甘甜,不是所有人所有时候都能收获的;而艰辛则很好理解,它贯穿在学习的始终。教师也常常是以艰辛的学业过程来培养学生追求真知真理的毅力的,在学生收获真知的时候,他们同时收获的还有内心的坚毅和顽强。就像梅花在把自己绽放成一树风景的时候,傲寒也已成为其生命里的精神基因。

在今天的学校教育中,锻炼学生毅力的主要显性手段是课业负担,能不以为苦,甚至乐此不疲的学生一般都会在学业成绩上有不凡的表现。但是这不应该成为锻炼学生毅力的唯一手段,一个深具现代精神和魅力的教师不是或不完全是以应试作为砥砺学生毅力的唯一手段的。

不要问"托马斯小火车轨道吉尼斯世界纪录"对高考有什么用。多年以后，当所有学过的知识都沉淀或淡化为模糊的背景，而当年那些做实验的孩子已在自己的领域孜孜不倦、执著有成的时候，你才能真正体会到什么才是教育。

今天教育的理念、手段都赋予了教师更多的教育选择，在锻炼学生毅力方面，一个具有现代观念和手段策略的教师可以设计开发的途径是很多的。一个有价值有吸引力的教育过程是锻炼学生毅力的首要条件，但过程中懈怠和疲倦是在所难免的，这时激励和调节就成为教师必不可少的能力。

在这一点上，张志明老师是用心的，也是充满智慧的，他所带领的团队的成功某种程度上证明了探究精神已初步成为这个团队的内核，并迸发出应有的驱动力。这也许是同学们在吉尼斯世界纪录荣誉之外的另一笔隐性收获吧，其价值将在以后更长的时间内得到发挥和证明。

（2）呵护学生求真的勇气

如果说求真的毅力是构成求真精神的一个重要元素，那么求真的勇气则是通向真理之门的第一个台阶。但令人遗憾和痛惜的是，学生与生俱来的求知勇气在年龄的增长和学业的堆积中，正一点点消失。这个事实是毋庸怀疑的，只要看看小学的课堂上孩子们抢着回答问题时林立的小手臂，以及中学课堂上老师提问时"万马齐喑"的场景，我们就会明白当今的教育有多么悲哀。

这种悲哀是怎样造成的呢？我们常常会简单地把它归结为孩子大了羞于启口，其实在他们成长受教育的过程中，他们的勇气是被我们的环境，甚至被老师的教育方式、教育行为一点点剥夺扼杀的。

为了应试，我们会让学生进行大量单调枯燥的机械训练，学生无须探求知识的本源或事理的真相，他们只需接受，教师只要把学生的应试行为训练成一种本能的反应和规整的过程，即告成功。现在许多孩子看到题目，毋须审题思考，便可一步步写出答案。因为没有挑战，没有需求，勇气自然也就是多余的。

因为教育不是指向学生完整人格的塑造和求真精神的培养，而是以一张试卷的得分高低来评判其功能价值，所以学生与生俱来的求知欲和求知勇气被视为多余，受到排斥、打压。在这些老师的课堂上，学生是毋须探求真知、真相、真理的，看似热闹的讨论和回答，也是"伪对话"，带有浓厚的做戏色彩。

一个具有现代教育精神的教师完全不是这样。

于漪老师在一次报告中回忆她当年教《木兰辞》的情景。

我跟学生讲，乐府诗里头有双璧，一块美玉是《孔雀东南飞》，就是焦仲卿和刘兰芝的爱情悲剧；还一块美玉就是《木兰诗》，写中国古代女子刚健风格的。有一个学生不以为然，噗嗤一笑，我觉得没讲错。我就请她站起来讲，我还记得这是个女孩子叫张静，她说好是好，不过全都是吹牛。我说何以见得，她说你想，同行十二年，不知木兰是女郎。这个军队里的人全是傻瓜啊。这一下子全班哈哈大笑，沸腾起来。

何以见得呢？你们总要言之成理，持之有故啊！于是他们就讲了，别的不说，行军打仗，总要洗脚的。关山度若飞，跋山涉水，总有间歇的时候要洗脚，这一洗脚，鞋子一脱，洋相就出来了。中国古代女子是裹小脚的。

已经下课了，我就随口回了一句，我说那时候女子还没有裹小脚，我毕竟教过历史。学生不罢休，他们说：于老师，中国古代女子是从什么时候开始裹小脚的呢？我回答不出来，我从来没有研究过，我老老实实告诉学生，回答不出来。

知之为知之，不知为不知，不能强不知以为知，不能蒙学生。但学生问的这个问题必须得搞清楚，我说我去查。但是正史上是绝对不会有的，要查野史，要查风俗史，真的查了一个月，最后在一个清代的史学家叫赵翼（写《二十二史劄记》的）的一本书《陔余丛考》里找到。这里头有一段"弓足"。讲南唐后主有一个嫔妃叫宵娘，宵娘以帛绕足，把脚绕得呈新月状（新月如钩、如弓），后人多效之，都仿效她。这样我才回答了学生的问题。

以后我非常注意这个问题，因为孤证可能对，可能不对。有一次在文物杂志上，看到一个报道，说宋朝的出土女尸是小脚，证明这个记载是对的。因为唐宋元明清，唐和宋之间有五代十国，与梁、唐、晋、汉、周同时存在的有十个国家，南唐就是这个时候。

一个看似不起眼、无关课文主旨的问题，却让于漪老师为之纠结了一个月，并一直延续到以后更长的时间。因为于漪老师从学生的这个问题中看到的是质疑权威、探求真理的勇气，这份勇气是弥足珍贵的，它已经超越了问题本身。作为一个具有人文情怀和敏锐感知的智慧教师，于老师意识到了这份勇气的可贵，所以倍加呵护和鼓励，而呵护鼓励的方式就是把真理和真相告诉学生，尽管老师在探究这个真理、真相的过程中也是颇费周折。

当学生的疑惑解开时,他们获得的不仅是真知,还有被激起的更大的求知热情和求真勇气,而这正是老师所希望的。

(3) 增长学生求真的力量

锻炼学生求真的毅力,培养学生求真的勇气,是从主观上使学生获得求真内驱力,但只有这种主观的愿望驱动,还是不够的。有没有求得真知的能力,是关系到学生能否真正求得真知真理的重要因素。所以增长学生求真的力量,使其在求取真知真理的道路上,获得眼光、方法、路径、思想,就显得格外重要,而这远不是纯粹的应试教育能够教学生的。

这是一个颇具启示性的有趣故事。

1934 年,杨振宁刚读完初中一年级。暑假中,作为数学老师的父亲请了一位名叫丁则良的清华大学历史系的学生教他《孟子》。杨振宁当时觉得好奇怪。父亲是教数学的,请的"家教"是学历史的,而辅导老师教他的又是《孟子》。

所以杨振宁后来这样说到,作为数学老师的父亲"发现我在数学方面有一些天才……但他(指丁则良)不是来补习我的数学,而是给我讲习《孟子》……"

在丁则良的辅导下,杨振宁利用一个半暑假背了《孟子》。

对于这次暑假"补课",杨振宁称,"这对我的整个思路有非常重大的影响"。

杨振宁教授没有细说《孟子》的学习对他后来的求学,乃至获诺贝尔物理奖到底有多少影响,但杨振宁教授学贯中西、循传统文化而又不拘泥于传统文化、敢于创新的科学求实品格是为世人所公认的。从他的成长道路也不难发现,作为一代科学大师的知识结构也绝不是单一的。他不仅在物理世界探索,而且在数学世界遨游;他不仅在自然科学的土地上耕耘,而且在社会科学的密林中穿行;他不仅在当代科学的山峰攀登,而且在传统文化的江河中搏击。

少年时代诵读《孟子》对于杨振宁先生探求真知真理的一生究竟发挥了怎样的作用? 对此我们无法做出准确的估判。但杨振宁先生的感言至少可以告诉我们,他从《孟子》中收获巨大,而且这种收获不是我们可以用通行的量化手段来予以表达的。

欲速则不达。教育应该是人类极具智慧的高级行为；人的成长也是一个复杂而不可量化的细微渐变过程，你无法准确地知晓什么阶段、何种力量对人的一生产生了奠基意义的影响。

杨振宁的父亲是智慧的，丁则良"老师"也功不可没。我们应该庆幸他们没有为了开学的"摸底考"而让杨振宁一个暑假埋头于题海中。也许在七十多年前的某场考试中，杨振宁因忙于诵读《孟子》，考试排名并非独占鳌头，但后来杨振宁先生却确确实实是以一生的智慧和才学把现代物理学向前推进了一步。

联想到"钱学森之问"，杨振宁教授的这个故事难道不该让今天忙于在应试题海中苦苦挣扎的师生们警醒反思吗？我们到底该给学生什么，才能使其获得强健的求真力量，实现对理想彼岸的诗意泅渡？

3. 铸就学生求实品格

如果说热情在人们探求真知真理的过程中发挥着强大的内驱力，则这种驱动也具有暂时性和不稳定的特征；精神作为人们思维、意识和活动的一般状态，则具有相对的持续性；但教育的终极追求是在于铸就学生的美好品格，因为品格是个体行为依据一定的社会道德准则和规范，对社会、对他人、对周围事物所表现出来的稳定的心理特征或倾向，它一旦形成将会恒久地伴随人一生，源源不断地为人的思想行动提供不竭的正能量。

在引导学生求真求实的教育之路上，铸就学生的求实品格是教育的更高追求。富兰克林说，求实和勤勉，应该成为你永久的伴侣。作为一名教育者，欲铸就学生求实的品格，其自身首先得具有这种品格，并能在一定范围、一定程度上发挥引领和感召的作用，唯其如此，才有希望培养出具有求实品格的学生。

1957年春天，马寅初在中南海紫光阁作了关于控制人口问题的发言，当时，毛泽东和其他中央领导对其观点都表示赞同。但后来由于错误地发动反右斗争，毛泽东对"控制人口"有了新看法。"新人口论"观点遭批判后，马寅初一直拒绝检讨，周总理对他作过规劝。马寅初在《重述我的请求》中公开表态："这个挑战是很合理的，我当敬谨拜受。我虽年近八十，明知寡不敌众，自当单身匹马，出来应战，直至战死为止，绝不向以力压服、不以理说服的那种批判者们投降。因为我对我的理论有相当把握，不能不坚持，学术的尊严不能不维护，只能拒绝检讨。""学术问题贵乎争辩，愈辩愈明，不宜一遇袭击，就抱'明哲保身，退避三舍'的念头；相反，应知难而进，绝不应向困难低头。我认为在研究工作中事前要有准备，没有把握，不要乱写文章。既写之后，要勇于改正错误，但要坚持真理，即于个人私利甚至于自己宝贵的性命，有所不利，亦应担当一切后果。"

百年北大，风雨鸡鸣。近代而降，每当中华民族的思想意识或家国命运处于彷徨迷茫或危亡存续之秋，北大人总会以其追求真理的执著品格、拨云见日的真知灼见、舍我其谁的豪迈担当站在时代的最前沿。可以说，一代代北大人以其思想和人格的力量引领着一个民族的精神走向。

深究一代代北大学子精神品格的形成，我们可以从蔡元培、胡适之、傅斯年、汤用彤、马寅初等为代表的一代代北大学儒的精神传续中找到答案。他们以自己求实求真的品格影响了一代代北大学子，使北大成为一个民族的精神风向标，进而影响了百年以来中华民族民主科学的求索之路。

曾任华中师范大学校长的历史学家章开沅教授在接受访谈中曾说到：

"我经常讲历史学家不是喜鹊而是乌鸦。乌鸦可能叫得不好听，但它确实是益鸟，现在虽然给它平反了，但习惯上人们仍然不大喜欢它。乌鸦就像鲁迅作品中所讲的那种人，人家生孩子他跑去恭喜，恭喜完了还要说人家的孩子将来是要死的。客人这样讲，主人当然就不高兴。反正这种事情很多，但我坚信史学的独特价值。"

"毋庸置疑，每个学科都有自己独立的品格，历史极为悠久的史学当然也不例外。史学的可贵品格首先是诚实，也就是人们常说的求实存真；一旦离开实与真，史学就失去其存在的价值了。楚图南为戴震纪念馆所题词云：'治学不为媚时语，独寻真知启后人。'我许多年来常以此语自勉并勉励自己的学生。我认为不仅史学应该保持独立的科学品格，史学家也应该保持独立的学者人格。"

"我曾有一句话就是专给学生讲的：科学无禁区，如果你选的课题有争议，但又确实有价值，政治责任由我承担，学术水平归你负责。其实我至今仍需要顶住来自很多方面的压力，包括中国基督宗教史的研究都很有压力。尽管如此，我还是愿意像鲁迅讲的那样，年长者肩负起黑暗的闸门，让年轻人走向光明的未来。"①

作为著名的教育家，章开沅教授在历史学科的建设与发展方面发挥了重要作用。他培养和影响了一批活跃于国内外社会各界、特别是学术界的中青年知名学者，对中国近代史学科的与时俱进、可持续发展做出了重要的贡献。但这里我们更想提及的是他对于史学研究的态度，以及这种态度对铸就学生史学研究的求实品格所发挥的作用。

作为历史学家，他恪守着一个学者的良心；作为教育家，他践行着自己的职责和使命。培养学生对待学问以至生活的求实品格，是作为一个深具现代教育精神和教育魅力的学者所应发挥的功能价值。他深谙于此，所以他坦荡无畏，淡然执著。

二、引领时代教育风范

1. 理论引领

纵观古今中外的大教育家，无一不是教师，无一不是边教学边研究，无一不是在教学与研究中逐渐形成他们自成体系的教育思想和教育理论。

教育理论是形而上的，它是对具体的教育行为的总结和概括。有了教育理论的总结和升华，教育行为就会有方向，有针对性，因而也更有效——"日月有明，容光必照焉"。伴随着现代教育的发展步伐，出现了一些必须解决的问题。此时，那些肩负时代使命的魅力教师，勇敢地走在时代前列，提出系统的理论，引领时代的发展，成为教育改革的弄潮儿。

1917 年 1 月，蔡元培出任北京大学校长，他力排众议，一方面他聘请了陈独秀、胡适、李大钊、钱玄同、刘半农、周作人、沈伊默等一批新文化运动的健将，另一方面他又聘请了包括一些学术上有造诣但政治上保守的学者，如辜鸿铭、刘师培、黄侃等等。他认为大学就是"囊括大典、网罗众家"，"此大学之所以为大也"。大学应该广揽人才，容纳各种学术、思想，让其自由发展。他聘用辜、刘等是因为他们的学问可为人师，是尊重讲学自由和一切学术讨论的自由。国学大师刘师培在

① 引自陈才俊《史学品格与历史学家的使命——章开沅教授访谈录》《史学月刊》2007(4).

北大讲《三礼》《尚书》、训诂，从没宣讲一句帝制；辜鸿铭拖着长辫教英诗，也从未利用讲台讲复辟帝制。他曾对攻击刘、辜的学生说："我希望你们学辜先生的英文和刘先生的国学，并不要你们也去拥护复辟或君主立宪。"①

1910 年代的中国，正处在新旧交替的艰难时期。这是一个需要巨人而且也必将产生巨人的时代。蔡元培先生顺应时代，提出并践行"兼容并包"的主张，以容纳异己的民主作风，尊重学术思想自由的卓见，在习惯专制、好同恶异的传统中打开了一扇通向理想教育的大门，开创了一个时代新风。在"兼容并包"理论指引下，蔡先生以他的勇气、智慧和卓越的教育行为，使得中国的最高学府由一所旧学校，变成了一所多元、开放、宽容、民主的现代大学。蔡元培先生以其"兼容并包"的理论重塑了北大，也开启了中国现代教育新时代。

一天一位朋友的夫人来看陶行知先生，说起她的孩子把一块新买的金表拆坏了，她非常生气，狠狠地揍了孩子一顿。陶行知听了，连连摇头说："哎呀，你打掉了一个'爱迪生'。"接着，他讲了美国发明家爱迪生小时候喜欢做实验，被学校开除以后，在他母亲的引导下，逐渐成为发明家的故事。他又亲自到朋友家里，把那个小孩请出来，带他到修表店去看师傅修表。他们站在修表师傅身边，看着他把表拆开，把零件一个个浸在药水里，又看着他一个个装起来，再给机器加上油，用了一个多小时，花了一元六角钱修理费。陶行知深有感触地说："钟表店是学校，修表师傅是老师，一元六角钱是学费，在钟表店看一个多小时就是上课，自己拆了装，装了拆是实践。做父母的与其让孩子挨打，还不如付出一点学费，花一点工夫，培养孩子好问、好动的兴趣。这样，'爱迪生'才不会被打跑、赶走。"②

日本人说中国有两个半教育家，除古代的孔夫子、朱熹外，现代陶行知算半个。此

---

①　蔡元培（1868—1940），民主革命家、教育家。字鹤卿，号孑民，浙江绍兴人。曾任中华民国政府教育总长、北京大学校长、中央研究院院长等职。其 72 年的人生历程，先后经历了清政府时代、南京临时政府时代、北洋政府时代和国民党政府时代，一路经历风雨，始终信守爱国和民主的政治理念，致力于废除封建主义的教育制度，奠定了我国新式教育制度的基础，为我国教育、文化、科学事业的发展作出了富有开创性的贡献。

②　选自 2011 年 8 月 3 日《邢台日报·文苑版》的《陶行知的故事》。

言不必当真，但从中也可见陶行知先生在中国教育史上的地位。确实，陶行知先生以他的"生活教育"理论，将中国现代教育引向了现代生活深处。"生活即教育"、"社会即学校"、"教学做合一"，使教育的天地一下子打开了，其魅力在于恰倒好处地引导学生从生活之中来观察、理解、感受，然后加以总结和提炼，再带着结论回到生活之中，以此循环往复。这不仅启示了当时的所有教育者，半个多世纪后依然启示着当代的中国教育。

"给语文教育定位，先得给语言定位，给汉语定位。长期以来，语文教育界强调语言的工具性，这无可厚非。然而，它绝不等同于一般的生产工具，如机器或犁锄；也绝不等同于一般的生活工具，如筷子或拐杖。语言是表达思想进行交际的工具，是思维的物质外壳，是信息的载体，'语言是思想的直接现实'（马克思、恩格斯《德意志意识形态》）。各民族的语言都不仅是一个符号体系，而且是民族认识世界、阐释世界的意义体系和价值体系。符号因意义而存在，离开意义，符号就不成其为符号。就是说，语言不但有自然代码的性质，而且具有文化代码的性质；不但有鲜明的工具属性，而且有鲜明的人文属性。"[1]

"'人文说'的提出，不仅适逢其时，而且，对于长期执迷于'工具论'的语文教育与教学来说，有着一层'拯救'的意味。把语文学科单纯视为'工具学科'，等于关闭了本可充分展示人的丰富精神世界的精彩窗口，致使一门活跃着'人气'的学科，变得匠气十足，苍白无神。'人文说'的提出，正是要使语文教育和语文教学失落已久的这种'人气'重新归复。'人文说'所阐发的人文精神，既有中国传统意义上的人文思想，也有现代意义上的人文思想。因此，'人文说'的提出，不应仅仅看到这是一种语文教育与教学的新学说的面世，还应该看到它的深层，有着知识分子的良知、事业的责任感和对未来社会进步繁荣的热切期望。总之，'人文说'是我向当今教育贡献出的一颗赤诚之心。"[2]

于漪老师自 1951 年 7 月毕业于复旦教育系，走上教育岗位至今已有六十余年。

---

[1] 引自于漪《弘扬人文，改革弊端》，《语文学习》，1995(6).

[2] 引自于漪《于漪与教育教学求索》（北京师范大学出版社，2006.）

六十年余新中国教育历经的风雨,于漪老师身上都有印痕。特别是新中国六十余年的语文教育改革,在于漪老师身上有着很浓重很深厚的时代烙印。或者反过来说,随着于漪老师逐步融入时代,逐步走进语文的腹地,她带给时代的影响也随之深入。尤其是进入 1980 年代以后,于漪老师对中国基础语文教育、甚至可以说整个中国基础教育的影响不断增大。最需要强调的是,于漪老师是新课程标准某些方面的引领者。

课程标准的核心内容是"课程性质与地位"。国家教育部 2001 年发布的新课程标准确立了语文这样的"课程性质与地位":"语文是最重要的交际工具,是人类文化的重要组成部分。工具性与人文性的统一,是语文课程的基本特点。""语文课程应致力于学生语文素养的形成与发展。语文素养是学生学好其他课程的基础,也是学生全面发展和终身发展的基础。"可以说,新课程标准确立的语文"课程性质与地位",充分吸收了于漪老师几十年的探索与研究成果。

"育人是基础教育的基本任务与根本目的,也是我们所有工作的终极追求,不管是从事教学工作还是管理。""在我们的教育中真正体现以人为本、以学生的发展为本的原则,为实现全体学生的全面发展与终身发展奠定基础,就成为我的基础教育观,成为我此生不变的永恒追求。"[①]

在于漪老师的心中,"全面育人"是教育本质的呼唤,是学生终身发展的需要,教育应当面向全体学生,应当针对不同个体、不同个体的不同特质施教;教育是育人,绝不是"育分"。于是,她自始至终都坚持"目中有人"的语文教学观——"面向全体学生,把学生的健康成长放在第一位。"[②]特别是针对 1980 年代后期以来逐步形成的应试教育的弊端——"求学不读书,要分不要人",她一直大声疾呼:教育要"目中有人",语文教育一定要把"育人"放在首要位置。所以,于漪在经历了漫长的探索与思考后,形成了自己的语文性质观,于九十年代中期提出了"人文说"——"汉语言文字不是单纯的符号系统,它有深厚的文化历史积淀和文化心理特征。汉语和其他民族语言的工具性和人文性一样,是一个统一体的不可割裂的两个侧面。没有人文就没有语言这个工具;舍弃人文,就无法掌握语言这个工具。"[③]

于漪老师关于语文教育的思想,冲出了中学语文教育中存在的纯"工具说"的片面

---

① 引自《于漪与教育教学求索》(北京师范大学出版社,2006.)
② 引自《于漪与教育教学求索》(北京师范大学出版社,2006.)
③ 引自《于漪文集(第一卷)》(山东教育出版社,2001.)

性,揭示了语文学科本身具有的人文关怀特质,因而引发了关于语文教育的目的观、功能观、承传观、教材观、教法观的系列裂变,使人们认识到,语文教育应当从片面追求符号意义的技术教育转变为真正关注学生心灵的人文教育,在培养学生语文能力的同时,融合人文素养。

由此我们不难看出,国家教育部新课程标准的许多内容,特别是其确立的语文"课程性质与地位",确实是充分吸收了于漪老师几十年的探索与研究成果。

于漪老师是新课程标准学习的引领者。

于老师的《我看新课程标准》《语文课程标准与语文教师》《课堂教学三个维度的落实与交融》等文章,从新课程标准的本质、核心、意义及理论突破等方面谈学习体会及学习建议,给学习者以切实、切近的指导。特别是她在《语文课程标准与语文教师》一文中指出的"素养——养成"的教育模型,深刻地揭示出了新课程标准对新时期语文教育的指导意义。这至少传达了这样一些重要的信息:"素养"是目标,"养成"是手段,目标与手段都注重一个"养"字。这是将"人从技术主义束缚中解放出来",是把"人"当作教育的对象,更当作教育的目的,这就"是教育本质的回归"。这也就是语文课程的核心理念。

理论方面的探究是魅力教师立足于自己的岗位,进行教育科学的探索的基础上为社会作出的重大贡献之一。

2. 行为引领

学高为师,身正为范。古语云:"师者,表率也。"《论语·子路》云:"其身正,不令而行,其身不正,虽令不从。"教师的影响,在很多时候,身教重于言教。身教之处没有边际,举手投足之处都有教育。现代教师教育魅力的行为引领意义主要表现在下面三者:

(1) 引领守信

守信,是人类社会的基座。言必信,行必果。教育必以此为大纛,古今无异。但毋庸讳言,今天社会上弄虚作假者甚多,教育领域也比比皆是。可以说,这是一个诚信受到严重挑战的时代。因此,现代教师教育魅力理应在这方面显示其强大的引领意义。

钟南山,这位广州医学院内科学教授,呼吸疾病国家重点实验室主任,中国工程院院士。2003 年,在全国抗击"非典"的战役中,他因信守医德而家喻户晓。在各种压力面前,究竟要不要秉持一个知识分子的道德良知,是曲意逢迎,还是振臂一呼?是弄虚作假,还是实事求是?最终他选择了信守良知,坚持如实公布非典疫情,为中央的正确决策奠定了坚实的基础。如今,年过七旬、从教五十载的他,仍坚守在教学、科研和医疗的第一线,传承着"学高为师,德高为范"的师道精神,深受学生的尊敬和爱戴。他倡导学本领、学做人相统一的教育思想,以"奉献、开拓、钻研、合群"的"南山风格"影响和教育学生。

　　邹有云,江西省永修县三溪桥镇黄岭村太阳山教学点教师。他追随良知的召唤,信守自己对"教师"二字的承诺,从1974年至今,已默默地孤独地坚守山村教学点38个春夏秋冬。物转星移,黑发人变成了白发人,小邹变成了老邹。一人一校,任教四个年级所有科目,不论风雨寒暑,每天坚持走30里的漫漫山路到教学点给学生上课,不仅路上要照顾好同行的学生,中午还要为在校吃饭的学生热饭。为了能让每个孩子读上书,他要经常从微薄的千把块钱的收入中拿出钱帮助留守的贫困学生。其间别人发了财,他也曾眼红过;孩子不听话,他也曾泄气过;别人不理解,冷嘲热讽他是个绝顶的傻瓜,他也曾一个人孤独地抹过眼泪,但这些都没有阻止他每天去太阳山与孩子们在一起的朝圣般的虔诚。

　　很显然,无论是钟教授,还是邹老师,他们信守良知、信守职业道德的精神。他们坚守自己对职业的诚心,无论何时何地,何种状态下都会主动、自主、自觉地意识到自己职业的社会责任与道德责任,都会尽心尽责、一丝不苟地对待教育事业,耐得住寂寞,经得住诱惑,从而会长久地感动世人。但令人痛心的是,今天像钟南山教授、邹有云老师这样能以自己的守信行为引领时代者太少了。

　　(2)引领勤勉

　　一个有教育魅力教师的道德核心是勤勉敬业,勤勤恳恳,兢兢业业做好本职工作。华罗庚有言:"勤能补拙是良训,一分辛苦一分才。"教育是脑力兼体力的活计,它与其他一切工作一样,只有舍得投入,舍得付出,才能有点滴收获。勤勉育人,惜时敏学是魅力教师的共同特征。

　　但现代社会物质丰盈,享乐成风,爱因斯坦所斥的"猪栏理想"大行其道。勤勉、惜时、好学者日减;懒惰、懈怠、不学无术者日增。同样,教师队伍中勤勉育人、惜时敏学者也越来越少。因此,那些有心力抵抗诱惑而坚守勤勉的教师,以他们丰厚的收获成为时代引领者,引领学生成长的同时引领教师成长。

　　上海市虹口区青少年活动中心胡蕴琪老师,热爱儿童艺术教育事业,以"艺术教育培育孩子的美好心灵"为宗旨,勤勉耕耘近 40 年,取得显著成绩。她先后创编优秀儿童舞蹈作品 200 余个,为丰富学生课外生活、推进素质教育探索出一条成功之路,有 60 多个作品获得市、全国及国际比赛金奖。2007 年,她为全国中小学创编第一套校园集体舞被推广后,今年又相继创编了第二套,被教育部录用并将推广,为繁荣全国校园文化和全面提升师生舞蹈艺术素养做出了显著贡献。

在胡老师的引领下,不仅在她身边成长起了一大批优秀儿童艺术教师,而全国许多地方的儿童艺术教育也迈上了新台阶。

（3）引领求索

时代的发展,社会的进步,需要教师有强烈的进取心,引领求索是教育魅力的重要功能。倘若能引导求学者潜心探求,"衣带渐宽终不悔,为伊消得人憔悴",那么教育就功大无穷了。而教育要产生这样的魅力,教师本身的行为引领也相当重要。

但随着社会的发展,随着物质享受诱惑日益增大,在教育领域中,能耐得住寂寞,坐得住冷板凳,潜心教育教学研究与探求的纯粹的教师也越来越少了。因此,重常人之所轻,轻常人之所重,心无旁骛、上下求索者自然成为时代的高标,散发着诱人向前的教育魅力。

　　钱梦龙老师正是一个这样的楷模。

　　这株 1951 年从教的教坛常青树,从一开始就不甘心当个混饭吃的教书匠。在他心底,有一杆标尺——当一个对学生倾注着爱心的好老师。他设计出了一种既适合自己的实际水平又有个性的教法:鼓励学生自己学。"当时我想得很简单,从武老师教会我查字典开始,是自学帮我学好了国文,因此自学也肯定能帮我的学生学好语文。"于是,"怎样教会学生读书"成了钱梦龙老师语文教学的一个执著的"努力方向"。他成了一个不安于现状的跋涉者:1956 年,只有四年教龄、初中学历的钱梦龙成了高中语文教师,写出了生平第一篇教学论文《语文教学必须打破常规》。上世纪 70 年代末,他提出了"基本式教学法"。所谓"基本式",指的是自读式、教读式、作业式。

经过几十年的探讨和实践,钱梦龙老师形成了自己一套相当完整的"三主四式"语文导读法——以"三主"即"学生为主体、教师为主导、训练为主线"为理论基础,以"四式"即自读式、教读式、练习式、复读式为课堂教学模式的教学体系。"语文导读法"奠定了他在中学语文教育界一个重要流派的领军地位。

3. 精神引领

精神人格是教师教育魅力的核心。俄国著名教育家乌申斯基说过:"教师的精神人格对学生的影响是任何教科书、任何道德箴言、任何惩罚和奖励制度都不能代替的一种教育力量。"渊博的知识,灵动的智慧,高尚的人品,诚挚、博大的爱心,无时无刻不对学生发挥着示范、激励、熏陶和感化的作用。现代教师教育魅力在精神引领方面有着重要的意义。

（1）引领奉献

教师是太阳底下最光辉的事业——如太阳般无私。陶行知说:"捧着一颗心来,不带半根草去。"献身教育是一种精神境界,奉献是教师的天职。但在个人为中心大行其道的现代社会,奉献在许多人的心中似乎已不那么光彩了。但唯其如此,奉献更加难能,因此更加可贵。现代教师教育魅力的重要功能,就是以教师自己的奉献精神引领学生去奉献,并努力使之成为时代特征。

石元英,这位湖南省保靖县清水坪镇坝木小学的女教师,从教30年,有18年在渝湘交界地区跨省任教。为了孩子们的安全,十多年来,不论风雨寒暑,她都坚持每天背负幼小的孩子和残疾孩子趟过校门前那条不深不浅的"四川河"来校求学,人们称她为"四川河上的桥"。她以自己的柔弱之躯肩负起教书育人的重担。她又克服自己家庭经济困难的现状,坚持长期向本校贫困学生提供资助,小到一支铅笔,大到几百元甚至上千元的医疗费,她都倾囊相授。她还经常利用平时和寒暑假休息时间给学生义务补课,她的家俨然成了作业中心,同学们都愿意到她家来做作业。她却乐在其中,如痴如醉。

石老师的奉献精神,感动着她的学生,在采访中,学生们流着泪说:"老师,长大后,我要给你修一座桥!"石老师的奉献精神,也感动着全社会的每一个人。她先后二十多次被湖南省秀山、保靖两县评为"优秀教师"、"优秀班主任"和"师德标兵",八次获政府嘉奖,2004年9月被评为市优秀教师。2010年被选为全国教书育人楷模候选人。

(2)引领进取

教师职业是引领学生学会生活,学会生长,学会学习,学会工作。这就需要教师本身有一种强烈的进取精神。特别是在现代、后现代思潮影响甚大的今天,现代教师更要在反"无聊",反"颓废",反"无所谓",反"无中心",反"重复自己"的同时,拾取、缝补现代后现代主义解构的崇高,传递给学生,使之成为学生生命的底色。

王平是山西省晋城市泽州县金村镇水东中学的教师。泽州县第三届、晋城市第五届人大代表。她幼年时因车祸失去了右腿,但身残志坚,多年来为教育奉献青春,矢志不渝。从教14年来,她积极探索教育教学改革,总结出"阅读四步法"、"问题引导法"、"文言文自学法:讨论法+引导法"等教学模式,注重对学生语文能力的培养,倡导在生活中学语文,积累中悟语文,她总结的"阅读写作辅进法"、"阅读中的整析—详析—整析法"、"师批作文三步法"、"自批、互批作文三步法"等深受学生的喜爱。她关爱学生,长期担任班主任,是学生信赖的好老师。

王老师的进取精神感动、引领着她身边的每一个人。她被评为山西省优秀班主任、全国模范教师,获得全国"五一"劳动奖章等荣誉称号。

刘佳芬老师是浙江省宁波市达敏学校校长,中学高级教师,特级教师。她在特殊教育工作岗位上创造出了一个又一个里程碑,为国内外特教事业发展起到示范和引领作用。她扎实开展融合教育,把宁波海曙的"特殊教育社区化"推向国际化。首创"达敏学校教育协作理事会"平台,构建全社会支持特殊教育的社会支持系统。她在全国率先编写《中度弱智学生生活教材套》,在全省最早成立"智障教育服务热线"。她编写的"支持性教育自主活动丛书"填补了全国同类课程空白,《我有一双勤劳的手》、《我有一双灵巧的手》成为浙江省特殊学校征订教材。她创建"海曙区支持性教育资源中心",为有特殊教育需要的学生提供适度的支持,营造最少障碍的教育环境,极大地激发了弱势孩子的潜能。

刘老师的积极进取精神也感动着她身边的每一个人。她曾获浙江省"教育科研先进个人"、浙江省"首届师德先进教师"、全国"特殊教育先进个人"等荣誉称号。

（3）引领仁爱

仁者爱人，儒者仁民爱物，佛者普渡众生，基督博爱所有。教育以"爱"为内核，古今没有变化。在今天，以"爱"为核心的教育魅力依然散发着动人的光辉，引领着孩子们走向善美的福地，也引领着全社会走向清洁的仁爱洁地。魅力教师能热爱学生，了解学生，循循善诱，教人不厌，诲人不倦，学生一旦体会到这样的爱心，就一定亲其师，信其道。

美国心理学家罗杰斯说："教育的真正成功不决定于教育技巧，不是建立在科学内容、课程计划之上的，也不在于视听教具生动有趣的读物上，真正意义上的学习是建立在正确人际关系、态度和素养上的。严厉而冷漠，不了解学生的教师，虽然也能做到课程讲授的正确无误，但是很可能使学生陷于无动于衷的情绪中，毫无收获，因为教师缺乏热情，缺乏对学生的了解与爱，就无法引起学生的积极的反应"。[①]

陈清华是江西省遂川县大汾镇滁洲上坳小学高级教师、校长。他工作的学校是一个初级小学教学点，位于罗霄山脉群山万岭深处，海拔700多米，条件非常艰苦。1992年以来，他先后两次主动申请到不通公路、不通电话，甚至当时还不通电的深山小学教学点教书育人。19年如一日，他扎根山区教育，为了全身心地投入工作，还把家从条件较好的乡镇搬迁到了深山里。他像对待自己的子女一样照顾好学生的饮食起居生活，悉心教育他们成长。为了让住宿生留得住、学得好，他和妻子身负教师、家长、保姆和工友的全部角色，就像学生的亲爸妈。在山区贫困家长不愿让孩子上学的时候，他苦口婆心地把失学的孩子动员到学校上学；在适龄儿童入学率随着经济发展连年上升的时候，他又以突出的教学成绩，让学生走出深山，让他们在更为广阔的天地中成长。

周菁老师任教于上海外国语大学附属大境中学。"谁爱孩子，孩子就爱他，只有爱孩子的人，才能教育孩子。"周菁老师以此为座右铭，在十年的班主任工作中实践着、奉献着，满腔热忱引领着学生成长、进步，赢得了学生们的喜爱，并在教育

---

① 卡尔·兰塞姆·罗杰斯(1902—1987)，美国著名心理学家，人本主义心理学的主要代表人物之一。

岗位上做出了突出贡献。周菁老师认为：引领学生成才，成为国家和民族栋梁之才，这是教师神圣的职责，是爱的教育的根本落脚点和价值所在。她以"经典巡访"为载体，培养学生的民族精神。如"鲁迅的民族情怀"主题巡访，通过引导学生读鲁迅作品、访鲁迅纪念地、谈鲁迅人格魅力、悟鲁迅民族精神，让学生们领悟到民族精神生生不息，意识到自身肩负的责任和使命。又如"上海军人了不起"社会实践活动，周菁老师带着学生寻访"南京路上好八连"、消防中队、国旗班，从军人身上体会一种强烈的国家意识，一种可爱的上海人的品质。

李碧云老师任教于上海市长宁区江苏路第五小学。李老师认为，很多时候，一个老师是不是能成为孩子的良师益友，根本因素不在于专业技能，而在于老师是否有一颗仁爱心、进取心和责任心。用仁爱心关注孩子，用进取心关注课堂，用责任心关注灵魂；李碧云老师与学生心心相印，成了孩子真正的良师益友。

汶川大地震发生的第二天，李碧云老师在班级中上了一堂主题为《从抗震救灾体悟民族精神、生命教育的深厚内涵》的思想教育课。课上，李碧云先播放了一组令她彻夜难眠的照片。意料之中的，看到水泥板下孩子们横七竖八地卧倒在一起的画面，看到那些不见了孩子的母亲欲哭无泪的表情，这群10岁的孩子们禁不住哭了。李碧云请学生谈谈感受，但是出乎意料的是，一群平时上课叽叽喳喳的孩子此刻竟然对老师的问题"无动于衷"。也许这些孩子们并非是无话可说，而是不能找到恰当妥贴的词汇来形容此时的心情。李老师转变上课形式，让学生们直接用纸笔记录下对灾区孩子的祝福。"我真想变成一只老鹰，用我那坚硬的利爪刨开层层废墟，然后用嘴把小朋友们一个个叼出来；我也想变成千手观音，用许许多多的手把水泥板搬走，再把他们一个个抱出去；我更想变成穿山甲，那我就可以钻进废墟中，寻找小生命……"孩子们的话语真诚而朴实，李老师被深深感动。这是一堂普通的主题教育课，没有精美的教材，没有空洞的说教，甚至没有过多的语言诠释，但这堂特别的课，在每个孩子的心里烙上深深的印记。李碧云一直这样坚守着：教师的责任和使命是教书育人，不仅是传授知识，更是培育德才兼备的人才，是人类灵魂的工程，责任重大、使命光荣。责任心是全力以赴的追求，更是一种在育人过程中"常怀履责之心、常思履责之道、常问履责之过"的境界。

一切有效的教育方法，一切好的教育艺术，都产生于教师对教育事业、对学生的无比热爱之心。陶行知先生以"爱满天下"作为自己的毕生追求,陈清华、周菁、李碧云三位老师在"爱"字上下工夫,接受学生,走进学生,与学生进行心灵的沟通,让学生乐于接受教诲,在仁爱的氛围中共同进步。

三、提升时代教育境界

1. 提升爱的境界

瑞士著名教育家裴斯泰洛奇说:"教育的目的在于发展人的一切天赋力量和能力,这种发展应是全面发展、和谐发展、自由发展。教师的教学要以服务学生全面发展为重点,做到一切为了学生、为了学生的一切、为了一切学生,让每一个学生都受到民主、平等的对待,让每一位学生的个性得到应有的尊重,让每一个学生都能够健康成长,使他们学会做人,学会认知,学会做事,学会合作,学会生存和发展。"①教育的情怀是爱,没有爱就没有教育,古今一也。现代教师教育魅力以其爱的高度提升爱的境界,真正把"学生第一"落到实处。

蔡元培的"兼容并包",将教育之爱提升到真正博爱的境界;陶行知的"生活教育",将爱提升到如生活一样本真而朴素的境界;于漪的"人文说"理论,纠正了"工具说"的偏颇,打破了现代工具理性统治教育的局面,将教育之爱提升到精神完美的境界。

在这些教育家的"大爱"之中,我们看到的是对生命的无上尊重,他们的爱都以生命的圆满和谐为依归。摒弃了科举教育、应试教育附加给生命的功利累赘,指向每一个学生的发展,指向学生的终身发展,指向学生的幸福生活。

但是今天的教育中,打着"爱"的旗号,打着"为了学生前程"的幌子,而让学生为分数拼命,在学习过程中备受折磨的行为比比皆是,这与爱的本质内涵是背道而驰的。所以辨析阐述教育之爱的本义仍有着很强的现实意义。

于漪老师说:"表达师爱,不是写在纸上,说在嘴上,而是要用自己的言行来践行,老师对学生要满腔热情满腔爱,做到师爱荡漾。"只有学会了如何爱学生,才会成为一个深谙育人之道的有教育魅力的教师,才能以其教育魅力提升教育之爱的境界。

---

① 约翰·亨里希·裴斯泰洛齐(Johann Heinrich Pestalozzi)(1746—1827),瑞士教育家和教育改革家。他通过实物教学法的实验,第一次把教育建立在心理学的基础上,提出"教育心理学化"这一伟大理论,使教育与心理学紧密地结合在一起,给后世的教育和教学产生了深远的影响。著作有《林哈德与葛笃德》、《葛笃德怎样教育她的子女?》等。

1995年。身为一名共产党员，她服从组织安排，离开从事20年的普通教育，踏入当时几乎是一张白纸的特殊教育，开始了艰辛的探索。也是从那时起，这些智障孩子成为何金娣生命中的一部分，对于他们，她倾注了所有的情感和精力。

为了让久卧病榻的重度智障儿童享受平等的受教育的权利，她在全市第一个实现"零拒绝"，组织教师义务送教上门，无论刮风下雨、严寒酷暑；为了让智障儿童能拥有适合他们的教材，她带领她的同事们潜心钻研，其中的54册校本教材由上海教育出版社向全国发行，被全国有近250所辅读学校所使用，共发行三十万多册；为了真正做到因材施教，从学前教育到九年义务教育班、脑瘫训练班、职业技术培训班，一应俱全；为了使他们能充分发展、和谐发展，每一个学生都拥有了一套"量身定做"的教学方案；为了让个别教育真正落到实处，针对学生智力发展程度和残疾种类的不同，学校设置了包括集体教育与个别教育两大类七张课程表。真正实现了把教育落实到每个人，让每个学生都有弹性化人性化发展空间，最大限度发挥他们的潜能。

她就是华东师范大学附属卢湾辅读实验学校特级教师何金娣。

有教无类，爱每一个学生。这是自古以来教育者应该具备的道德情怀。但是真正能从内心接受它，并落实到日常的教育行为中，又是何其难。而把每一个智障孩子都当作一个独特的生命个体给予个性化的人文关怀并因材施教，这是对教育之爱、人性之爱的超越，特别难能、珍贵。因为现实教育中，因材施教也只是一种理想追求，课堂授课制本身就构成了对个别化教育的限制。而何金娣老师这样做了，而且她的对象是一群智障孩子。

如果说，爱"每一个"学生在何老师那里是就学生生理缺陷而言的，那么对于漪老师来说，则是不放弃任何一个有缺点乃至有污点的学生，不管一个班级有多少名学生，但"你"在我心中永远都是唯一的，我倍加珍视。

"全校有一个行为偏差得厉害的学生，逃学两年、打群架、偷窃，学校支部书记把这个学生交给了我。他站在我面前眼睛不敢看我，人也站不直。香烟抽得手指都是黑的。后来因与家长争吵他又逃学了。找到他后，我就把他带到家里来。虽然他会偷，熟门熟路，但是我想，一，我家里确实没什么东西，除了书，什么都没有，至今如此；二，我就不相信教育不好他，精诚所致，金石为开。他对我说改起来实在太难了，他说："于老师我也晓得你累死了，我也累死了。我这个人是个枪毙鬼"。我说："我还没失去信心，你倒失去信心了。你知道你不好，就是可以改好的起点。"教育他真是不容易，反反复复，真的是反反复复。后来我带77届学生，这一届学生带下来我自己也得了一场重病，住了三个月的医院。这个学生知道了，他是75届的，本来是74届的学生。他后来来看我，看到我在输液，他就哭了，他说："于老师，您会不会死啊？您不要死啊。"他没有文明语言，但是这是他真情的流露"。（摘自于漪《一辈子学做教师》的讲话实录）

佛说，没有分别心即为大善。但人是难以做到没有分别心的，老师也是人，对于一个反反复复犯错误甚至违法的学生，老师仍费尽心力地拉他回头，渡他去光明的彼岸，这是对爱的境界的超越和提升。

在于老师心中，每一个孩子都是唯一的，生命不可复制，不可轻视。"一个都不能少"不仅是数量上的，更是人格品质上的，这是没有分别心的体现。但在具体的教育中，又要因材施教，体现分别。就是在这种矛盾的辩证统一中，爱的境界得以提升，走向圆满。

爱的第二重境界是指向学生的终身发展。

教育的短视现象在今天尤为突出，这虽然有体制的原因，但也不乏有些教师本身的推波助澜。科举和应试在本质上如出一辙，它们都有一个共同点就是指向当下，指向名利。一个懂得爱的现代教师，他的爱是超越当下，超越现实功利的，以学生终身发展为目标。为了使学生能赢得未来，赢在终身，一个具有现代意识的教师最明白应该如何去爱学生，给学生什么。

黄孟轲，浙江省慈溪中学语文教师，特级教师，曾获全国模范教师、全国"五一"劳动奖章、浙江省功勋教师等荣誉称号。2010年全国教书育人楷模候选人。

他的"精神立人，注重审美，培育思维，发展个性"的大语文教育理念，在语文教学中产生较大影响。

语文是最具人文价值的学科，语文学习是伴随人一生的，在人的一生中，哪些因素是不可或缺、指向终身的，而教师能在多大程度上帮助学生具备这些因素，黄孟轲认为语文教师有责任思考并解决这些问题。

他极为注重语文教育的人文性、审美的精神内涵,把语文教育与"人"的发展紧密联系起来,把它建立在人生的平台上。他认为语文目前的教学应该少一些所谓的"法",而多一些美感熏陶与精神及思维的培育,应以"立人"为教育的终极目标。他从 1990 年代开始就进行了一系列的教育教学改革,从理念与实践上对语文教育进行反思与革新。1996 年以来,他主持"以发展能力为目标的高中语文教学研究与实践",紧紧扣住学生的审美意识、学习心理、人格素质等方面展开教学与研究。他先后完成的课题——"中学写作审美教育"、"语文教学的美育"、"语文选修课文学鉴赏能力的培养"等更是立足于人的审美素养、心理品质,从一个学生终身发展所应具备的素养品质去认识与把握语文教学。

写作教育上,他努力改变长期以来的死板陈旧低效的现状,认为写作是学生心灵折射,情感意识的反映,是一种叩问生命、感悟人生、认识生活、体味自然美的精神创造。

课堂教学中,他始终把"美"贯穿于教学的各个环节,突出老师与学生、学生与学生的互动共享与发展个性的民主教育理念,他的课堂教学用他学生的话来说,是"引人入胜",是"沐浴春风",是"终生受益"。由于他的教育教学真正体现了"人"的发展,使他的一批批学生在日后的学习与工作生活中得以受用。

对一个老师来说,什么是必须教的,什么是不需教的,什么是可以教也可以不教的,不同的教师所执的观念不同,给出的答案也不同。在忙于应试教育的教师眼中,那些考试的知识点就是教育的全部;但在一个充满现代人文精神和教育智慧的老师眼中,他思考并追求的是如何给学生终身发展所需要的知识、素养、能力、品质,而非贪图一时一地的功利。

爱的第三重境界是指向学生的幸福。

幸福是一个主观意味很强的哲学命题,教育者对幸福的理解和诠释某种程度上彰显了其思想认识的品位,也影响着学生的幸福观、幸福感。一个真正懂得爱的真谛的现代教师既有别于传统的经师、塾师,也有别于当下忙于应试的教师。他们既不会把"黄金屋"、"千钟粟"、"颜如玉"当作人生幸福的要义,也不会把考试高分、进一所理想大学当作人生幸福的全部。生命的和谐圆满,人与外部世界的和谐共生是现代教师之爱的最高追求。

　　李叔同在浙江省立第一师范学校执教期间,一日,他将丰子恺等几个资质好的学生喊到自己房中,打开明代刘宗周所著的《人谱》,细致耐心地将书中"先器识而后文艺"的意义解释给学生们听,于做学问来说,要首重人格修养,次重文艺学习。他告诉学生,一个艺术家,倘若没有器识,无论技术是何等精通娴熟,亦不足道,因此要做一个好的艺术家,必先做一个好人。一语点破梦中人,学生听过这番话,"心里好比新开了一个明窗",似有胜读十年书之感。多年后,丰子恺先生慨叹:"这正是李先生文艺观的自述,先器识而后文艺,应使文艺以人传,不可人以文艺传。"

　　在一个老师给予学生的教育中,什么关系着他生命的质量,在李叔同先生看来,不是"文艺",而是"器识"。"器识"是人格修养、视野情操、志趣品位等隐形的内涵,但却是它们无形中影响着你一生的幸福质量。

　　"文艺"好比是帆,处在赫然醒目的位置,是人生之舟前行的驱动;但"器识"是舵,隐在水下,看不见,却决定了生命的走向,现代人更多的是看到显性的帆,而忽略了隐形的舵,所以人生飘忽,彷徨迷茫,幸福自然无从谈起,哪怕走得再远,事业再辉煌。

2. 提升发展学生生命的境界

　　教育的本质是发展学生的生命。不能推动学生生命的发展不是真正的教育。

　　作为社会主义事业未来的建设者和接班人,青少年学生的生命质量决定着国家和民族的前途与命运,但现代社会物质生活的日益丰富和社会环境的纷繁复杂,也带来一些消极因素,一定程度上影响了青少年学生的道德观念和行为习惯,使青少年学生容易产生生理、心理和道德发展的不平衡现象。对此,《上海市中小学生生命教育指导纲要(试行)》中明确要求教育要"着眼于全体学生的身心和谐发展,为学生的终身幸福奠定基础;着眼于学生个性的健康发展,为提升学生的生存能力和生命质量奠定基础;着眼于增强学生在自然和社会中的实践体验,为营造健康和谐的生命环境奠定基础"。

　　作为一份纲领性文件,《生命教育纲要》的诞生既是对生命教育的促进,也是对现代教师生命教育观的要求,一个具有现代教育魅力的教师理应顺应时代的潮流,在提升发展学生生命的境界上发挥引领和示范作用。其魅力彰显表现为这样几个方面。

（1）尊重每一学生个性发展的完整性、独立性、具体性、特殊性

世上没有两片相同的树叶，每一个生命个体都是造物主的杰作，无论他们带着怎样的"胎记"——优良的禀赋资质或生理的缺陷残疾——来到人间，其个性发展的完整性、独立性、具体性和特殊性都理应得到我们的尊重。也就是说，现代教师有别于以往之处在于，要把每一个生命当作独一无二的个体来关注、关爱、培育，而不是当作社会这架机器上的一个零件或附庸，这是一个现代教师爱的魅力所在。

为帮助学生学会发音，她上课时总带着小镜子、小纸片；为帮助学生发准音，她总把自己的嘴唇贴近孩子的手背；有时把他们脏兮兮的小手放在自己的脸上、鼻旁、脖子上。记得在学习舌根音时，几天以来只有两三位学生掌握了，她特别着急。在单训时，她尽可能的把脸贴近学生，希望学生能看清她发音时舌头的位置和形态。那是在辅导周苗同学时，孩子学得很专心，用手捧住张俐的脸，忽然她把手指伸进张俐的嘴里，触摸张俐的舌头。

说起这一幕时，张俐坦言："说句实话，当时我真是觉得很恶心，不仅是因为学生手指扣住了我的舌根，而且孩子没洗过手，我能感觉到孩子手指上咸咸的味道，我很想吐，浑身的鸡皮疙瘩都竖了起来。但我努力保持平静，微笑着，因为孩子这样做是不自觉的。这也提醒了我，或许这种触摸是最好的学习训练方法，这让我找到了聋儿语训的突破口。"张俐连忙让她用肥皂把手洗干净，然后继续用这种触摸方法，使学生在短短的十几分钟里掌握了"g、k、h"发音。在张俐眼里，学生和自己的孩子没有什么两样，只要孩子需要，做母亲的有什么不能忍受和给予的呢？她说："只要学生愿意，我就能忍受他们把手指伸进我的嘴里。"功夫不负有心人，通过几年的训练，张俐教的学生有的能和健全人正常对话，有的可通过看话进行口语交流。

以上例子中的张俐老师是江西省南昌市启音学校（原南昌市聋哑学校）副校长，中学高级教师。她曾获得"全国模范教师"、"全国中小学优秀班主任"、江西省"五一劳动奖章"等荣誉称号。学生存在个性差异是自古以来不争的事实，但尊重学生个性发展的完整性、独立性、具体性、特殊性却是一个现代教师应有的素质，当这种差异扩大到生理上的缺陷时，它对教师的考验往往是超越人之常情的，这需要一个教师博大厚重

的生命观作为支撑。诚然，不是今天的每个教师都会面临张俐老师这样的考验和挑战，但张俐老师以其博大厚重的师爱和生命观勾画出了现代教师的魅力图景，让人仰慕向往。

（2）构建适应学生终身学习的课程体系

在一个信息化时代，一个新知识呈几何级增长的时代，学习应该是贯穿一个现代人一生的行为，生命不息，学习不止。作为一个现代教师，若还像过去那样传授给学生一些老化、固化的知识，师生是注定要被很快淘汰的。一个现代教师的教育魅力已不仅体现在传授给学生最新的知识、实践的能力、科学的方法等方面，更体现在能否构建起适应学生终身学习的课程体系。

> 于万成，是山东省青岛市职业教育公共实训基地教学培训部的主任，高级讲师，特级教师。
>
> 作为一名职业教育工作者，他深知职业技术和知识在今天这个时代的更新速度，所以要对学生的未来发展负责，为其终身的职业发展奠基，理应成为一个职教工作者的担当，这也注定了他对学生的爱自有他的表达方式。
>
> 在25年的职教工作中，他积极顺应时代发展，努力探索教学改革，主持建立了设备维修、汽车维修、数控以及CAD/CAM等多个实验室，组建了数控和汽修两个实训中心，成立了"于万成特级教师工作室"，推出了以就业为导向、以能力为本位、以技能培养为主线、以项目训练为主体、以项目教学法为主导、以用人单位要求为质量标准的课程体系，提高了职业教育实践教学的水平。
>
> 从于老师这里走出去的学生不单是就业率高，在日新月异的技术浪潮面前，他们总能很快地跟上时代发展的节拍。许多学生毕业不久就成为单位的技术骨干，在单位的技术革新中发挥了创造性能手作用。
>
> 说到他们在于老师这里的收获，共同的感受不是从于老师那儿获得一时一门的技术，于老师的课有一种内在系统性，有一种扩张力，它不只是教学生掌握某一种技术，而是让他们具备了一种终身受用的能力品质。

也许于老师的课程设计用心还不是他的学生所能全部领会到的，但学生们毕业后的能力表现已反映出老师的课程价值。每一个负责任的老师都会致力于传授给学生生存的本领,但一个充满魅力的现代教师,并不满足于学生一时一地的收获,他努力让学生从他的课程体系中获得终身学习和可持续发展的能力品质。这种追求源于教师对知识信息时代的清醒认识。

至于这个课程体系能实现哪些具体的功能,可能是难以言说的,但课程的建构是系统的,是体现教师教学风格和个性智慧的,其设计理念源于学生,其功能价值是可以靠学生来检验证明的。

(3)创设有助于学生个性发展的环境

每一个生命个体来到这个世界时,都被赋予了一个具体的生存环境,人的一生都是以这个环境作为生命最初的襁褓,索取享用或挣脱超越。而对于很多身处劣势的弱势生命而言,他们的生存环境很大程度上限制了他们的发展,这时如果没有外力的帮助,他们优良的天资就有被埋没的危险。

教师自古以来是传道授业解惑的,这毫无异议,但许多时候老师还有一重要作用,就是给身处底层或困境中的学生创设适于他们个性发展的环境。这种现象在过去有,在今天尤为需要。因为社会资源的分配不公,人的身份地位的差异以及地域环境的差别限制,要求一个现代教师力所能及地给那些条件匮乏的学生创设适合他们个性发展的环境。

"下面我要把《老师,我总会想起你》这首歌送给大家,送给一直如慈母般关爱我的周小燕老师!"

浑厚的男中音在音乐大厅响起,回旋缭绕,声震屋宇。他的歌声被流淌的泪水浸透,无人不为那一份真情所打动。

一曲唱罢,余音不绝。大厅里响起雷鸣般的掌声。演唱者健步走到观众席前排,把手中的鲜花献给周小燕教授。

他就是廖昌永,1993年毕业于上海音乐学院声乐系,获硕士学位,师从著名声乐教育家周小燕教授。目前,廖昌永已是上海音乐学院声乐系系主任,教授,中国音乐协会理事、上海音乐协会副主席。

回顾他的音乐之路,却是从四川成都市郫县一个普通的农民家庭走出来的。他幼年丧父,饱受贫困。

"当你取得成绩时,它绝不是你个人的努力,它必定是许多人为你做出了铺垫。只因为你站在巨人的肩膀上,世人才看见你。"廖昌永说。《老师,我总会想起你》这首歌是廖昌永非常喜欢的一首歌。在那次音乐会上他特意选了这首歌献给所有帮助过他的老师、同学、朋友和领导。当他唱到这首歌时,脑海里像过电影一样,想起第一次走进上海音乐学院,身背简陋的行李赤脚行走在瓢泼大雨中,想起生病时被老师接到家中……想起钢琴伴奏老师、想起表演老师、想起……而这么多人中,周小燕教授是最具代表性的一位。

如今已九十多岁高龄的周小燕教授,当年在这位成都平原走来的小伙子极其困难的情况下录取他为自己的研究生,给予了他慈母般的关爱和为师者力所能及的帮助提携。当周教授发现廖昌永身上的歌唱天赋时,如同发现一块埋在深山的美玉,倍加爱护,用心雕琢,而后献之于艺术的庙堂。周教授悉心的指导加上积极为他搭建锻炼展示的平台,这位年轻的学生得以一步步坚实地向世界歌唱家的殿堂迈进。

3. 提升社会的和谐境界

关于"和谐",我们的祖先早有阐述。

两千年前,孔子就提出"和为贵"的思想,墨子提出了"兼相爱"、"爱无差等"的理想社会愿景,孟子描绘了"老吾老以及人之老,幼吾幼以及人之幼"的社会状态。《礼记·礼运》中描绘了"大道之行也,天下为公,选贤与能,讲信修睦。故人不独亲其亲,不独子其子,使老有所终,壮有所用,幼有所长。矜、寡、孤、独、废、疾者皆有所养"这样一种理想社会。

千年而下,中华民族对和谐境界的追求成为一种生生不息的民族精神,贯穿在这个礼仪之邦的文化命脉中,绵延不绝。

今天,作为一个现代教育者,我们是站在历史与未来之间,以爱的情怀,以发展学生生命的力量,参与到推进社会和谐与进步的伟大事业中的。我们以历史的传承和现代精神赋予"和谐"更多更深广的内涵,提升着社会的和谐境界。

(1)提升人自身的和谐境界

季羡林先生说:"要谈和谐,首先是人自身的和谐。"

我们今天处在一个物质文明高度发达的时代,但现代人在繁丰的物质文明中却越来越迷失了自我,物质至上,为追求物质甚至不择手段,成为某些人的人生信条和处世方式。在这样的大环境下,学校和学生作为社会的组成部分,也难以洁身自好,独善其身。因为社会追逐物质的普遍风气,学生耳濡目染,也难免沾染世风,在物质的追求、贪图、炫耀中极易迷失自我。

而现代教育魅力的功能价值,很大程度上担负着这样的使命,使迷失者回归,使分裂者统一,最终实现人身心的和谐与平衡。

"老师,我爸妈给我的400元补课费不见了!"一天上午第三节课后,小A伤心地跑进办公室来哭诉。望着满脸泪水、抽噎不止的小A,我明白,一个棘手的问题摆在了眼前。失窃事件的处理向来是班主任最头疼的,如果处理不当,影响极坏。我想,此时作为教师,最重要的工作并非找出"元凶",而是要思考该如何就此教育全体学生。一次突发事件,一个孩子犯错,都是教育资源。如果能够很好地利用此事,动之以情,晓之以理,取得良好的教育效果,对解决问题也一定会有帮助。

于是,第四节语文课,我改变了原来的教学计划,改上写作课,作文题目就是《"巨款"失踪以后》。我先让学生交流一个话题,那就是父母是做什么工作的?收入如何?400元对于自己的家庭来说是否是一笔大数目?同学们一开始感到有些莫名奇妙,但很快地大家便表明了对400元的态度。因为绝大多数学生来自工薪阶层家庭,400元对于他们和他们的家庭来说都是一笔较大的数目,是辛勤工作多日才能得到的报酬,对于一个贫困家庭来说,甚至可能是一个月的生活费呢。

达成了对钱的共识之后,告诉学生事情的原委,并让同学们想象:做钟点工的小A母亲和当门卫的小A父亲,他们要节衣缩食多久才能积攒起这400元钱,他们多么希望小A能通过补习提高成绩,将来能改变一家人的生活状况。然后我要求同学把自己的想象形成文字,当堂交流。听着同学的描述,看着眼眶红红的小A,好几个女生忍不住抽泣起来,也有同学提议要给小A捐款。看到效果慢慢显现,我打破了这沉重的气氛,满怀信心地发表自己的看法:老师坚信事情会有转机,因为这400元是血汗钱,是有良心的钱,它一定会回归自己真正的主人;如果是一个有良心的人发现了它,也一定会把它送回给主人的。这是老师预期的结局,也是应该出现的结果。我相信我们这个集体,相信每一个同学。

接下来,我要求同学们开始写作,而此文要求的重点是展开丰富的想象来描绘钱的来之不易,并设计出事情的结局。

转眼到了午餐时间,同学们休息、活动照常。但在下午第二节课后,小A惊喜地在她的座位底下发现了自己的钱包,400元钱安然无恙。

作文讲评课上,同学们惊喜地发现,一向对作文评分吝啬的老师,这次却给每个人都评了高分,因为大家都是以有良心的钱回到主人的身边为结局。我称赞他们每个人都是有良心的人,有道德的人,人品就是文品,所以这次的作文老师很满意。①

在这个案例中,我们充分见识了施文芳老师的教育魅力和育人能力。

她找回的不只是"有良心的400元钱",还有一个因一念之差而犯错的学生的良知和心灵,还有全班同学对一个充满是非曲直的道德事件的认识和判断。事件中施老师的做法可谓巧妙,让人叹服,效果也让人欣慰。施老师的教育修复了一颗因金钱而失衡的年轻心灵,背后起作用的不仅是一个教师的智慧积淀,还有她博大的善良仁厚之心。

(2) 提升人与自然的和谐境界

人类对人与自然关系的探究几乎贯穿了整个的人类文明史。人与天的关系处理得是否得当也成为衡量一个时期人类文明程度的重要标志。"天人合一"是人与自然圆融共生的最高境界。钱穆先生说:"中国文化特质,可以'一天人,合内外'六字尽之"。"天人合一"意味着人道顺应天道,把小我融入大我之中,以达到庄子所谓的那种"天地与我并存,万物与我为一"的和乐境界。

早在先秦时代,孟子和荀子就主张人要顺应天道,尊重自然规律,对林木水产的捕伐要依时令而行。孟子主张"斧斤以时入山林",荀子主张"污池渊沼川泽,谨其时禁"。万物以时而生,"时"是生命生存的重要条件,生不逢时,就会缺乏生机,乃至走向死亡。但在现代文明诞生的三百年来,人类科技的迅猛发展常常让我们忽略了自身对自然的依存关系,破坏自然的事情常常发生,人类赖以生存的自然环境正日趋恶化。

作为一名现代教师,提升发展学生生命的境界是我们的责任和义务,而在提升学生生命内涵的教育中,加深其对人与自然关系的认识思考,从而使其与自然达成和谐,自觉维护自然环境,理应成为现代教师的教育追求。

---

① 引自上海市中小学幼儿老师奖励基金会等.《拨动学生心弦的艺术——上海市中小学班主任基本功系列竞赛优秀案例集锦》(上海教育出版社,2010.)

现代教育魅力为我们实现这种追求提供了动力和支持。

请看上海北郊高级中学王林老师执教的《瓦尔登湖》片段：

师：梭罗为人们描写了这美丽的湖，让我们来看一下人们对于梭罗的情感。在一篇名为《瓦尔登湖的神话》的文章中看到这样一个细节：梭罗一百五十多年前的那个小木屋已不复存在，位于湖畔小山坡上的遗址，如今只有圈起来的一小片地基和一个附有解说词的牌子。在木牌旁边有一大堆石头，那是世界各地前来"朝圣"的人们堆起来的。人们以往石堆上添加石头的方式来表达对梭罗的敬意。作者在随手捡起的一块石头上发现上面写着几个英文字"健康与快乐永存"。这是一种独特的怀念方式。设想一下，如果你也站在这方寓意深长的石堆前，你将会在石头上写下什么？

生1：宁静纯洁的心最完美。

生2：宁静之心致远臻美。

生3：与飞鸟生活在一起更快乐！

生4：明净的心永远宁静。

生5：自然最美，简单是乐。

……

师：无论你的石头上是否写下了文字，最重要的是不要忘记梭罗在你心中所唤醒的感受，最后我以梭罗的一句话赠予大家："我步入丛林，因为我希望生活得有意义，我希望活得深刻。汲取生命中所有的精华，把非生命的一切都击溃，以免在我生命终结时，发现自己从来没有活过。"

同学们，湖水湛蓝，秋日斑斓，群山蓊郁，这就是梭罗为我们描绘的自然美景。他以一生对自然的追求和眷恋，试图唤醒人们对于自然、对于生命的热爱。如果我们每个人，真能满心欢喜地去迎接每一个清晨与夜晚；如果我们都能意识到，在四季的更替中，我们的生命也不断地更新着；如果我们能不断地尝试，让生活充满活力和希望，那我们的人生便是一段成功的旅程。①

---

① 引自《开启门扉的智慧》（山西人民出版社，2011．）

爱自然就是爱人类自己。召唤人去爱自然,享受和领会自然的赐予,这是教育者的责任和意识。但如何把这种教育做得不着痕迹,又是艺术的境界。因为有这份自然情怀和教育艺术,王老师带领学生走进梭罗的《瓦尔登湖》,领略自然之美,人性之美。在文学作品中感受人与自然相融的和谐快乐和美妙诗意。

这是 2012 年 8 月 14 日上午,复旦大学中文系骆玉明教授正在给复旦附中高一人文实验班的学生讲授:

> "我们经常讲'天人合一',那么什么是天人合一?"
>
> "我们可能会讲就是人和自然融为一体、和谐共处,是的,但这只是低层次的理解,基于这种理解的人类行为较之自大狂妄的行为多了对自然的敬畏,多了对自身的收敛,能做到这一点,在当下也是了不起的了。但我们还要知道,这不是'天人合一'的全部内涵和最高层次理解,天人合一还表现为人伦法则和宇宙法则是同一法则。人道和天道是一致的,这才是真正的天与人实现了根本的和谐,否则人道总难免有违背天道之处、之时。"
>
> "一切法则都是条件法则,要将其变为绝对法则,就需要一种绝对的支持,古人就以'天经地义'来将条件法则转变为绝对法则。"
>
> ……

人与自然的和谐确实存在着不同的层次,它构成人类永恒追求的一个渐进阶段,骆玉明教授来到中学的讲坛上和学生畅谈魏晋风度,由此讲到"天人合一"、人与自然的和谐,可以看出他对学生怀着一种很高的生命期许,期望他们能领会人与自然的关系,实现个体生命与外部宇宙的和谐。也许这种愿望不是一个讲座能够实现的,他的一些言论当时也可能不为学生所理解,但支持驱动这种教育行为的是骆教授关爱人类与自然的仁厚之心,是一种生命态度和人文情怀。

(3) 提升人与社会的和谐境界

个体是存在于社会之中的,实现个体与外部世界的和谐是学生生命发展的重要内容,也是实现社会和谐的根本长远之道。

这种和谐的内涵是非常丰富的,最基本的是对他人的关爱,一个人只有学会关爱他人,才能为他人、为外部世界欢迎接纳,才谈得上和谐共处;其次,在文化价值呈现多元化态势的今天,更高层次的和谐还包括对多元文化价值的接纳,只有突破单一陈旧的唯一价值观念,才能与纷繁的外部世界真正对话;而全球化时代,民族性与世界性的矛盾统一是关于和谐的新课题,如何"拿来",如何成为当今世界圆融变通之"新人",则是更大的挑战和考验。

所有这些不是一个生命体来到世界上就能天然具备的,他们需要教育施加有意识的影响。但是也不是每一个教师都能给予学生这种影响的,只有一个具有现代和谐观念、生命意识的教师才能给予学生这种有意识的教育和影响。这不仅是一种使命,也是一个现代教师的情怀、视野和能力。

苏霍姆林斯基当校长期间的一天早晨,一个四岁的小朋友(就读于该校幼儿园)进入花房,摘下了一朵最大、最漂亮的玫瑰花。当她拿着花走出花房时,迎面走来了该校的校长。校长十分想知道小女孩为什么要摘花,便弯下腰亲切地问:

"孩子,你可以告诉我你摘下的花是送给谁的吗?"

"送给奶奶的。奶奶生了重病,我告诉她学校里有一朵很大的玫瑰,奶奶不信,我这就摘下来送给她看,希望她早点好起来,等奶奶看完了之后我会把花送回来。"

听完孩子的回答,校长的心颤动了。他牵着小女孩的手,从花房里又摘下了两朵大玫瑰花,说道:"这一朵是奖给你的,你是一个懂事的孩子;这一朵是送给你奶奶的,感谢她养育了你这样的好孩子。"①

这是一个看似违背了教育常态的行为——孩子摘花没有遭到老师的批评教育,反而是赞赏鼓励。但它的背后是苏霍姆林斯基对孩子心灵世界细致入微的体察呵护,是对孩子关爱意识和品质的培养。也许牺牲的是幼儿园的常规制度,是孩子一时的纪律教育,但它是以赢得一种更高的美德为代价的,这种美德就是从小关爱他人。

这种品德是孩子终身受用的,关系到孩子一生待人接物的方式,关系到他的一生是否能与外部世界保持一种最高的和谐与平衡。一个现代魅力教师对此有着敏锐的意识和充分的把握,这也是很多教师应该具有的意识和品质。

---

① 选自《班主任之友》2003 年 4 期。

随着我国对外开放程度加深和文化价值多元化趋势增强,今天的中国学生就是未来的世界公民,教育者已不能把眼光局限在当下的一时一地,教育的现代精神要求我们把视野投向更广阔的国际空间,未来的和谐不仅仅是指与周围人的和谐,还包括与世界范围内的不同民族、种族及不同文化价值观念的和谐共处。而一种不具有现代意识的教育是无法实现这种教育需要的。

下面是摘录的美国一堂小学阅读课《灰姑娘》的课堂实录。

上课铃响了,孩子们跑进教室,这节课老师要讲的是《灰姑娘》的故事。老师先请一个孩子上台给同学讲一讲这个故事。孩子很快讲完了,老师对他表示感谢,然后开始向全班提问。

老师:你们喜欢故事里面的哪一个? 不喜欢哪一个? 为什么?

学生:喜欢辛黛瑞拉(灰姑娘),还有王子,不喜欢她的后妈和后妈带来的姐姐。辛黛瑞拉善良、可爱、漂亮,后妈和姐姐对辛黛瑞拉不好。

老师:如果在午夜12点的时候,辛黛瑞拉没有来得及跳上她的南瓜马车,你们想一想,可能会出现什么情况?

学生:辛黛瑞拉会变成原来脏脏的样子,穿着破旧的衣服。哎呀,那就惨啦。

老师:所以,你们一定要做一个守时的人,不然就可能给自己带来麻烦。另外,你们看,你们每个人平时都打扮得漂漂亮亮的,千万不要突然邋里邋遢地出现在别人面前,不然你们的朋友要吓着了。女孩子们,你们更要注意,将来你们长大和男孩子约会,要是你不注意,被你的男朋友看到你很难看的样子,他们可能就吓昏了。好,下一个问题:如果你是辛黛瑞拉的后妈,你会不会阻止辛黛瑞拉去参加王子的舞会? 你们一定要诚实哟!

学生:(过了一会儿,有孩子举手回答)是的,如果我是辛黛瑞拉的后妈,我也会阻止她去参加王子的舞会。

老师:为什么?

学生:因为,因为我爱自己的女儿,我希望自己的女儿当上王后。

老师:是的,所以,并不是看到的后妈好像都是不好的人,她们只是对别人不够好,可是她们对自己的孩子却很好,你们明白了吗? 她们不是坏人,只是她们还不能够像爱自己的孩子一样去爱其他的孩子。孩子们,下一个问题:辛黛瑞拉的后妈不让她去参加王子的舞会,甚至把门锁起来,她为什么能够去,而且成为舞会上最美丽的姑娘呢?

　　学生:因为有仙女帮助她,给她漂亮的衣服,还把南瓜变成马车,把狗和老鼠变成仆人。

　　老师:对,你们说得很好! 想一想,如果辛黛瑞拉没有得到仙女的帮助,她是不可能去参加舞会的,是不是?

　　学生:是的!

　　老师:如果辛黛瑞拉不想参加舞会,就是她的后妈没有阻止,甚至支持她去,也是没有用的,是谁决定她要去参加王子的舞会?

　　学生:她自己。

　　老师:所以,孩子们,就是辛黛瑞拉没有妈妈爱她,她的后妈不爱她,这也不能够让她不爱自己。就是因为她爱自己,她才可能去寻找自己希望得到的东西。如果你们当中有人觉得没有人爱,或者像辛黛瑞拉一样有一个不爱她的后妈,你们要怎么样?

　　学生:要爱自己!

　　老师:最后一个问题,这个故事有什么不合理的地方?

　　学生:(过了好一会)午夜12点以后所有的东西都要变回原样,可是,辛黛瑞拉的水晶鞋没有变回去。

　　老师:天哪,你们太棒了! 你们看,就是伟大的作家也有出错的时候,所以,出错不是什么可怕的事情。我担保,如果你们当中谁将来要当作家,一定比这个作家更棒! 你们相信吗?

　　孩子们欢呼雀跃。这堂课在愉快的气氛中结束。

　　从这堂课我们明显地看到了中西教育乃至文化价值观念的差异。那么在不同的教育和文化中成长起来的一代人,他们如何在一个全球化的世界中实现"兼容",这对今天的教育是一个挑战。

　　一位中国老师在看完这个教学实录后这样写道:

　　前两天,学校组织教师学习了美国教师所讲的《灰姑娘》一课的教学案例,学后感触很深。首先我认为这位老师是一位很民主的老师。他能允许学生们对一个问题有不同的看法，并鼓励格外强调个人本位。而这在我们的社会中是不可认可的。对辛黛瑞拉的后妈，我们一直是持否定的态度的，因为她设置重重障碍，使得灰姑娘无法去参加舞会，但在美国的课堂上只说她自私罢了，因为她的行为动机是为了她自己的女儿，而不应遭到痛恨。

这样各抒己见的课在我国只能是大学才能上，在大学，教师会允许学生对名著发表自己的看法，但在小学阶段，如果学生同情了灰姑娘的后妈，还谈到了恋爱的问题，老师是不会允许的。如果是，考试就一定不及格。

新一轮课程改革要求我们在教学中注重"过程与方法"及"情感态度与价值观"目标的实现，我觉得在这两个方面，这位美国教师是做得比较好的，我们确实应该借鉴他的做法，培养孩子独立思考的能力及多元价值观。

这位老师的感受虽缺乏深度和系统性，见地也不是很全面、客观，但却是真切的，他的话代表着许多老师的心声，也反映着当下的教育现实。中美的孩子在不同的文化中接受教育，他们的成长被烙上深深的民族印记，这是无可避免的，但在走向世界大同的道路上，让彼此能够理解、包容和接纳，则是现代教师必须要认真考虑和付诸行动的事情。

一个富有魅力的、深具现代情怀和世界视野的教师，他们的教育具备带领学生走向世界的愿望和能力。从他这里走出的孩子，能更顺利、快乐地走向世界。

教育是不着痕迹的雕塑，最终的指向是引导学生走向生命的圆满与和谐。一个现代教师不是以考一个好大学、找一份好工作来作为学生生命和谐的标准的，若这样，则器识太狭小了，完全不符合一个现代教师的人格境界。

现代教师对学生生命的和谐有着本质意义上的思考，那他的教育就有魅力，让学生学会做人、做事、求知，使其身心和谐，与外部世界和谐。而这种教育本身又是和谐的典范，春风化雨，润泽无声的。其功能价值最终是以提升社会的整体的和谐境界为目标追求的。

一个时代的教育所以成为一个时代的教育，由影响"这一时代"教育的诸多要素构成。其中，教师的教育魅力推动着"这一时代"教育的进步——激励、培育学生的求索精神，创造"这一时代"的教育高度，形成"这一时代"的教育传统，导引未来教育的教育方向。同样,现代教师的教育魅力,从理论、行为和精神等诸多方面激励、培育现代学生的求索精神,引领现代教育前进,创造现代教育高度,形成现代教育传统,指引着未来教育方向。

当人类进入 21 世纪后,全球化已成为必然。中国现代教育积极参与全球化进程,从课程建设到课堂教学,都已经或正在融入全球视野下的人类现代教育之中。中国现代教育正以其独具时代特色的教育魅力,创造着现代教育的高度,引领着中国教育走向未来。

第七章　现代教师教育魅力的彰显方式

《民国教授往事》记载了学者、教授种种轶事,这些博学之士,狷介之人,扬清激浊,名重一时。书中之事,虽时隔甚远,教授们的教育魅力却依然如故。

辜鸿铭曾用一句"我头上的辫子是有形的,你们心中的辫子却是无形的。"点醒傲气的北大学子,活着就要做有尊严的中国人,掷地有声。

要把文章做好,刘文典教给学生五个字——观世音菩萨。"观"是要多多观察生活;"世"是要明白社会上的人情世故;"音"是文章要讲音韵;"菩萨"是要有救苦救难、为广大人民服务的菩萨心肠。这位教授话语里传达给学生的心意,耐人咀嚼,渗入肺腑。即便手中持有圣贤书,心中还须看得见世间疾苦。

一纸一墨,寥寥数笔,就勾勒出他们的身影,展现出他们的心向。摒弃些许瑕疵,这些民国教授们的确于教师的掠影中投入了耐人寻味的魅力内涵。他们的故事揭示着这样一个道理:在时代与教育的"对话"中,教师的教育魅力反映对社会的意识形态保持清醒深刻的认识,能够正确解读时代对教育的基本诉求,能有意识地融合宏观视角与微观体验,并使这种系统的思考在亲历教育发展和教育改革推进的过程中不断演进。

每个时代都存在着拥有教育魅力的教师,他们聆听时代步伐,纵观社会百态,用心思考教育发展的方向,他们在各自的岗位上从教情、学情出发,创建了许多教育魅力的彰显方式,形成了不少耀眼的特征。这里仅举其要而言。

一、放飞理想,崇尚基础,勇于开拓新境界

魅力来源于自我意象,即对自己的感觉与认知。[①] 如果说,一个人的魅力体现在

---

① 引自吴晓冬《教师,实力源自魅力》《教育教学论坛》2012(33).

人格、观念、素养、形象、行为、才情、技巧等诸多方面，当一位教师将教育事业视为天职，教师和名字一样成为个人最自豪的一部分，并把这份事业和人生的理想高度融合，并流淌在生命的长河中，那这个教师是拥有教育魅力的。理想不是可有可无的点缀品，而是一个人生命的动力。有了理想就等于有了灵魂。因而，"志当存高远"成为千古以来做人立身颠覆不破的真理。人要仰望天空，有远大的理想，宽广的胸怀，又要脚踏实地，直面现实，从一点一滴做起，以坚韧与执著不断开拓新境界。

中国科学院院士、北大教授姜伯驹就是这样彰显教育魅力的教授。他始终活跃在北京大学的讲台上，严谨治学、甘为人梯。他怀着让数学服务于民族振兴与国计民生的理想，站立讲台 50 余载，直到 70 岁还坚持查阅学生作业。他是众人眼中的数学家、拓扑学家，曾在不动点理论中 Nielsen 数的计算方面取得突破性进展，所创的方法在国外称为"姜子群"、"姜空间"。但姜伯驹说："我首先是一名教师，其次才搞一些研究。"几十年的教学生涯，他一直关注着数学教育的发展和改革，试图引导学生综合全面地认识数学。W·A·怀特曾说，教育不是为了教会青年人谋生，而是教会他们创造生活。在姜伯驹的课堂里，学生感受到数学并非孤立而超拔的，而是一种理性的精神，是闪烁着自由的光芒的，充满迷人的魅力。

克莱因在《西方文化中的数学》中提到"数学是一种精神，一种理性的精神。正是这种精神，激发、促进、鼓舞并驱使人类的思维得以运用到最完善的程度，亦正是这种精神，试图决定性地影响人类的物质、道德和社会生活。"除此之外，许多著名的政治人物、哲学家、社会学家、数学家也都肯定了数学在人类社会进步中的贡献。姜伯驹在理想指引下对数学教育做了透彻思考，他认为最简单的东西，往往也是最本质、最基本的东西，通过对简单的把握，建立思维体系，通过推理，得出的结果往往是惊人的。这就是数学思维，是科学精神。做学问容不得急功近利，在他的课堂上，洋溢着学术的魅力，学生都自觉地摒弃了浮躁的心理，沉下心来思考，日积月累，惊喜地发现自己看到了数学真实的样貌。

姜伯驹对数学教育以及人才培养有许多真知灼见，勇于开拓新境界。他说："我们不能拿老眼光看待，要从学生将来的去向、个人的成长考虑。数学系要培养一大批懂数学的人，懂数学就是要有数学修养，然后到各行各业中去发挥作用。"他早早地意识到社会经济的迅猛发展对数学人才提出的需求，逐步探索使数学教育更好地满足国家经济建设的途径和方式。1995 年至 2000 年间，姜伯驹担任教育部数学专业教学指导委员会主任,在他的带领下,在全国范围内,对数学专业的课程设置和教学规范进行了调整,增加弹性,使我国数学课程设置也能适应如金融、统计、软件等社会各新兴行业对数学人才的全方位要求。1995 年,姜伯驹曾牵头 14 个院校参加原国家教委"面向21 世纪数学类专业教学内容与课程体系改革"项目,他亲自主持了北大数学科学学院的教改工作,把数学系和概率统计系整合起来,组建了科学与工程计算系和信息科学系,成立数学科学学院。这些探索和行动推动了高校数学专业的转型和改革。他关心中小学数学教育,重视数学的推广与普及,亲自动手写科普著作,时常出现在科普讲台上。呈现数学之美,把数学从书斋推向社会与大众。远大理想和基础实践完美结合,闪现出师者的魅力。

二、生命与使命同行,一步一陟一回顾

现代教师教育魅力的彰显是诸因素综合呈现的过程,以学术造诣为影响力,以人格特征为感召力,以时代精神为向心力,以专业意识为作用力,而这些要素的凝聚须以生命相许,让生命与使命结伴同行。

育人的使命大如天。要担当起如此神圣的使命,教师内心须深度觉醒,把日常平凡的、琐细教育教学工作与伟大的国家建设事业、人民的幸福紧密相连,就会产生巨大的内驱动力,生命融入使命,既奋然前行,又回顾反思,不断自我更新,自我发展。

六十年的教育生涯,生命与肩负的历史使命结伴同行,这是于漪作为一名党员教师的终生追求和崇高的人生境界。

"我们尤其喜欢听于老师的语文课。每每上语文课,我们常常是怀着兴奋的、渴望的心情期待着上课的铃声,目光专注地等待着于老师走进我们的教室。这种心情,犹如我们小时候在幼儿园里希望上劳作课一样,是那样的高兴,那样的趣味盎然。她那清晰而有条理的思路,妙趣横生,活泼生动的谈吐,好像是信手拈来而实在是深思熟虑的语言,似山涧清泉,淙淙铮铮,潺潺流过,一下子抓住了我们的心。"座谈会上学生如是说。

"于老师,您是那样了解学生。记得刚进中学,有一次我送客人从火车站赶回学校上课,没吃饭,没有逃过您的眼睛,你从食堂买来馒头,非要我吃了不可。这事,虽过去五六年了,但我总觉得还一直品味着热气腾腾,别有香味的馒头,总觉得您就在我的身边,一直在关心着一个普通的学生,注视着我们的一言一语,一举一动。"这是一封封感

情真挚的来信中的一页。

这些话语是对教师的最高奖赏，也是教师教育魅力的具体阐述。

于漪是一位时代感强、有着先进的教育思想、前瞻性的教育理念的教师。"一辈子做教师，一辈子学做教师，"既是她数十载的身体力行，也是她不断更新自我，超越自我悟出的"为师之道"。她认为，"时代在前进，教育必须与时俱进，教师身上必须有时代的年轮。"教师要克服浮躁，不为功利所裹挟；应坚守育人使命，登高望远，用明天建设者的要求，指导今天的教育教学工作。勤于学习，开拓进取，努力奋进，把生命融入使命之中，是她毕生追求的目标。为此，她对教育教学工作确立三个"制高点"，做到三个"瞄准"。三个"制高点"就是要站在时代的制高点上，把培养现代的合格公民放在首位，把学生培养成为有中国心的思想道德素质、科学文化素质良好的现代文明人；站在战略的制高点上，提高学生的素质关系到国家的未来、关系到全民族的素质；要站在与基础教育先进国家竞争的制高点上，显示民族的志气和自尊，显示社会主义精神文明的威力。做到三个"瞄准"，就是瞄准 21 世纪基础教育质量的提升，努力把学生培养成为 21 世纪的有用之才；瞄准国外基础教育先进国家的教育，从严治学，发奋图强，教出水平；瞄准国内、市内兄弟学校的教育经验，博采众长，力求少走弯路，教出特色。

于漪老师在师德、学识、教理、教法、教研的长期实践中，逐渐形成完善、独特的教育体系，为现代教育理论的构建提供了新的思路，使更多的教师在教育事业的道路上走得更勤奋、视野更加宽广。对当代语文教育，于漪曾两次提出重要的语文教育改革思想。1978 年提出"教文育人"，语文教师一定要"目中有人"，要培育"全面发展的人"。随后又提出"语文教育中发挥育人的作用，不但要掌握学生的共性，更要注重学生个性的发展"，进入新世纪。她的"目中"之"人"的"个性发展"更增添了"情感力"、"思想力"、"创造力"、"文化理解力"、"自我反省力"、"社会批判力"、"学习力"、"发展力"等的发展。具备了这样的力量发展，才能成为现代文明人。语文教育就是通过"教文"，使学生朝着生命得到不断发展的"现代文明人"方向前进。1995 年她提倡语文教育中"弘扬人文"的主张，针砭肢解语文、机械训练的弊端，引发了全国范围的语文性质的讨论。她的这些主张与实践在语文教育思想发展史上产生重要影响。她构建了立体化多功能的课堂教学模式，融知识传授、能力培养、智力发展、情操陶冶于一体，并进行大量教学实践，仅公开课就近 2000 节，在全国语文教师中产生广泛的影响。

反思是教师应有的专业品质。于漪之所以有教育魅力与她一步一陟一回顾紧密相关。教学也好，当班主任也好，她不断地审视自己，叩问自己的灵魂。她常说："我上了一辈子课，教了一辈子语文，但还是上了一辈子遗憾的课。"

"我反躬自省，课堂教学中学生完全有发挥自己聪明才智的机遇与空间，遗憾的是往往自己'麻木不仁'，无意中掐掉了机遇，剥夺了空间，让创造意识的萌芽轻易流失。教训要记取，牢记：保护，悉心保护。"①这一类的反思记录汇聚成一本书，一件件、一桩桩的引咎自责，构成了对自己的清醒认识，涌动着自我教育的持久动力。希腊神庙镌刻着五个字"认识你自己！"人正是在这种对自我的叩问中成熟起来的。因而，她总是对学生心怀愧疚地自我解剖，总是用两把尺子来找差距，一把尺子专门量别人的长处，一把尺子专门量自己的不足。

在全球经济一体化和文化多元化的时代，我们的语文教学处在非常困难的境地。教师更要有自我坚守的意志，自我解剖，自我提升的勇气。须知，母语是民族文化的根，民族文化的生命线，愈是困难，愈是要千方百计引导学生学好母语，自觉地将生命融入历史使命之中，创造教书育人的精彩。

在学生的心中，于漪老师是一个谦和、善解人意的师长；在同事的眼中，于漪老师是一位一身正气、为人师表的好校长、好老师。理想规定了人的内在本质，决定着人的心理、意志和精神状态。我们能从于漪老师的身上感受到使命意识和理想色彩的高度统一，因而她不断地超越自身，是无私而充满教育魅力的。

在《一问一世界》这本书中，有这样的一句话"历史选择的人，人创造的时代，让我着迷"，在时代对教育的诉求中苏醒，前行，生生不息，投下一路风景，是巧合或许也是一种必然。

现代教师教育魅力的彰显是诸要素综合呈现的过程，以学术造诣为影响力，以人格特征为感召力，以时代精神为向心力，以专业意识为作用力。教师视教育发展为己任，对教育事业时刻保持着精神自觉，在实践与思考中将教育事业转化为精神自觉。

三、用生命诠释师爱，以赤心传递关怀

如同阳光源源不断地传递着光和热一般，教师的教育魅力随时随地演绎着生命之间的亲密对话。当突如其来的灾祸降临在学生身上，教师义无反顾地冷静应对，以自

---

① 引自《于漪新世纪教育论丛·反思》(广西教育出版社，2008.)

己的身躯捍卫着弱小的生命,这是师爱最无私忘我的表现,瞬间爆发的生命能量感天动地。更令人震撼地是这位教师舍身救下了学生的生命,受着多次手术的煎熬,在生死线上挣扎之时,一苏醒后就不忘宽慰学生。作为教师,每分每秒都从学生的角度出发,因为忘我,所以无畏,因为怀揣着对学生无尽的爱,所以情深似海。教师的人格闪现出无比圣洁的光辉。

2012年5月8日,一场飞来的横祸降临在佳木斯市第十九中学的青年教师张丽莉身上。为了推开即将被失控的汽车撞上的学生,张老师自己遭到车轮无情的碾轧,因此永远失去了双腿。为了保证张老师的生命得以继续,医院决定进行双腿高位截肢手术。手术后,这位"最美女教师"逐渐康复,又一次向世人展示了她蓬勃的生命力。

马丁·路德·金博士说过一句话,"智慧加上人格,才是教育的真谛"。张丽莉的"义举"引发了社会的高度关注,人们把崇敬的目光投向了这位年纪轻轻的女老师。她看上去是那么普通,和普通的中学教师没有什么区别,一样早出晚归,备课至夜深时分;她是如此平凡,和大多数的年轻女教师一样,刚建立自己的小家庭,却把所有心思扑到学生身上。

张老师所带的班级是初三毕业班,这些面临中考的孩子牵动着她的心。在病床上的张丽莉老师十分挂念即将考试的学生,在接受第三次手术前,她给班上的学生写了一封信。为了让学生保持稳定的心态完成学业,不让被救的孩子烙下自责愧疚的心理印记,她尝试在信里用亲切的口吻引导学生正视灾祸的后果,积极地面对人生。(附:张丽莉老师写给同学们的信)

我最亲爱的宝贝儿们:

今天是我醒来的第10天,距离你们中考仅有一个月的时间了!醒来的每一天第一时间想到的都是你们!你们丽莉姐的大脑里,无一刻不浮现出所有人每分每秒积极学习、努力付出的画面。相信我善良、可爱、幸运的宝贝儿们必定会在中考之时获取辉煌战果!因为手还比较肿,所以只好打字给你们。但是不要担心我,我的身体恢复得很快,可以说一天一个样,连医生都诧异我强大的生命力!而且,对于当时那一瞬间的选择我从未后悔过,对于今后的生活也早已欣然接受。实际上,我真心地感谢上苍,让我在迎接每一天的曙光时,真切地感慨——活着真好!今后,我会更加精彩地活,为了这个世上所有爱我的人!所以,孩子们你们要记得,你们每个人都是这个世界上最幸福的人,因为你们能够健康、快乐、平安地生活!

"展雄风,恣奔腾,三班才子胜卧龙;夺金魁,勇无畏,三班佳人最珍贵;拼百天,赢明天,才子佳人创佳绩!"——还记得我们的百天誓言吗?很抱歉我食言了,原本说好无论怎样我都会陪伴你们走到最后的,可如今我却只能遥相祝福了,原谅我的未信守承诺吧!但就像我经常说的一样,老天是不会辜负真心付出的人儿的!愿你们时时谨记"长风破浪会有时,直挂云帆济沧海",早日拥有"会当凌绝顶,一览众山小"的感受!

另外,平日里上下学一定要注意安全,要懂得保护自己。最后送一首蔡琴的《我心是海洋》给你们,我们彼此共勉!加油,孩子们!

永远爱你们的丽莉老师
2012 年 5 月 25 日

二十几天前,张丽莉挽救了学生的生命。二十几天后,张老师借信件宽慰学生的心灵,用顽强的意志挺立精神抚慰的高峰。人生如"戏",这场 80 后教师、90 后学生之间的"对手戏",张丽莉用师爱谱写了崇高的生命赞歌。

在 2012 年的教师节晚会上,张丽莉的父亲、学生、在场的观众、摄影师都哭了,泪水诉说着不忍、思念、敬意、感动。面对百感交集的人们,张老师微笑着说:"是学生让我的生命更有价值,我不后悔我的选择。"简简单单的一句话,表达了一名教师对社会主义核心价值体系的深刻理解和深入践行,她忠诚于教育事业、舍己为人、甘于奉献、勇于担当,代表着当代社会的道德高度,也是对现代教师教育魅力的真实写照。

师爱如红烛一般,燃尽自己,把生的希望留给学生。师爱如阳光,以充盈的生命慷慨地给予,帮助学生成长为健康有活力的生命独立体。想必最能感受到这些教师教育魅力的还是他们的学生,因为他们既在观察、又在体会,既沐浴在阳光下、又一同将光和热传递下去。

四、袒露赤子情怀,引领美好人生

安徒生说:游历即生活。的确,人生何尝不是一种行走呢?教师的人生,应是饱满而丰盈的。如果把每个人行走过的大路、小径、坎坷写成一本书,会发现拥有教育魅力的教师往往会令这本书最厚重、最充实，它们是用心血与智慧浇灌而成。其中的内容既能满足学生源源不断的好奇，又耐人深思寻味，读来兴味盎然。

声乐教育家周小燕的"书"中，时刻袒露着赤子情怀。读万卷书，行万里路，她的学生高曼华、顾欣、李秀英、廖昌永、张建一、魏松把中国声音带到世界的各个角落。周老师鼓励学生用心体验生活，开阔视野，学生也从她的阅历中继承了为祖国而歌唱的精神。

20 世纪 30 年代，在法国留学的周小燕凭借其出色的花腔女高音而备受欧洲音乐界的关注，都说夜莺歌喉美妙动人，当时，西方人将周小燕誉为"中国之莺"。蒸蒸日上的事业和地位并没有留住周小燕的脚步，1947 年，"中国之莺"踏上故土，"用美妙的歌声唱破了黎明前最黑暗的夜"。

抗战胜利 50 周年之际，79 岁高龄的周小燕身穿旗袍，端庄典雅，在长城上动情演唱《长城谣》。

> 万里长城万里长，长城外面是故乡。
> 高粱肥大豆香，遍地黄金少灾殃。
> 自从大难平地起，奸淫掳掠苦难当。
> 苦难当奔他方，骨肉离散父母丧。
> 没齿难忘仇和恨，日夜只想回故乡。
> 大家拼命打回去，哪怕敌人逞豪强。
> 万里长城万里长，长城外面是故乡。
> 四万万同胞心一条，新的长城万里长。
> 万里长城万里长，长城外面是故乡。
> 四万万同胞心一条，新的长城万里长。

1937 年，19 岁的周小燕在武汉街头的简易舞台上演唱着《长城谣》，如泣如诉，国破家何在？心急如焚的周小燕用歌声唱出了她对祖国深深的关切。五十年后，"中国夜莺"放眼山河，举目之间尽是蓬勃新生的发展景象，好不自豪！昔日，这首《长城谣》被选为电影《热血忠魂》的插曲，她的歌声传遍大江南北，忧国的情愫如此绵长。而今，她的学生们用歌声报答着她的培养之恩，师生一同高歌《长城谣》，往事历历在目，沧海桑田,不禁使人感慨万千。周小燕的爱国情怀令学生们永志不忘民族魂,中国的土地里深深地埋着根,这里才是故乡。一批又一批的学生不自觉地走近她,聆听那只属于"中国之莺"的艺术思想,久而久之,便浸润在她高尚的艺德,纯净的艺术气息之中。

周小燕的得意门生廖昌永每每唱起《老师,我总是想起你》就会分外动情。廖昌永说他在唱这首歌的时候,总会想到很多事,"有很多就是这么多年一步步走下来,中间遇到的挫折,跟老师之间的这种情感,老师对我的帮助,包括她有很多对你讲的话语,都在那一幕一幕,都在你面前像过电影一样这样过来。"

艺术家的生活并不是孤傲而超凡的,丰富的生活会使艺术更加绚烂多姿。周小燕本身就是一个饱尝了生活五味的人,逆境、顺境都经历了,心中才能有担当。她经常鼓励学生走向更为广阔的空间,为学生搭建舞台并将他们推向未来。

当年,周小燕的歌声属于每一个抗战中的同胞。而今,桃李不言,下自成蹊,弟子们不仅接受到她的声乐教育,还不知不觉地传承了她对艺术的理解、对人生价值的考量、对生活达观的态度。周小燕曾这样理解学生对她的情:"大概从他们的角度讲,也许他们觉得我给了他们东西,他们在我身上学到了东西,对他们一生都有用的东西,所以他们有这种感情,我觉得他们可爱、朴实,对事业执著,你越是坎坷,越是吃过苦头,以后就可以成大器、成才,确实是这样。生活里头坎坷的,比方说廖昌永,他从前放过牛,还会捉螃蟹,我说你吹牛的吧,有一次他真是,一个 VCD 里头,进去到一个小沟里,钓一个螃蟹出来,所以他什么都会做,他会烧饭、烧菜、洗衣服,他都能够干,他觉得习惯了,假如都不会做,成不了大器的。"

周小燕对祖国的拳拳之心、殷殷之情鼓舞着学生,她厚重、丰富的人生阅历也为学生树立了良好的榜样,指引着前进的方向。

"有你在,灯就亮着"。教师的教育魅力的彰显往往无处不在,无时不有,它总是渗透于教师教育生活中的时时处处,呈现为许许多多具有教育功能和价值的细节,正是这些看似不起眼,但却启迪智慧、润泽心灵的教育细节,让一位现代教师富有教育的魅力。

五、尊重个体特征,开发生命内在价值

十年树木,百年树人。教育的美是一种舒缓的美,不见立竿见影之效,却在静守花落花开之时享有淡淡的幸福。然而,教育的过程并不会一帆风顺,遭遇"卡壳"的时候,

也就是考验教师耐心和意志力的时候。精诚所至,金石为开,教师应不断锤炼自己的勇气和耐心,让学生得以扬帆远航。

在一次演讲比赛上,一位从事特殊教育的年轻教师曾这样描述自己的工作:"在普通的学校里,师生关系常游移在'师'、'友'之间。在特殊学校里,老师的角色是哥哥姐姐、保姆医生;是一条拐棍、一双眼睛;是世间的声音、陌生的外界。"

这是一群特殊的孩子,他们之中有的看不到自己老师的模样,有的听不见老师的声音,有的理解不了老师的话语。在普通学校,教师总为学生的进步而欣喜;在特殊学校里,教师必须接受"教不会"的残酷现实,还得有教 N + 1 遍的勇气和耐心。以满腔热情投入工作,结果却是学生的停滞不前,这位年轻教师面对这样的困境,却以这样的话作了整场演讲的结尾:"说了许多困惑,讲了很多烦恼。明天我还会去上班,如果连老师都离开了,学生和他们的家庭就再也看不到希望了!"

教育必须关注生命,开发生命的内在价值,寻求生命的意义。"融合教育"或"全纳教育"是世界范围内教育发展的潮流之一,"海不辞水,故能成其大。山不辞土石,故能成其高",对于特殊学校的学生来说,是否也能在敞开式的社会环境中实现融合和互纳? 宁波市海曙区的达敏学校结合多年的实践经验,为我们提供了一个具有中国特色的、保护受教者权益的特殊教育的"中国样本",对丰富世界特殊教育理论与实践有非常大的贡献。能做出这样的成绩,校长刘佳芬功不可没。

达敏学校创办于 1987 年 9 月的全日制智障儿童学校,是宁波市内最早开办的全日制智障儿童学校。校长刘佳芬觉得"特殊教育的目标不能只停留在让学生平平安安毕业的层面上,还应该关注学生的一生,提高学生的生活质量。"如今,在她的引领下,学校敞开大门,主动向社会寻求资源,通过以社区、社会为课堂的融合式教学,让特殊学校的学生在毕业后具备基本的生存能力,能有一席立足之地。

谁会想到,刘佳芬老师当年竟是被"外力"推向特殊教育事业的。1991 年 8 月,刘佳芬从象山城郊中心小学调入县城重点实验小学。不料却是空欢喜一场,一封突如其来的通知让她停下报到的脚步,转而到省里参加特殊教育培训。培训结束后,她来到象山聋哑学校,担任副校长。或许是机缘巧合,刘佳芬走上了特殊教育之路。背负着学生家长的重托,看着眼前那些生活在无声、无光世界里的学生,她果断地伸出了温暖的双手。

渐渐地,刘佳芬爱上了特殊教育。六年之后,她被海曙区教育局聘为达敏学校校长,开始从事智障孩子的教育。为了更好地帮助特殊学校的孩子,她积极投身于教学改革之中。先后提出"以生活为中心","一切为了学生的生存和发展","一切为了弱智学生的生存和发展,提高他们的生活质量","特殊教育的目标不能只停留在让学生平平安安毕业的层面上,还应该关注学生的一生,提高学生的生活质量"等办学理念。达敏学校在她的引领下经历了"生存教育"、"生命教育"、"生涯教育"的实践。针对重度、中度、轻度三个层次的学生,学校分别提出了生活自理、适应社会、自食其力的培养目标。

有句老话说得好,"干一行爱一行,干一行专一行",随着时间的推移,刘佳芬与特殊教育之间的羁绊越发深刻。在她的引领下,达敏学校重视内涵建设,将特殊教育社区化的经验推广到世界范围。

社会对教育的诉求会随着时代的前进发生偏转,教师应该对这种偏转具备特有的敏感,在实践中衍生出不与历史发展规律"脱臼"的新思路,搭建起新平台,诞生出新框架。

千锤万击出深山,教师锤炼勇气和耐心其实也是一种特殊的"自我实现"和"自我发现"。这种以育人为目标的修炼,是对教师这个行业非利己、不含功利色彩特征的最好解读。

六、无声的坚持,为时代注入催人奋进的"正能量"

现代教师教育魅力的彰显,是大爱无痕,大教无声。在很多情况下,它呈现为一种不言而言,不教之教,不为而为。拥有教育魅力的教师,会拥有一种特别的气场,吸引着学生循着自己指引的方向,向着教育的目标努力前行。

在中国的历史文化传统中,为学、为师、为人是统一的。在教书育人楷模中,徐英杰老师以自身的人格力量,学术魅力成为学生欣赏的教师;汪金权老师面对高薪的诱惑,毅然选择返乡,承担教育下一代的重任,决心实现贫困地区学生求学求知的梦想,为更多学生提供平等就学的机会,学生愿意跟随他的脚步前行,因为他是如此坚定,他的步伐又是如此有力。

《第56号教室的奇迹》中雷夫的教学故事鼓舞了许多教师,也让人们对教师这个职业有了更深刻的认识。书中的雷夫曾在2012年的年初来到中国,带着他和56号教室的故事。雷夫说了这样一件事:起初,在他的班里总有一批顽劣的孩子,以破坏学校公物为豪。雷夫见到教室内的桌椅破烂不堪,就在放学后用心修理,不料第二天,修好的椅子又成了淘气孩子的"玩具",又被无情地损坏了。雷夫日复一日的修理,孩子们惯性式地进行破坏。终于有一天,修理过程中雷夫的手被钉子划伤了,泪水流了下来,他不明白学生为什么还不摒弃陋习,还学不会爱惜。这一幕恰好被班里的一个孩子王目睹,从那时起,桌椅就再也没有遭到孩子们的恶劣对待。

雷夫无声地坚持终于见效了,一遍又一遍重复告诉人们一个道理,教师不仅能通过话语引导学生取得更好的发展,有时候,教师无言的举动同样会拨动学生的心弦,产生心灵的共鸣。所谓春风化雨,是教育和感化,一个都不能少。

在中国,有846万乡村教师,他们扎根于贫瘠的山区和乡村,这份爱的坚守、情的执著背后,倾注了他们所有的青春岁月,全部的壮年时光,并且还将一直延续下去。他们像山上的树,很久之前就立在那里,现在依然如此。他们是孩子走出贫困的希望,是乡村家庭寄予重托的人群,是改变乡村面貌不可忽视的力量。

这些农村教师被最原始的风景环绕,在知识匮乏的大地上默默耕耘,他们是名副其实的园丁,向贫瘠的精神园地播撒智慧的良种。他们奋斗在最基层,那里有最美的风景、最难走的路、最艰苦的条件和最明亮的眼睛。

这群可敬可爱的农村教师,默默无闻,却日复一日坚守岗位,履行教师的职责。在他们的身上,教师无私忘我的精神品格是那样扣人心弦,勾起人们对教师这个职业的无限敬仰!

——贵州遵义的乡村教师徐德光因为山里下大雨,担心学生走山路太危险,所以总会牵着白马去村里接孩子们上学,这一坚持就是37年。一条路,一匹马,37年——严寒酷暑,风雨相伴,马蹄声让这段山路有寂寞的回响,更有温情的回味。

——新疆塔什库尔干地区的阿力甫夏老师所在的马尔洋小学,距县城130公里,学生回家要翻越海拔4700米的马尔洋大阪。每到寒暑假,阿力甫夏都会骑着骆驼送每一名孩子回家,一路上下冰河、走悬崖、滑索道,最远路程要半个月、最近也要四五天。有了阿力甫夏老师的陪伴,这条艰难的路不再漫长,充满乐趣。

——安徽省肥东县的陈万霞老师创办了全国首个留守儿童寄宿制学校。在相对偏僻贫瘠、教育相对落后的土地上,阳光小学使当地的孩子看到了光明。虽然陈万霞早早的添上了与年龄不符的白发,但在学生心中,这位光明磊落、虚怀若谷、执著温柔的"校长妈妈"是最坚强、最美的人。

……

"为什么,我的眼里常饱含泪水,因为我对这片土地爱得深沉"。农村教师用他们的坚守、他们的真诚、他们的平凡感动着整个社会,为人们注入了催人奋进的"正能量"。

最美农村教师的真实故事感动了社会,唤起了人们记忆中有关教师的美好回忆,掀起了尊师重道的讨论。

一位 72 岁的退休干部感慨:"条件那么差、环境那么苦,可那些乡村教师却依然默默地在奉献,他们燃烧自己来点亮山里孩子们的未来,他们牺牲自己来培养民族的希望,他们是最可亲可敬的人。"

年轻的网友也吐露了自己的心声:"站在这些老师面前,他就是一把尺子,能量出你心胸的宽窄;他就是一面镜子,能照出你心灵的美丑;他就是一杆秤,能称出你生命的轻重……时时对照这个参照系,一定能够提升人格,净化灵魂,超越自我!"

这些农村教师的事迹仿佛是敞开在田野中的课堂,让人们从他们的教育魅力中感受大爱无疆的高尚情怀。他们把青春,把汗水和心血都奉献给了农村的娃娃,奉献给了祖国更加美好的明天。他们的经历唤回了人们对教师的感恩之心:"老师,一个最神圣的职业,有了他们才会启发我们人生的道路,比起他们,我们的青春和作为是多么的卑微。感谢曾经教过我和没教过我的老师们,教师节快乐,你们才是最美的,你们的青春才是最伟大的。"

师爱、坚守,是这些美丽农村教师共同的特征,向这一群可敬可爱的教师致敬,向不朽的青春致敬!

七、自学,深造,源源不断给学生"输送"智慧能源

今日的杏坛仍置身参天大树的庇荫下,它们中的一些当真是"千岁老人",传说这满目苍翠竟是孔子亲手植栽,生长至今。从那时起,历史便传递着这样的讯息,教育伴随着师生双方的共同成长和自我完善,教师的教育魅力彰显于引导学生认知自我、获取思想、汲取智慧的过程中。

《国家中长期教育改革和发展规划纲要(2010—2020 年)》在"战略目标和战略主题"一章中提出:到 2020 年,基本实现教育现代化,基本形成学习型社会,进入人力资源强国行列。实现更高水平的普及教育。基本普及学前教育;巩固提高九年义务教育

水平;普及高中阶段教育,毛入学率达到 90%;高等教育大众化水平进一步提高,毛入学率达到 40%;扫除青壮年文盲。

原以为在当今的环境下,读书识字是再普通不过的人生体验,入学接受教育,不过是水到渠成罢了。倘若有一天,目不识丁的人突然出现,就活生生地站在面前,我们会如何接应这样的现实呢?

1973 年 7 月,14 岁的左相平刚从盘南中学毕业,就接到一个任务,为村里夜校的 100 多位农民学员扫盲。学员们都是三四十岁的成年人,左相平除了教他们识字外,还想了许多招,让这些从未读过书的农民了解学习的重要性,通过舞蹈、小品等多种形式提升教学的趣味性。两年后,鹅毛寨村有 103 名青壮年农民学员摘掉了文盲帽子,经知识"武装"后的大脑,远离愚昧,生活质量提升了。这就是教育的意义吧,左相平从此立志,在长大后,要成为一名教师。

1981 年师范毕业后,他被分配至地处云贵两省交界区域高山峡谷内的高山乡小学任教。初来乍到,看到学校从小学到初中八个班,区区 113 名学生,左相平决定挨家挨户家访,劝学!

劝学,是件善事,却也艰辛。

一个手电筒,两条腿,是左相平的全部装备。十多个村寨,来回的路得花几个小时。在家访的过程中,学龄儿童有许多,却都没能上学,看来对教育的轻视才是最棘手的问题。于是,他请村干部帮助自己一起动员村民,耐心地为教育正名,希望村民能够理解上学的重要性。他把自己的过去毫无保留地敞开,原来他自己在 8 岁时就因为家里没人放牛而不得不辍学,惜别课堂的场景想起来就感到辛酸。他不希望自己昔日的遗憾在下一代身上再现。"知识固然当不得饭吃",但教育将引导人向好的方向发展。"没有知识就是吃不上好饭,就一辈子受穷!"经过他苦口婆心的动员,有 56 个农忙季节流失的学生回到了学校,其中 13 名为长期辍学的学生。

当然,"瞎子牵瞎子"的情况是教师最不愿看到的,对教育的"一见钟情"需要通过不断提升智慧才情,人格修为才能走得稳、走得长远。教师对教育更加透彻的了解有助于师生之间情感的加深,而两者在思想、精神、意志逐渐融合,共同提升的过程也彰显着现代教师的教育魅力。

教师是行走的书本,是会说话的知识。1975 年,16 岁的左相平被聘为上寨小学的民办教师,实现了他儿时的夙愿。8 岁辍学后的他,边放牛边自学,11 岁半,他又重返课堂,直接上了五年级。虽说是初中毕业,但左相平明显感到学识的贫瘠,要给学生一碗水,自己就要有一桶水。后来,他狠下决心自学,不仅成为周边几十里村寨唯一被盘县特区师范录取的考生,几年后又在六盘水师拿到了大专毕业证书。1995年,左相平通过自学考试,获得了大学本科文凭。

如果说劝学是为了让学生接受教育,那自学、深造则是为了让学生接受更好的教育。从当年的"孩子王",到今天"大山的脊梁",左相平为大山印上教师的印迹,让学生跟随他的足迹,摆脱物质和精神的贫瘠。

教育当随时代,教师必须重视专业发展,好学深思,汲取新鲜的养料,才能源源不断地给学生"输送"智慧能量。对教师而言,不仅要将学生"领进门",更要和学生一同学习,让智慧的源头活水润泽每一片心田。

八、魅力校长组建魅力教师团队

教师的教育魅力不仅会感染学生,令课堂、班级充满活力,还会影响周围的教师,形成一支充满教育魅力的团队,为校园文化的积淀、办学特色的形成增添色彩。

一所成功的学校究竟应该具备怎样的特质?是不是傲视群雄的考试成绩,豪华精致的硬件措施,远近闻名的影响力?百年大计,教育为本,一所好学校,应是学生梦开始的地方,为人生指明前进方向的地方,是帮助学生成功跃入社会的地方,同时也是让学生编织着许多美好回忆的场所。学校最根本的职能是育人,因此只有那些从这学校走出去的青年人的想法才最有说服力。

在上海市七宝中学的网站上,有八个字分外醒目:全面发展,人文见长。简简单单的八个字,却是对七宝人最恰切的描述。在一场以"重返17岁,感恩母校情"为主题的校友夏令营活动中,250名校友集体"穿越",回到母校重温17岁花季。

一名刚从七宝中学毕业的学生这样回忆活动的情况:"整个校园沉浸在一种温馨、怀旧又活力十足的氛围当中,欢笑声、欢呼声此起彼伏,树人学堂、学子路、学生宿舍仿佛都成了游弋于时间之外的神奇土地,任由每个校友将时光拨回曾经在这儿度过的青春岁月。在这里,重返17岁的不只是看得见的课堂与校园,还有300名七中人看不见的心。"别出心裁的活动得益于学生在校时所接受的良好教育,这一切背后的"功臣"就是七宝中学的校长仇忠海。

说起仇校长,七宝人更愿意称他为"海哥",虽叫得亲切,却饱含敬重。他平易近人、专注教育、重视育人,成了七宝中学的一面旗帜。在这次夏令营活动中,仇校长以七宝中学 68 届老校友的身份,为"学弟学妹"上了一堂"人生幸福课"。课上海哥以幽默的口吻向大家讲述了自身的成长经历,平实的故事里充满了智慧。面对名利,海哥坚守着一个教育梦,一个校长梦,完全不为其他所动,这份至真至诚的性情打动了在座的人,有些竟边听边抹起了眼泪。"坚守"——是今天的社会多么缺少又何等需要的词汇啊!

别致新奇的人生幸福课即将结束之时,有位同学问道:"是什么样的力量使您能够始终爱着您的学校、学生和老师们?"仇校长回答说:"也许是因为我也曾经被爱过吧"。师恩难忘,作为一名出色的学生,仇校长实现了对母校最好的报答。在他的带领下,七宝师生齐心协力,开拓创新,佳绩频传。

教师的教育智慧和人格魅力引导学生人格的良好发展,就是教育的成功。海哥从事校长工作 28 年,是沪上的名师、名校长。在近 30 年的时光里,海哥始终用自身的教育魅力向学生、向同事传递着一种精神力量,当这样一种传承与坚守的力量被植入人心时,自然而然地形成了"全面发展,人文见长"的办学理念,独特的七宝校园文化也应运而生。

一所好学校始终以育人为本,一位有思想、有魅力的校长会为师资队伍的发展注入充足的"正能量",而一支有魅力的教师团队能将教育的精、气、神注入教学的每时每刻,在实践中前进。这种由教育者打造出的学校的独特品质将牢牢吸引着每一位学生,毕业后不忘母校的培育之情,永怀感恩之心。

现代教师教育魅力的事迹洋溢着生命情思,脉动着智慧心率,当然,教师教育魅力的彰显方式绝不仅限于以上几点,还包括了多才多艺、幽默诙谐、善解人意、要言不烦、一语中的等特征。现代教师教育魅力就"融化"在每一个细节中,比如说,得体大方的仪表。教师的仪表是教师内在素质和个人修养的外在体现,是教师审美情趣的直接反映。得体大方的仪表装扮是教师尊重自己、尊重学生、尊重他人、尊重这份职业的直接体现。比如说,善解人意的微笑。微笑是世界通用的"语言",对于教师来说,善解人意的微笑、安抚心灵的触碰、恰到好处的拥抱、发自内心的掌声,这些都展现教育魅力的瞬间,是绽放在教育过程中的美丽的花朵。比如说,高度的语言修养。苏霍姆林斯基曾说过,教师高度的语言修养是合理利用时间的重要条件。拥有教育魅力的教师,语言规范科学,通俗易懂,充满理趣;表情达意时亲切自然,声音语调抑扬顿挫,速度节奏张弛有度,充满张力,不仅合理利用了时间,而且带给学生美的感受。

此外,蔡元培在《就任北京大学校长演说》中提到"砥砺德行",他认为:"方今风俗日偷,道德沦丧,北京社会,尤为恶劣,败德毁行之事,触目皆是,非根基深固,鲜不为流俗所染。"蔡元培的一席话更是对现代教师的一番警示,充满教育魅力的教师的人品学识应开风气之先,起到垂范的作用,而对低俗的习气不得沾染丝毫。要做到这些不仅需要懂得拒绝,更重要的是持有一道不可撼动的道德准则底线,持有清晰的文化判断力,也就是说,拥有教育魅力的现代教师必须拥有明辨是非的慧眼。

有人说,现在的学生越来越难教,学生依傍网络资源,教师面对着海量信息动态化、读者"碎片式"阅读习惯的客观环境。然而,拥有教育魅力的教师是能够掌握教育话语权的,因为他们具备优良的情感和意志,健康的心理,精湛的业务,和以育人为己任的担当。

现代教师教育魅力的彰显是教师个人综合素质,包括学识、修养、性情、品性、特长、爱好等的专业化、生活化的呈现,绝非教师的"个人魅力秀",而是以育人为根本目的,让学生的知识结构、能力水平、意志品质、精神境界得到长久、持续的发展。

在教育教学的过程中,现代教师教育魅力的彰显往往呈现出一个"正→反→合"的黑格尔式辩证发展的过程,有"一见钟情式",有"日久生情式",但最常见的教师教育魅力在学生身上的反映,对学生所产生的作用是或隐或显地呈现出差异、对抗、交流、适应、吸引、融合,直至欲罢不能。

现代教师教育魅力的彰显往往呈现出很鲜明的情境化特点。教师魅力作用于学生,总是在一个个鲜活的教育教学情境中。这是由教育教学的实践性特点所决定的。同时,教育魅力的彰显与作用过程又具有持续性的特征,这是由教育过程的反复性和教育成效的渐进性所决定的。教育的过程往往呈现出曲折前进螺旋上升的特点,因此教师教育魅力伴随着这一过程,必然要发挥持久的作用,才能够真正奏效。在这一过程中,教师的教育魅力不断积淀,教育过程中每一种鲜活教育魅力所生发出来的力量并不会立刻消失,而是会积少成多,聚沙成塔,从而形成持久发挥作用的教育力量,直至影响、提升学生的知能水平、人生品质和生命图景。

第八章　现代教师教育魅力的修养锻炼

　　有的人认为,教师的教育魅力看不见,摸不着,它既不是可以宣讲的知识,只要学富五车、满腹经纶就可以达成;它更不是可以交换的实物,只要拥有足够的资本就可以炫示于人,因此,教育魅力是很难靠个人的主观努力就能够形成的。这种说法听上去似乎有一些道理,但却似是而非。其实,教育魅力并不是玄之又玄不可招致的神秘之物,它虽然是在教育过程中所彰显出来的一种富有教育价值和教化功能的气质和力量,但是,这种气质和力量是源自教师自身内在的精神高度、品格境界、学识水平、专业素养,以及根植于时代和社会的个性类型。所有这些,都是可以在教育教学的过程中通过教师的不懈努力和勤奋实践来实现的。所以说,教育魅力的形成和提升,不是"能不能"的问题,而是"愿不愿意"的问题。如果只是关注到教育魅力的综合性和外显性的特征,从而认为教育魅力的形成和提升无从着力,那无疑是一种将其神秘化的说法。这种观点最终的结果,就是将教育魅力虚无化,让教师在自己所担负的教书育人神圣职责面前无所适从,树立不起信心,从而弱化了教育的育人功能,教育效果自然也就大打折扣。

　　其实,教育魅力绝对不是神秘之物,它既不是模范教师的专利,也不是精英教师的特权。儒家说:人人皆可为圣贤;佛家说:明心见性,自性成佛。我们不妨也可以借用这种说法,那就是,每一位教师都可以成为魅力教师,都可以拥有一份独具鲜明个性的教育魅力。但是在树立起这样的自信心的同时,我们还必须认识到,教育魅力并不是与生俱来的,也不是一蹴而就、轻易达成的,它需要经久的修养和锻炼。从那些极具教育魅力的模范教师身上,我们可以在如何修养和锻炼教育魅力上得到一些启示,寻找到一些门径。

一、学习:站在文化的高度

　　严格来说,作为一名教师,不管是大学教师、中学教师、小学教师,还是幼儿园教师,他首先是一个知识分子。作为知识分子,教师的教育魅力并不是他作为一个自然人所能够独立形成的,而是要看在他身上到底继承了多少人类文化发展的丰富成果,看他对民族文化和人类文明的发展与进步有多大的贡献。1987 年诺贝尔文学奖获得者约瑟夫·布罗茨基的话很能说明这一问题。有一次,国际创造性与领导学基金会邀请约瑟夫·布罗茨基做演讲,演讲十分精彩,现场不时响起阵阵掌声。演讲结束后,主持人对约瑟夫·布罗茨基由衷地表示感谢,不想这位孤傲的诗人竟然毫不客气地当众宣称:"你们一点儿也不用感谢我。我坐在这里,并不完全是我自己,我是我所读过和所记得的东西的总和。一旦我不记得了那些东西,一旦我成了街上的普通人,任何人都可以捅死我,也不会造成很大损失。但是只要我记得,我就是件珍品。"布罗茨基虽然不是教师,但是他的这一番话却对教师很有启示意义。试想,如果一个教师不能广泛阅读、倾心学习,不能尽量多地汲取人类文明发展历程所积淀下来的丰富的精神成果,怎么会在学生心目中具有恒久不衰的教育魅力呢? 一个"一问三不知"、"一瓶子不满,半瓶子晃荡"的教师,甭说具有教育魅力了,恐怕就连赢得学生起码的尊重都会很困难呢! 在现代社会要做文明人,要做合格教师,不认真阅读,不大量吸取信息,怎能生存? 怎能发展? 正因如此,所以"教师首先应该是文化人"。[①]

　　北京大学教授孟二冬老师无疑是具有教育魅力的现代教师的典型代表之一。在一些人匆忙于名利场、焦虑于得失间的时候,孟二冬却沉浸在对传统学术的梳理和研究中,与"板凳要坐十年冷,文章不写一句空"的箴言相伴而行。孟二冬有很多藏书,许多书籍都包有磨得发白的封皮,翻检开来,里面夹着一张张用于索引的便条,一些没有封皮的书则已被翻检得发黑,他深厚的文学修养和扎实的学问功底就来自日复一日、年复一年的苦读。1980 年,孟二冬在宿州师专毕业后留校任教,后来三进北大学习深造,学术起点不算高,在做学问的路上心无旁骛地执著跋涉,其中的艰难曲折不在少数。住在北京大学 44 楼的许多年间,孟二冬成为学校图书馆古籍阅览室的"第一读者"。他每天抱着开水杯,早去晚归,风雨无阻,和图书馆管理员一起上下班,多年如一日。"虽不能偃仰啸歌,心亦陶然。"正是靠着这种日积月累、水滴石穿的扎实和勤奋,他的力作《〈登科记考〉补正》广集众长,推陈出新,一出版就广受好评。在书的后记中他慨叹道:"寒来暑往,青灯黄卷;日复一日,萧疏鬓斑,几不敢偷闲半日"。每当孟二冬

---

　　① 引自《于漪新世纪教育论丛·反思》(广西教育出版社,2008.)

上课时，教室里总是挤得满满的，走道上慕名前来的其他院系的学生还搬来了凳子，更有一些人站着听。而每次课，孟二冬都提前开讲，因为他不愿让学生等，更是为了能尽量多地传授知识。孟二冬的教育魅力，表现在课堂上，表现在学生对他授课的欢迎上。而他之所以能够拥有这种教育魅力，与他孜孜不倦、勤奋不怠地读书学习密不可分。

作为一名现代教师，孟二冬把教书育人和潜心治学作为一种职志，当作一种追求。进入这种状态后，他自得其乐，把自己和教书育人的事业融为一体，并上升为一种人生境界。北京大学中文系教授蒋绍愚拿到孟二冬花费七年时间写就的 100 多万字的《〈登科记考〉补正》时不由得感慨万千，在当今还有人踏踏实实地花时间去做这种扎实的学问！这样一种文学史料性质书籍的出版，根本不会在学术界引起轰动效应，如果发行也就只有几千本的销量。然而，孟二冬呕心沥血所做的这项填补文学史空白的研究，不仅内容翔实，而且大都是从第一手资料出发。孟二冬还把所得的三万元稿费，全部换成著作送给自己的老师和学生。

大学教师需要在学术上有精深的造诣，那么是不是中小学教师就不需要有什么学术追求了呢？答案当然是否定的，在这方面，许许多多富有教育魅力的杰出教师做出了榜样。

荣获首届"全国教书育人楷模"称号的于漪老师，其好学乐学是出了名的。她结合自己几十年教育教学的真切体会，给广大教师指出了三条路径：重要的理论反复学，紧扣一点深入学，拓开视野广泛学[1]。因为在她看来，学习不仅可以让教师站在讲台上传播文化知识、为学生授业解惑时做到得心应手，而且这种醉心学习、不断提升自我文化水平和学识境界的治学精神，就是教师为人师表、垂教示范的重要方式。因此她在"师风可学"的基础上郑重地、同时也是富有开创性地提出了"学风可师"的观点。"要做一辈子教师，一辈子学做教师。完善人格、提升思想、提升境界，锤炼感情，你的学风也是学生的榜样！"[2]为什么于漪老师能够出口成章，下笔成文？为什么她作为学生的教师能深受学生爱戴，作为教师的教师能深受教师的敬仰，放射出师性的光辉？答案可能是多方面的，但是不断学习，不断提高，始终让自己站立在教育文化的最前沿，在德性和智性等方面堪当重任、堪称人师，肯定是所有答案中非常重要的一个答案。五

---

[1] 引自于漪《岁月如歌》(上海教育出版社,2007.)

[2] 引自《于漪新世纪教育论丛·凝望》(广西教育出版社,2008.)

十多岁正当壮年时她怎样博览群书的,可以从那本文辞雅致、征引详备的《学海探珠》一书中略窥堂奥;即便如今已经耄耋高龄了,她仍然勤读不辍,凡是学术界有些影响的著述,大都逃不出她阅览学习的视野。前段时间,李泽厚的新书《中国哲学如何登场?》一面市,就在于漪老师的书案上出现了,并且书中凡是重要的观点,或是值得深思、富有启发的语句,都留下了她圈画点评的痕迹。怪不得于漪老师的语言能够具有"粘住人"的魔力,怪不得她的讲座总是令人百听不厌,因为她通过学习开通了一条能够引来源头活水的渠道,因为她总是能够为人们带来新的知识、新的思考。

现代教师要有教育魅力,非常重要的一点就是要永葆青春的"朝气",而不能呈现出衰老的"暮气"。学习就是永葆青春活力和朝气的重要法宝,而不愿学习,拒绝接受新知识,就会让人感到苍老衰朽、暮气沉沉。这种"朝气"或者"暮气",与年龄无关,而是一个教师的精神状态。有的教师尽管已经古稀耄耋,但是却从来不肯停下学习求知的脚步,让人感到他的生命中始终涌动着鲜活的生命力,散发着蓬勃的朝气,这样的教师,当然让受教者愿意亲近,受到感染;而有的教师呢?虽然年纪轻轻,但是却已经躺在"古久先生"的陈年账簿上了,张口闭口总是那些不知哪年哪月从哪位老先生那里贩卖过来的旧货,知识是旧的,观念是旧的,浑身散发着霉腐气息,这样的教师,又怎么能够让学生心生敬慕之情呢?又怎么能够激发人们向学乐学之心呢?这样的教师,当然也就不会具有什么教育魅力。

现在有不少教师抱怨没有时间学习,这确实是一个实际问题。当前教育面临的环境很复杂,日常教学要承受着巨大的升学压力,繁重的教学任务挤压掉教师不少可以用来学习充电的时间;经济社会的大背景在教师面前形成了许多诱惑,让人很难静下心来读书学习,钻研学问;文化的娱乐化、媒体的多元化也不可避免地对教师的文化学习带来一些冲击。其实换一个角度来思考,问题可能会更清楚一些。正因为情况就是这么复杂,所以教师才必须站在文化的高度来认识学习、加强学习。

比如说,如何处理繁重的教学任务、巨大的升学压力与学习求知之间的关系呢?有的教师总是埋头于繁重琐碎的教学事务中,被中考高考或其他各种考试牵着鼻子走,从早到晚疲于应付,教育教学工作捉襟见肘,当然就很难抽出余暇读书学习。可是站在教育文化的高度静下心来想一想,日常那么多繁重琐碎的教学事务,哪些是对学生的成长发展真正有教育意义的、必不可少的呢?中考也好,高考也罢,还有其他各种考试,从教育价值的角度考量,到底应该放在怎样的位置上才是正确的呢?这么一想,就不难发现,要解决好这些问题,还真是非得学习不可,只有读书学习,才能寻找到解决这些矛盾、协调这些矛盾的良策。如果不读书学习,教师就不仅不能改变没有时间读书学习的可怜处境,而且从某种意义上扮演了增加学生学习负担,挤压学生生命成长空间的不光彩角色,这样的教师,要想让学生倾心热爱,又怎么可能呢?反之,如果能够从文化的高度、从教育价值的高度看待学习,看待工作,通过学习不断更新观念,改进日常教学工作,使之贴近教育教学本质,符合教育教学规律,那么学生摆脱了繁重的课业负担,获得了生命成长的合理空间,在舒适的教育教学氛围里自由呼吸,教师自身也得到发展,价值得到体现,生命精神得到张扬,不复低头拉车的狼狈模样。一群富有朝气和活力的师生共同构成的美好的教育图画,怎不令人感到倾心向往,魅力四射!

再比如说娱乐文化和多元媒体,其实只要能够站在文化的高度来认识它们,就会发现这不仅不是阻挡教师读书学习道路的拦路虎,反而可以成为教育教学的重要资源,学习提高的重要途径。例如,怎样解读"周杰伦现象",可成为教师如何对待流行文化的重要参照。"周杰伦现象"是当下流行文化的一个典型代表,在中学生世界里有着极为广泛的影响力。刚开始,对于这种 RAP 风格的音乐形式,不少老师的态度基本是否定的。但当认识到周杰伦对中学生的巨大影响力后,就开始认真对待这一现象。经过深入了解,认识到,学生喜欢周杰伦是有原因的。对当前流行的文化现象,站在文化的高度,采取审视姿态,以理性的眼光,进行具体剖析,就可以发现不应采取一味否定、全盘抹杀的态度,其中有值得肯定的价值。首先是它的文化内涵。从《东风破》、《青花瓷》等歌曲的歌词中,发现这些作品并不是毫无内涵的苍白叫嚣,而是借助了许多颇富意蕴的古典文学意象来表达现代人的情感,从而符合了中国艺术含蓄蕴藉的审美传统。因此,它的表达不是脱离中国传统文化谱系的"无根"的艺术形式,而是建立在古典文化传统上的对现代人情感和情绪宣泄方式的一种新追求。尽管内容或有粗糙之处,有媚俗之态,但其艺术气质却不能一概否定。其次,老师应反对食古不化、因循守旧,而主张兼收并蓄、与时俱进。从周杰伦的歌曲中,发现了在文化多元、节奏加快的现代社会中,流行音乐融贯中西表达自我的一种努力。第三是他的创造力。"别人唱歌一学就会,周杰伦唱歌你学不会。"从学生朴素话语中,老师感受到了学生对周杰伦艺术创造力的肯定。文化总是在制约与创造的矛盾运动中不断发展的,没有制约,就脱离了传统;没有创造,就丧失了生命力。因此,有价值的文化形式和艺术作品,总归要包含着创作者的创新精神,而不是固守传统的因循守旧,或趋之若鹜,人云亦云。正是基于这样的认识,经过学习、思考,老师就能够以"拿来主义"的精神,将流行文化中的这些积极因素,吸收进当前教育教学的整体框架之中。这就是与时俱进的时代精神的具体体现。有了这种认识,就能"与学生的心弦对准音调",在人们纷纷感叹"两年就是一代人"的当今时代里,就能与学生沟通,丝毫没有代沟。可见在当前复杂多元的文化语境中从事教育教学,确实面临着许多困难。但是不管是谁,都不能妄想拔着头发离开地球,不能要求对身边世界熟视无睹。一味抱怨现实,无济于事;对现实文化生活中鱼龙混杂的现象一概接受,甚至沉迷其中,更是一种职业不作为的表现。关键是能不能站在文化的高度,用一双慧眼敏锐地发现并充分认识流行文化中的宝贵价值。至于电视、网络等媒体,只要运用得当,在当前的时代背景下,更是教师用来获取信息、提高学习的重要手段。

可见,学习是现代教师提升教育魅力的重要途径。关键不是应该不应该学习的问题,而是想不想学和应该怎样学的问题。作为一名现代教师,首先要志于学,要把学习作为基本的生命姿态,并且要养成终身学习的习惯。其次要会学,把广博的学习与精专的学习相结合。最重要的一点,就是要站在文化的高度上认识和规划自己的学习行为。

作为一名现代教师,要提升教育魅力,除了需学习文化知识外,还要学习他人的宝贵经验和先进事迹。我们发现,大凡那些具有教育魅力的优秀教师,他们心中总是矗立着一座座丰碑。在这些丰碑似的人物的激励和影响下,他们虚下心来,扑下身去,努力汲取他们的营养来丰富头脑,提升境界,净化心灵,提高技能,改进方法,优化策略。

于漪老师在她的文章、著作和演讲中经常提到鲁迅、苏步青、谢希德、西南联大的教授群体,尤其是闻一多先生。她充满深情地描绘出这样一幅场景,在一个破饭厅改造的教室里,闻一多先生站在中央,激情洋溢地讲授屈原的《九歌》:黄昏时分,从四面八方辐辏而来的鼓声近了,更近了,十分近了。神光照得天边通亮,满坛香烟缭绕……莘莘学子全神贯注。她说:"他教诗,哪里是语言啊,它是心里头喷射出来的岩浆!他的课同学们非常珍爱,他简直是用音乐一般的语言在上课的。为什么这些老师教课有如此的魅力?那就是因为他们人格高尚,学识渊博,他们的心里就是忧国忧民、为国为民,一辈子考虑的就是国家的兴衰、民族的存亡,他们是把自己所从事的教人的事业、育人的事业,和国运兴衰、民族存亡紧密地联系在一起的。"[1]正是因为心中有这些榜

---

① 引自《于漪新世纪教育论丛·凝望》(广西教育出版社,2008年版。)

样,她才凝聚起无穷的精神力量,不懈地追求完美的人格和真善美的境界。台湾作家刘墉说:"你可以一辈子不登山,但你心中一定要有座山。它使你总往高处爬,它使你总有个奋斗的方向,它使你任何一刻抬起头,都能看到自己的希望。"于漪老师正是把这些巍巍高山郑重地摆放在自己心中,把他们作为自己人生的高标来丈量自己。心里装着高山,然后坚实地行走,走着走着,她自己也就走成了一座巍峨峰峦。

许许多多具有教育魅力的现代教师,他们的成长经历告诉人们,树立榜样,向杰出人物学习,是教育教学取得成功的必由之路。成都市武侯中学校长李镇西老师、南通师范第二附属小学的李吉林老师等人,无一不是这样。

李镇西老师在《教有所思》中这样写道:"我在苏霍姆林斯基、陶行知、于漪、钱梦龙、魏书生等人的旗帜下,从这几位教育大师的教育思想中提取'人性'、'民主'、'个性'、'创造'等精神元素,开始走自己的路了——从教育浪漫主义到教育理想主义、变'语文教学'为'语文教育'、口语—思维训练、'语文生活化'与'生活语文化'、语文教育中人文精神的培养、班级管理从'人治'走向'法治'、充满爱心的人格教育、面向未来的民主教育……"他在陶行知墓前一连发出了六个"愧对您呀,先生!"既是对当前教育问题的反思,更是以陶行知先生作为一面镜子,来自我警醒、自我勉励和鞭策。从苏霍姆林斯基那里,他学习到了坚持"人性"、求真务实的教育作风。

在第二届全国教书育人楷模李吉林老师的成长之路上,江苏省原教育厅厅长、教育家吴天石是一个十分重要的人物。1958年,南通市教育局派李吉林到省教育厅教材编写室编写教学参考书,她利用这段时间向一些老前辈、老教师学习了不少宝贵的东西。当时的省教育厅厅长、教育家吴天石先生就给过李吉林许多指点。李吉林老师在回忆吴先生时动情地说,吴先生的教育风范仿佛把她带到了广阔而深远的海洋,那拍击岩岸的涌浪是那么诱人,吸引着她一次次地去搏击。

全国首届教书育人楷模姜伯驹老师是北京大学的数学教授。他的教育教学深受到广大学生的欢迎和好评。2003级的一位学生对姜伯驹院士课堂教学的评价说:"清晰且具有条理的板书和讲义,细致而又生动的讲授,深入浅出,易于理解,并且经常提出有趣的问题来激发我们的思考。"姜伯驹讲课严谨认真、循循善诱是有口皆碑的,有学生形容:"姜老师的课堪称完美。"姜教授的数学教育之所以能够赢得学生的交口盛赞,与姜伯驹的老师江泽涵先生给他的启发是分不开的。在上个世纪60年代,姜伯驹刚刚开始科研工作时,江泽涵先生给他出的问题,他往往很快就能算出来,可是江泽涵先生总是说看不懂，让姜伯驹回去再论证得透彻一点。如此七八个反复思考的过程，姜伯驹对问题的理解已和当初大大不同，包括"姜群"等很多成果也在反复思考的过程中逐渐获得。由此姜老师认识到，"直接告诉学生答案最简单，却不是最好的方法。应该让学生自己搞明白，哪怕是再多给一点启发，再多给一个台阶，这样才会培养学生独立思考的能力，让学生自己走上去并在思考中获得成就感。"这样的理念变成了姜伯驹在教学中始终秉持的信条。

从上述这些魅力教师的身上，我们不难发现，向前辈教师学习，向杰出人物学习，主要应该在三个方面下工夫。

首先，通过学习激发教书育人的使命感和责任感。从闻一多、鲁迅、苏步青等先生的身上，于漪老师充分认识到，做一名教师，并不是简单的传授知识，而是在承担着一份振兴民族、培育人才的沉甸甸的责任，从而在自己的心中点燃了一把熊熊燃烧的"让生命与使命同行"的火炬。李吉林老师向前辈教育家虚心学习，得益最多的也是内心热情的激发和生命精神的张扬。

其次，要学习杰出人物的教育思想，洞悉教育的真谛和规律。向优秀教师学习，向杰出教育家学习，并不是要成为第二个什么人，而是要把握他们的教育实践和教育思想的精髓，结合自身特点，发扬自我个性，成就真正属于自己的那一份魅力。正如李镇西所说："向优秀教师学习主要是学习其教育思想，而不是机械地照搬其方法；而且，其先进的教育思想也必须与自己的教育实际和教育个性相结合，只有这样才能将别人的精华融进自己的血肉。"①

再次，学习前辈教师的教育教学经验，要善于体会。除了理论化的著作或思想性的表述外，杰出教师留给人们的巨大财富更多的是教育教学的实践文本或真实叙事，这里往往没有理论，没有可以直接拿来宣讲的教育思想，但是正是这些实践文本和教育叙事，蕴含着比任何理论书籍更富有生命力和创生力的教育理论，渗透着比任何思想表述更鲜活、更耐人寻味的深刻思想，这就需要每一位教师在学习这些身边的或闻名的优秀教师事迹时，用心体会其之所以这样施教的良苦用心，否则就可能进入名山却一无所得，空留遗珠之憾了。

总之，向杰出教师学习，汲取榜样的力量，同样要提升到教育文化的高度，充分聚

---

① 引自李镇西《教有所思》(华东师范大学出版社，2003.)

焦,广泛学习,师其精神,弃其皮毛,将他们的精神和志趣化作自我教育生命的一部分,化作教育教学路途上的燃料,为自己的教育教学生涯增添永不枯竭的动力。

二、实践:直面教育的现场

近几年来,教育的不断发展和课程改革的不断深入,对教师素质,尤其是教师的学科素养和学术水平提出了越来越高的要求。我们看到,有很多有追求、有抱负的中小学教师,已经自觉地把"学者型教师"、"研究型教师"当作了自己的职业定位和角色转换目标;而在大学里呢? 一个教师,一旦功成名就,成为教授、博导(更不要说院士),就忙于主持课题,担任各种学术职务,最多就是带一带硕士或博士研究生,很少有谁会愿意给本科生(更不要说专科生)上课。而我们从那些富有教育魅力的教师身上,感受到的最耀眼的光芒,恰恰是实践的光芒,行动的光芒。不少特级教师之所以具有巨大的教育魅力,是因为他们始终将自己的根系深深扎在教育实践的沃土上。他们的学术建树,绝不是从理论出发,而是从实践出发,从丰富鲜活的教育教学的感性体验出发,分析,提炼,总结,升华,再回到教书育人的实践中,如此反反复复,复复反反,从经验上升到理论。对大学教师而言,"教书育人楷模"姜伯驹院士的话,可能对同样承担着教书育人职责的大中专院校的教师极具启示意义:"我首先是一名教师,其次才搞一些研究。作为一名大学教师,培养出一批杰出人才比自己取得一两项成果更有价值。"钱伟长先生离世前曾经留下这样一句话:"你不上课,就不是老师。"真是一语中的,掷地有声。

因此,教育魅力的修养与锻炼,无论是学术魅力还是人格魅力,无论是时代精神还是专业意识,归根结底要立足于教育教学实践,时时处处站在学生的立场上,才能生根发芽、孕育成长,同时也只有在实践的土壤中才能发挥它的教育价值和教化功能。一名教师就是一棵树,从成长过程来看,它只有把根须牢牢地、深深地扎进泥土里,吸收水分和养料,才能粗壮其树干,婆娑其冠盖,伸展开枝叶,遮蔽下浓阴,于是它就成了那一片地域的一处美丽的风景,几十棵几百棵乃至成千上万棵树连成一片,就可以防风固沙,改变气候,优化那片地域的生态,为成千上万棵幼小的树苗提供一个良好的生长环境。乍看起来,仿佛这片森林造福了一片水土,可是如果没有这一片哪怕原来有些贫薄的土地,这一棵一棵树木又怎能衍生出这片美丽的风景呢? 教师教育魅力的修养与锻炼如此,教育教学实践既是教师汲取养料,壮大精神,培育人格,积累学识的土壤,也是教师张扬魅力、体现价值的现场。怀着对教书育人事业执著追求的精神，不停行走，用心体验，教师的教育魅力就会像花儿一样绽放在路的左右。怪不得那些令人敬仰的教育大家总会对自己所从事的事业充满敬畏与感激之情。

为切实贯彻全国教育工作会议和《国家中长期教育改革和发展规划纲要（2010—2020 年）》，大力弘扬新时期人民教师的高尚师德师风，在全社会进一步营造尊师重教的良好风尚，从 2010 年开始，教育部联合中央主要媒体和教育媒体开展了"全国教书育人楷模"评选活动，至 2012 年已经评出三届。这些优秀教师的数不清的感人故事所蕴含的引人深思、激人奋进的精神力量，就像他们的人生经历一样，各不相同。但是作为"教书育人楷模"，他们又具有一种共同的精神，那就是实践精神。他们中有些人不见得从理性上充分认识到实践对一个教师人格、学识等各方面魅力形成的重要性，但是他们却都在各自的教育教学岗位上，用自己的一言一行，一颦一笑，一步步坚实地行走，讲述了一个个朴实无华而又恢弘壮丽的现代教师魅力故事，书写了一部鲜活而又隽永的现代教师魅力诗篇。他们就像希腊神话里的安泰俄斯，因为保持着与大地的接触，所以获取了无穷的力量。

实践精神，从学理层面来讲，是一个相当宏大的学术术语。它内在地包含了主体与客体、感性与理性、理论与实际的矛盾和统一。在这里，我们无意于对"实践精神"作学理上的探讨，只是想借用这一词语，强调教师在担负教书育人使命过程中行动的意义，强调在教师人格构成中脚踏实地的品质和育人为本的使命感的重要性。作为"全国教书育人楷模"的于漪老师曾经多次强调：教育的生命力在于教师的发展。那么我们从她以及所有魅力教师的先进事迹中，不难得出这一论断的后续命题：教师的教育魅力在于教育实践，在于与学生朝夕相处、春风化雨的过程中。

1. 爱心和责任心在撒播中闪光

湖南农业大学的石雪晖教授被广大学生和青年教师誉为"事业上的好伙伴，学业上的引路人，生活上的好妈妈"。在学生眼中，她是一位严师，事无巨细，言传身教。为了弟子们的学位论文试验，她从选题到试验取材，每一个环节都呕心沥血，殚精竭虑。一个博士生论文选题，她查阅各种资料，亲自找来有关博士论文八本、相关书籍十余本，从家里背到学校，看着那一本本厚厚的书籍，那位博士生被深深感动了，因为石老师背来的不仅仅是参考书，更是一份厚厚实实的爱。

她精彩演绎着自己的教师生涯，用一颗赤诚的心去铺就学生的成材之路，不仅解学生的学业之惑,还全心全意地解她们的思想、生活、人生之惑。她的一名硕士研究生的父亲因病早逝,过度悲伤的他始终走不出痛苦的阴霾,她看在眼里,疼在心头,但又担心当面劝慰可能会加重他的悲痛,不如发短信来抚平学生心头的创伤,当晚忙到十点的石老师戴起眼镜开始发短信。在学生做试验的时候,难免会遭受一些有毒气体和有毒试剂的侵害,她不厌其烦地提醒学生,当心身体,注意操作规程,小心防范。

2. 无私的品格在奉献中发扬

为了钟爱的教育事业,三十年的教学生活,身体残疾,腿脚不便的王生英老师二十年以校为家,从来没有误过学生一节课。每当大雨来袭,学生疏散回家时,为了不耽误孩子们的学习,她拖着残疾的腿,冒着不停的雨水,踏着泥泞打滑的山路,挨家挨户到每个学生家里上课、辅导、批改作业。二十多天里,不管雨有多大、风有多急,她每天坚持跑遍全村,决不落下一个孩子。多少个夜晚给学生补课回来,在山间小道上跋涉,道路漆黑,没有灯火,经常被摔得鼻青脸肿。但这些没有动摇她的决心,长时间的摸爬滚打,她竟能在崎岖的山道行走自如了。当暴雨冲垮了她们赖以学习、生活的教室,学校坍塌成一片废墟的时候,她费尽千辛万苦建立起家庭学校,过着以家为校的日子。在这样的日子里,为了给学生创造良好的学习生活环境,她们一家人节衣缩食,除了偿还欠下的外债,省下的钱不是给学生购买录音机、磁带,就是给他们添置学习用品。学生们的衣服脏了她给洗;学生们冷了,她给添加衣服、做棉门帘。孩子们就像生活在自己的家里一样,她就像他们的母亲。为了表示感谢,学生和乡亲们常常把家里的米、面、油、鸡蛋送到她家,她把礼物一一退回,因为她办学没有任何所图,图的就是让孩子们好好学习。

3. 恪尽职守的精神在坚守中凝聚

为了"一个都不能少"的目标,在"生命禁区的禁区"上,西藏日喀则地区仲巴县仁多乡完小校长普琼创造了"控辍保学"的奇迹。为了不让学生中途辍学,他带头实行24小时值班制度,经常半夜起来查看学生宿舍,多次独自外出追回辍学学生。仁多乡没有一条真正意义的路,路途远,路况差,其中的困难非常人可以想象。露宿草地、忍冻挨饿,对他来说已经是家常便饭。有一次,仁多乡的一个学生离开学校回家,说不想上学了,普琼借了辆摩托车连夜去追。由于路况差,刚离开乡所在地不远,摩托车就坏了。普琼不得不走路去追。十几里的山路,普琼硬是一个人连夜赶到学生家中,水都来不及喝,就认真做学生家长的思想工作。他又是讲法,又是讲身边的事实,几个小时下来，固执的学生家长终于被感动了，同意送孩子入学。正是靠着这种精神，仁多乡这个本来控辍保学难度最大的乡，如今已经是全县学生到位情况最好，巩固率最高的乡。超负荷的工作，不规律的作息，使得年轻的他身患多种疾病。有一次，他身患肾结石，不得不请假去看病。当时，县教育局考虑他工作以来从来没因私事请过假，再加上病情严重，因此给他批假两个月。但不到一个月，他就归校了。问他原因，憨厚的他嘿嘿一笑，只有一句话："想孩子们了。"是啊！在他眼里，所有的学生都是他的孩子。他也正是凭着对学生无限的爱，才能十几年如一日地坚守在"生命禁区"的讲台上。

4. 精益求精的品质在钻研中提升

天津市电子计算机职业中等专业学校徐英杰老师爱他的专业，爱他的学生，钟情于职业教育。他不断更新自己的专业知识，及时调整课程设置和教学内容。这些年，他每天的工作时间都有十几个小时，废寝忘食穿梭于大大小小的图书馆，如饥似渴地汲取新知识，大量订阅专业报刊，探寻最前沿的理论和研究成果。正是这种刻苦钻研、喜欢"琢磨"的精神，让他在工作中体验到了幸福与快乐。他教学中创造性地选择组织教学内容、设计教学过程，课堂教学具有明显的灵活性、开放性、综合性、实践性的特点。同一门课程，在不同的班级，他讲课的侧重点都有所不同：有的侧重于原理讲解，有的侧重于指导实践，目的只有一个，就是让学生学有所获。职业学校学生的实践技能水平，关系到他们的就业前途。培养什么技能，如何提高学生的技能水平，是徐英杰反复琢磨的问题。他提出以用人单位要求为目标重排课程的思路，组织科研人员编写了多门实训课校本教材，并组建特长班，将"并行线形授课方式"改为"串行模块化授课方式"；他不辞辛苦指导学生为学校维修计算机、建设新机房、维护学校的网络系统，提高学生的动手能力，并为学校节省了数十万元。他教过的毕业生成了用人单位的抢手人才。正是这种在实践中不断探索的精神，让他在业务上日益纯熟，他的研究成果多次在市及全国获奖；他的课获天津市职业高中优秀课评选一等奖；他制定的《计算机应用与软件技术专业仪器设备配备标准》，成为该专业实训基地建设的部颁标准。

当然，强调教师的实践精神，并不是否定中小学教师对"学者型教师"或者"研究型教师"的价值追求，也不是呼吁大中专院校的教师放松对自己的科研要求。"学高为师，身正为范"，要承担起教书育人的重任，教师当然要在学术上令人信服，否则怎么能为人师表呢？尤其对于中小学教师而言，多一些学者的气质，多一些研究的意识，对于淡化教育的功利色彩,提高教育教学的效率,确实大有裨益,也是极具现实意义的。我们要说的是,在"学者化"、"研究型"的角色转化过程中,一定要清醒地认识到教师工作的"田野"特点。

教书育人,就是"田野性"的工作,教师必须时时刻刻在教育的"现场",用心,用情,用力,用智,乃至于用血汗和生命,去培土,育苗,保墒,去抗拒风雨雷霆,在这一过程中,教师内心的爱心、责任心、奉献精神和进取的热情,会在不断的价值实现的满足感和快乐感中得到进一步的激发,这是一个张扬教育魅力的过程,也是修养和锻炼教育魅力的过程。《中庸》说:"道也者,不可须臾离也,可离非道也。"①用在现代教师教育魅力的自我修养与锻炼上,也同样具有启发意义。只有时刻立足于教育的田野上,教育魅力才能得到培育与彰显,从这个意义上来说,"体道"与"扬道"是须臾不可分的。普琼"控辍保学"的雪原长路,王生英的"家庭学校"和"学校家庭",吴邵萍的"以爱写成的教材",姜伯驹的办公室里的黑板,既是对教师工作"田野性"的最好的诠释,也是教师自我教育魅力培育的绝佳范本。

凡是"田野性"的工作,不管是"耕耘"、还是"研究",至关重要的就是现场意识。教师承担着教书育人的责任,就应当认识到,"教书"的"现场"在课堂上,"育人"的"现场"在学生的生命中。因此,教师的教育魅力,必须绽放在课堂之上,潜入到学生的生命之中。一个能够把课堂变成学生生命培育场的教师,才是真正具有教育魅力的教师,一个能够把学生的生命质量放在自己生命的杠杆上去撬动提升的教师,才是真正具有教育魅力的教师。"书"和"人","课堂"和"学生"永远是教师实践的起点和归宿,研究也好,学术也罢,教师的人格和智慧全在于此。

当前,教师专业化发展已经成为教育发展的必然要求,强调在实践中凝聚并彰显教师的教育魅力,对避免教师——尤其是中小学教师——的学院化倾向具有十分重要的现实意义。为此,现代教师一定要具有"草根意识"。"草根",并非指教师的社会地位,而是指教师发展的实践定位。只有把根牢牢地扎在教育实践的沃土中,才能不断培育自己的德行和智性,提升学术水平,感受时代潮音,将这实践的成果向内转化为教师自身的职业素养、教育气质、精神境界和生命底色,向外转化为对学生的吸引力和影响力,让现代教师的教育魅力铺展成一片美丽的教育图景。

---

① 引自朱熹《四书章句集注》(上海书店影印出版,1987.)

三、思考：提升教育的境界

《论语》中有一句名言："学而不思则罔，思而不学则殆。"现代教师教育魅力的修养与锻炼，同样要把思索与学习、思索与实践有机结合起来，这样才能不断提升教育教学的境界。这种教育教学境界的提升，一方面表现为对教育教学认识的深化，通过思索，触及教育和教学本质层面，对其功能和价值形成更为清醒、更为本真的理解，从而自身的教育教学实践方向更明确；另一方面表现为使教育教学行为符合目的性和规律性，从而使教育教学从自发走向自觉，教育教学的效果和效率也就得到了保证。事实证明，只有入耳入心的教育教学行为才能够具有实效，只有作用于心灵的话语和行动，才能够真正得到学生的认可。因此，思索应该成为一名现代教师的重要的生活方式。苏格拉底曾经说过："未经省察的人生是不值得活的。"其实，就教师这一特定职业而言，这句话同样有道理，那就是"未经思索的教育是不值得做的"。

毋庸讳言，现代社会教育生态不够理想，一方面，经济社会的高度繁荣固然为人们提供了相对富足的物质生活条件，但同时也带来了诸如功利至上、物欲泛滥等不利因素；另一方面，改革开放局面下的文化交流，固然让人们的视野不再局限在狭小的天地里，各种教育话语蜂拥而入，给人们提供了无限多的选择的可能，但同时却又在某种程度上导致了自我话语的迷失和本真思考的缺位。

1935年"一二·九"运动中，北平学生高呼"华北之大放不下一张安静的书桌"，现在也有很多有识之士不无忧虑地感叹："偌大中国，还有多少人愿意寂寞地思考？"细细想来，实际上并不是什么耸人听闻的怪论。一些大学教授热衷于从西方引进介绍这个流派的主张或那个流派的理念，仿佛自己就是当年的玄奘从西天取来了真经似的，至于这些所谓的"真经"是不是合乎国情，却缺乏深入的研究和论证。很多教师往往迷信这些从西方舶来的教育教学理论，仿佛那就是放之四海而皆准的教育教学准则。岂不知，当年印度佛教传到中国，经由僧肇、道生、玄奘、慧能等一大批有真知灼见的佛学大师做了大量的扎扎实实的"本土化"工作，才催生了具有中国文化特色的汉传佛教。这对我们如何正确对待和运用西方教育教学理论，无疑是很有借鉴意义的。

现在有些教师抱怨，生活负担很重，工作压力很大，家庭的负担迫使教师不能不考虑经济收入，学生、家长和学校领导对升学率的看重，让教师不能不把考试分数放在首要的地位优先考虑。同时，现代生活的丰富多彩，也很难要求教师做精神生活的修道士和物质生活上的苦行僧。平心而论,这些问题确实是客观存在的。正是在这诸多因素的影响下,很多教师往往难以静下心来细细思索所从事工作的价值和规律,用心探究教育教学工作的有效方法和途径。但是,换一个角度考虑,正是现实存在着这些问题,才更需要教师挺立起主体精神,来对抗现实中的这些压力。作为知识分子,如果放弃了思索的权利,屈从于现实的压力,在当前的时代背景下,往往会使教育教学工作陷入一个怪圈:想寻求教师职业生活的幸福,但内心却总是焦虑不安,精神压力很大,工作状态很差,缺乏幸福体验;想追求优异的教学效果,至少能够拿出让学生家长和学校领导满意的好看的分数,但往往教学成绩也很难有质的提高。一个缺乏幸福体验的教师,是不可能将幸福感传递给学生的。长此以往,教师对教育教学工作的厌烦情绪就会潜滋暗长,即便非常努力,也只是把它当做一份谋生的职业而已,很难以饱满的精神、忘我的心态、科学的态度投入到教育教学工作中来。这样的教师,怎么能够感染学生,让学生充分感受到属于自己的那一份教育魅力呢? 大量的事例证明,凡是那些富有教育魅力的教师,没有一个是把教育教学当成纯粹谋生的手段,没有一个富有魅力的教师,屈从于现实的压力,放弃了思索的权利。他们总是把教育教学当成生活的一部分,乃至自己的生命形式,出于对这一生命的热爱,也就是对教育教学工作的热爱,他们总是认真思考,用心体会,不断求索,因而他们的人生就充满了幸福体验。因为教育事业是启人心智、美化心灵、滋润生命的事业,在用心滴灌学生生命的路途上他们且行且思,因此一路上不仅桃李芬芳,而且自己也成为对生命有深刻领会和感悟的人,成为有人生大智慧的人。这样的教师,能不美丽吗? 这样的教师,能不通身散发着教育的魅力吗?

作为一名现代教师,在思考求索的道路上应努力探求教育教学的本源和真谛。北京市十一学校语文特级教师史建筑用“超越与回归”概括自己的教育教学求索历程:立足课堂,超越课堂,回归课堂;立足学科,超越学科,回归学科;立足教学,超越教学,回归教学。初为人师时,他只想站稳讲台,驾驭好课堂,因此特别留意教学技巧和课堂细节,很少关注理论性文章。他整理、摘抄、复印的教学实录多达 300 节。在经历了一些沟沟坎坎之后,他把思索的触角伸向每一堂课,渐渐意识到,课堂只是师生集中交往的有限时空,要想引领学生自主建构,探究创新,仅凭课堂是远远不够的,必须立足课堂,超越课堂,让学生学会自我规划,自我调控,独立操作,相互合作,科学评价,自省反思,为此,他几年甚至十几年不懈探索,摸索出一整套行之有效的方法。经过探索和思考,他充分认识到："当一位教师超越了教学，站在教育的高度来审视一个个有意义的教育现象时，他思考与实践的境界就大不相同了。他会关注知识所承载的文化与精神；他会怀着敬畏之心对待每一个生命个体；他会把心交给学生，让学生因为他的存在而感到幸福；他会立足当下，着眼未来，为学生的一生负责。"[①]

史建筑老师出生于20世纪70年代，与绝大多数教师一样，成长于改革开放的新形势下，同样面临着诸多的困惑与压力，但是他在教育教学之路上通过思考和探索，消除了压力，不断寻找问题的答案，于是道路越走越宽阔，心灵越走越敞亮。广东省潮州市潮安县浮洋镇六联小学的丁有宽老师曾经的处境、承受的压力，可能是当前的中青年教师所难以想象的。他历经半个世纪的风风雨雨，吃过很多苦，受到过不公待遇，甚至身陷逆境。尽管挫折不断，坎坷不断，他却始终以惊人的毅力和坚定的信念，耕耘不辍，追求不懈，调查研究，分析交流，思索总结，努力探求教育教学的方法与途径，攀登教育教学的高峰。

1957年深秋的一天，正在致力于推进农村教学改革的丁有宽因为说了几句真心话，被打成"右派"。一夜之间，他被剥夺了向孩子们传授知识的权利，被戴上"右派"帽子从课堂赶到了采石场。每天，他都要挑十余次200斤重的石头。身体本来就孱弱的丁有宽被累得多次吐血。就是在这样的艰难困苦中，每天晚上，劳累了一天的丁有宽都借着微弱的灯光，总结自己的教学实践，最终撰写出了《班集体形成三个阶段》一文，整理出70多个教育故事，汇集成了一本小册子《教育顽童拾叶》。为了使自己在劳改前实践了六年的教改实验不致中断，他建议原本教数学的妻子改教语文，继续他的教学改革。执著的信念支撑着丁有宽在艰难的"反右"中挺了过来。但是，丁有宽没想到，更大的磨难再次降临。"叛徒"、"特务"、"未改造好的右派分子"、"修正主义教育黑干将"、"童心母爱资产阶级黑榜样"……"文革"的急风暴雨，再次将他打入苦难的深渊。在那十多年的艰难岁月中，丁有宽为了教改事业，走过了坎坷、曲折的路，尝尽了人间苦难，付出了血与泪的代价，他从来没有停止过思考，从来没有停下过探索的脚步。他探索和提炼了"没有爱就没有教育"、"面向全体，偏爱差生"等教育思想，完成了"读写结合"的初试阶段和过渡阶段的实验，先后转变20个乱班为先进班，转化了几百名后进生为优秀生，总结出"练好记叙文的17个基本功"和"寻美作文，练文炼人"的经

---

① 张鹏举.史建筑.超越与回归——与史建筑老师对话.语文教学通讯,2012(28)

验,撰写了几十万字的教学札记。他提出了"面向全体,培优扶差,以优带差,以差促优,拉动中间,共同进步"的"四全"教育(全标教育、全员教育、全程教育、全力教育),概括出差生"六好"(好动、好新、好奇、好仿、好问、好胜)的心理特点和八种性格类型(激动型、外向型、内向型、随波型、变异型、顽童型、弱智型、综合型),总结出了"挖掘闪光点,扶持起步点,抓住反复点,促进飞跃点"的转化差生教育流程。

丁有宽老师说:"我的幸福,就是一辈子当好一名农村小学教师。"朴实的话语,却蕴含着深刻的道理。要想"当好",就要思考、探索、研究、实干,只是一味苦干蛮干傻干,是"当不好"农村小学教师的;只有"当好"了教师,才能够享受到幸福的体验,而要做到这一个"好"字,就非得思考不可,非得探索不可。不思考,就不可能认清方向,不探索就不可能开辟出通向成功的道路。

北京大学附属中学数学特级教师张思明出生晚,年纪轻,没有经历丁老师那么多苦难和挫折,但与丁老师一样,他的教育魅力同样与他的思考和求索精神密不可分。他回忆说:"在我成长的过程中,有一批非常出色的老师对我影响很大。我在首师大学习的最大收获是在遇到问题时学会了去琢磨别人想了什么办法。我认为,学生最大的收获是怎样从开始时提出很'傻'的问题到最后能提出很深刻的问题;是善于观察自己觉得没有问题时,别人是怎样提出问题的;是敢于对老师的教学质疑等。这些对我以后的教学影响特别大。"这种在平等、民主的氛围中学习、思考、碰撞而养成的批判性的思维方式和不满足于现状的进取精神,推动着张思明不断地在学习和工作中探索、进取。在去日本学习时,日本人处处流露出的优越感让张思明深有感触:只有教育才能真正使我们强大起来。在美国学习参观时,张思明发现,中国学生都很聪明,学习成绩也很好,可是在工作中却出不了最好的成绩。于是,他开始反思传统的教育观念及教育方法,努力尝试改变陈旧的机械灌输的教学方法,在课堂上为学生积极创设可激发探索欲和创造欲的问题环境。同时,他大胆地在中学数学教学中渗透数学建模的思想和方法,着力培养学生的数学应用意识和创造能力。他带领学生深入生活,让学生们感受数学与我们无时无刻不在发生着关系。张思明的这些探索收获了可喜的教育效果,他的学生由衷地说:"当我们凭自己的知识和智慧成功地解决了一个实际问题时,我们的喜悦心情绝对不亚于得第一、拿满分。张老师让我们体会到了数学的魅力与学以致用的乐趣。"在这令人惊喜的变化中,张思明也同他的学生一起收获了一份份令人瞩目的成绩,他先后被授予"中学数学特级教师"、"全国优秀教师"称号,荣获"苏步青数学教育奖"一等奖、胡楚南优秀教学成果奖,成为享受国家津贴的专家。在永不满足的教与学中,张思明说:"我不企盼每个学生都成为数学家,但如果通过我的教学,能使我的学生有一种在生活和学习中应用数学去思维的观念和习惯,那他们将终生受益无穷。"

在语文教学界,上海市洋泾中学的李海林喜欢思考、勤于思考、善于思考是出了名的。他刚参加工作不到一年,就被校长安排担任高三的教学任务,一教就是八年。在承担繁重的教学任务的同时,李海林并没有匍匐在高考模拟试卷的操练、分析与讲评中,而是深入思考语文学科和语文教学存在的一些现实问题。针对当时工具论盛行的现状,他就想:语文课堂上讲这么多主谓宾定状补、开头结尾、承上启下,真的有用吗?针对有人大讲特讲语文教学的思想性,把语文课上成政治课或文学课,他就想:语文教学的本质属性和核心任务到底是什么?经过深入的思考和系统的清理,他认识到,语文教学存在的问题是整体的、深层次的。他循着自己设定的研究路向认真深入地思考,广泛阅读语言心理学、语用学、语境学、语体、语感和交际语言学等方面的著作,总结梳理前人宝贵的教学思想和教学经验,逐渐形成了自己以"言语教学"为核心的语文教学主张:以语用为目标,以言语为内容,以语感为核心,以活动为主线的语文教学新思维。在他的课堂里,除了语法、语式、语词这些概念,更多的是语境、语体、语势、语气、语调、语群、语义等新内容。多年的思考和实践,李海林不仅发表了一系列关于语感论和言语教学的文章,出版了引起一定反响的专著,而且,他在中学和高校的课堂上所勾勒的语文和语文教学的美丽图景,也成了许多学生时常回味的美好记忆。

反思,是现代教师修养与锻炼教育魅力不可或缺的重要方式,在这方面程红兵老师给我们很多启示。

程红兵注重反思、善于反思,对教育教学的事实层面、价值层面、方法层面的全方位有深度的反思,是他之所以能够成为中青代魅力教师中的佼佼者的重要原因。他的文章,他的著作,他的课堂教学,他的报告和讲座,总能带给人们新的认识,引发人们对教育教学的思考。有一位听过他讲座的教师这样写道:"程院长围绕我们教师日常工作中时时面对的备课、上课、测试、评价等教学工作,娓娓道来,层层剖析,让我们在领略名师之风范、赞叹大家之才华的同时,感悟到教学工作的深邃与神圣。联想自己的教学工作,程红兵院长的报告犹如在我这静潭之水中投进了小石,顿时泛起了漪涟,激活了我平静的心绪,触动我在今后的教学行为中,积极批判自己,按程院长所创导的扎实、充实、丰实、平实、真实的好课标准去攀登。在今后的教学工作中,我要找到教师反思中存在问题的主要原因,明确教育教学反思的内容,探求教育教学反思的方式、方法。从而真正提高语文教师教学反思的有效性,更好地促进教育、教学工作的开展。"翻开他的新著《直面教育现场》就会发现,他对教育教学,尤其是语文教学的反思涉及方方面面,反思语文教学,反思教育价值观,反思中学教育和大学教育,反思课堂教学,反思语文教学的科学化主张,反思教学评价,反思学校管理与学校建设,反思教师发展,反思中国德育。正是在这种不断反思的过程,他的思想更深刻了,他的行动更自觉了,他的吐纳时代教育教学风云的胸襟更开阔了,他教学和办学的实践更接近教育本质,更具有独特魅力了。

这种对教育教学的反思是全方位的,既包括课堂细节,又包括教育大局;既包括具体操作层面,又包括功能价值层面;既包括教育教学工作的不断完善,又包括教师主体生命的自我实现。这种全方位的富有深度的反思告诉每一位教师,教育教学工作无处不可以反思,无时不可以反思。只有反思,才能让教师超越平庸,实现突破,走向卓越;只有反思才能发现问题,认识不足,向更高的目标努力。一个总是不断拷问自己,不断自我鞭策,不断追求卓越的教师,总是在不断完善自我的过程中完成教书育人的使命。这样的教师,一定是与时俱进的教师;这样的教师,一定是富有感召力、影响力和强大人格力量的教师;这样的教师,一定是对教育教学有真知灼见的教师;这样的教师,一定是有生命质感的教师;总之一句话,这样的教师,一定是具有巨大教育魅力的现代教师。

不信东风唤不回

　　被誉为"人类灵魂工程师"的教师，曾是社会的绝对正面代表。然而时至今日，教师的这份荣耀却遭遇到了前所未有的挑战：学生对教师的抱怨、家长对教师的失望、社会对教师的指责已不时见诸报端。中国教师的素质果真发生了全面退化？不尽然。现象背后的事实是，在资讯多样和价值多元的今天，教师权威的树立已不再轻而易举，社会对教师的信任也不再自然而然。此乃全球化与信息化并进时代的特征，也是当今教师无可回避的时境。那么，今天的青年教师究竟该学做什么样的教师，到底怎样学做教师？面对这关涉一代青年教师成长的重大问题，于漪老师主编的《教育魅力》做出了很好的回答。

　　《教育魅力》由"时代呼唤现代教师具有教育魅力"导入，从全面分析世界、中国、上海社会经济、科技、教育发展的态势入手，指出纷繁世相下育人仍是教师不变的使命，阐明开拓创新和潜心研究实为当代教师担当育人使命、彰显教育魅力所必备的职业志趣。当然，《教育魅力》并非一部纯粹思辨推演的作品，它以先秦至清末的史实为经，以当代国内外研究文献为纬，向读者展示了教师教育魅力究竟为何与何为的宏大画面。更难能可贵的是，《教育魅力》的作者采用问卷的方法，就教师教育魅力对学生和家长开展调查，并通过数据分析揭示当下问题，剖析其中原因，提出相关建议，由此为阐释"现代教师教育魅力基本构成"、"现代教师教育魅力的功能价值"、"现代教师教育魅力的彰显形式"和"现代教师教育魅力的修养锻炼"奠定了实证性依据，从而使教师追求教育魅力之路显得更为可信、可行与可能。从这一意义上说，《教育魅力》不仅是引领青年教师穿越职业迷茫学做什么样教师的教科书，而且更是教会青年教师怎样学做教师的专业指南。

　　法国社会学巨擘爱弥儿·涂尔干（Emile Durkheim）曾说过："理念是不能通过立法的形式就变成现实的；它们必须由那些担负着实现理念的职责的人去理解，去珍视，去追求。"衷心希望读过本书的青年教师,能对教育的真义有更深的理解,对教育的日常有更多的珍视,对自己的职业生涯有更高的追求。倘如此,社会对教师信任的重建之日怎会遥远? 倘如此,"人类灵魂工程师"的荣耀岂能不再?

　　不信东风唤不回!

冯大鸣

华东师范大学教师专业发展中心副主任(执行)

教育学博士,教育管理学教授、博士生导师

二〇一三年五月一日

附录　教师教育魅力研究项目问卷

一、学生问卷

同学:你好!

　　本问卷是教师教育魅力项目研究的一部分,旨在了解学生对教师教育魅力的看法及现状。这份问卷的答案没有对错之分,你的回答只要与你自己的情况相符就行。本问卷仅用于教育教学研究,不作其他用途。你所有的回答都会保密。

　　衷心感谢你的支持与合作!

教师教育魅力项目组

2012 年 5 月

说明:没有特别的说明,请只选择一项打勾。

1. 你是女生还是男生?

　　A. 男　　　　　　　　B. 女

2. 在家你通常与谁一起生活?

　　A. 父母　　　　　　　B. 兄弟姐妹　　　　　C. 祖父母、外祖父母　　　D. 其他人

3. 你的家里有下面哪种车?

　　A. 汽车　　　　　　　B. 摩托车　　　　　　C. 自行车　　　　　　　　D. 都没有

4. 你的父亲或母亲的学历是?

　　A. 大学以上　　　　　B. 大专　　　　　　　C. 中专　　　　　　　　　D. 高中

　　E. 初中　　　　　　　F. 小学

5. 你的家庭成员中从事教师职业的是:

　　A. 母亲　　　　　　　B. 父亲　　　　　　　C. 父亲和母亲

　　D. 祖父母或外祖父母　　　　　　　　　　　E. 没有

6. 你的学校所在地是郊区还是中心城区?

    A. 中心城区   B. 远郊   C. 近郊

7. 你目前就读的学段是:

    A. 小学   B. 初中   C. 高中

8. 你是学校或班级的干部吗?

    A. 是   B. 不是

9. 作为学生,你认为最重要的品格是:

    A. 诚信   B. 责任   C. 合作   D. 善良

    E. 乐于助人

10. 你对你自己的现状满意吗?

    A. 很满意   B. 比较满意   C. 不太满意   D. 很不满意

11. 你是否同意教师职业是受人尊敬的职业?

    A. 完全同意   B. 基本同意   C. 基本不同意   D. 完全不同意

12. 你认为哪个学科的教师最有魅力?

    A. 语文   B. 数学   C. 英语   D. 历史

    E. 地理   F. 物理   G. 化学   H. 科学

    I. 思想政治   J. 生命科学   K. 劳动技术   L. 信息科技

    M. 其他

13. 教师在课堂上常说的一句话(类似的话)是:

    A. 你怎么这么简单的问题也不懂!

    B. 作业忘记带了?你早饭为什么没有忘记吃?

    C. 既然你在下面那么会讲,那我下去你上来讲!上来呀!怎么又不上来了!?

    D. 你出来!不要耗着浪费大家的时间!

    E. 昨天刚讲的问题!我今天倒要看看要插多少支"蜡烛"(指回答不出问题而站着的人)

    F. 上课像条虫,下课像条龙!

    G. 不错,你的表现很好,继续努力!

    H. 老师欣赏你的勇气,回答很精彩!

14. 一个好教师最吸引你的方面是:

    A. 人格魅力   B. 师爱   C. 学识魅力   D. 形象魅力

15. 你最想对老师说的一句话是:

    A. 谢谢你老师!是你教会了我知识和做人的道理。

B. 求求你老师，让我过了吧。

C. 老师，你咋那么烦呢？

D. 真想不到，你也配做老师。

16. 你喜欢或接受你的老师吗？

  A. 很喜欢   B. 喜欢   C. 不喜欢   D. 很不喜欢

17. 你对你现在的老师关爱学生方面的表现：

  A. 满意   B. 很满意   C. 不满意   D. 很不满意

18. 你认为教师把在日常生活和工作中产生的不良情绪带到课堂上了吗？

  A. 经常会   B. 有时会   C. 一般不会   D. 不会

19. 老师经常会表扬怎样的学生？ （只能选 1 项）

  A. 成绩优秀的学生   B. 善于表现自己的学生   C. 父母有钱有权的学生

  D. 有进步的学生   E. 与老师关系好的学生

20. 你和老师的关系是：

  A. 很融洽   B. 较融洽   C. 不太融洽   D. 不融洽

21. 课余时间，你希望你的老师为你做些什么？ （只能选 1 项）

  A. 多和学生交流，了解学生的想法。

  B. 多给学生一些课外知识，并帮助学生把所学的知识用于生活。

  C. 放下老师的架子，和学生打成一片，成为学生真正的朋友。

  D. 多组织集体活动，开阔学生的视野。

22. 有一位老师，他（她）的教学经验丰富，但是他（她）的脾气不好，经常会对学生发脾气，面对这样的
　　老师你会怎么想？ （只能选 1 项）

  A. 害怕见他（她），想尽量避开他（她）。

  B. 无所谓，上他（她）的课时还是很积极。

  C. 讨厌这样的老师，希望不要上他（她）的课。

  D. 上他（她）的课时会提心吊胆，怕受到批评。

23. 在你的心目中，老师是什么样的地位：（只能选 1 项）

  A. 很神圣，非常值得尊敬   B. 一般，只是一种工作而已

  C. 厌恶，道貌岸然，口是心非   D. 痛恨，误人子弟，耽误我们的大好青春

24. 你如何看待老师收个别学生礼金的行为：（只能选 1 项）

  A. 可以理解，毕竟大家都不容易   B. 非常厌恶，这种老师没有师德

  C. 予以举报，有关部门应该严惩   D. 无所谓，见多了

以下为多选题

25. 你心目中有魅力(吸引力)的教师应具备的条件是:(最多选3项)

    A. 教学认真   B. 和蔼可亲   C. 教学方法好   D. 富有责任感

    E. 了解学生心理   F. 尊重学生   G. 热心帮助学生   H. 人格高尚

    I. 有学问   J. 幽默风趣   K. 形象好

26. 你认为有魅力的教师在道德方面应具有的素养是:(最多选3项)

    A. 爱岗敬业   B. 乐于助人   C. 大公无私   D. 鞠躬尽瘁

    E. 任劳任怨   F. 淡泊名利   G. 真诚守信   H. 一视同仁

    I. 循循善诱   J. 作风正派   K. 甘于奉献   L. 以身作则

27. 你认为一个有魅力的教师在对待学生方面应具有的素养是:(最多选3项)

    A. 宽容   B. 呵护   C. 严厉   D. 宠爱

    E. 等待唤醒学生   F. 激励   G. 给学生尊严   H. 信任

    I. 理解

28. 你认为一个有魅力的教师在学识方面应具有的素养是:(最多选3项)

    A. 丰富的本学科知识   B. 娴熟的教学技巧和方法

    C. 兴趣广泛,勤于学习   D. 不断进取,开拓创新

    E. 了解学生认知、身心发展特点   F. 有智慧

    G. 有组织能力   H. 重视发展学生智力

29. 你认为一个有魅力的教师在形象方面的体现是:(最多选3项)

    A. 衣着大方,整洁得体   B. 语言规范健康   C. 良好仪表

    D. 和蔼可亲,平易近人   E. 有幽默感   F. 性格开朗

    G. 年轻漂亮   H. 很精神

30. 你校教师经常会表扬怎样的学生?(最多选3项)

    A. 成绩优秀的学生   B. 善于表现自己的学生   C. 父母有钱有权的学生

    D. 有进步的学生   E. 与教师关系好的学生   F. 长相好看的学生

    G. 比较乖巧的学生

31. 你认为教师应扮演什么角色?(最多选2项)

    A. 朋友和知己   B. 知识的传授者   C. 模仿的榜样

    D. 家长的代理人   E. 研究者   F. 引导者

32. 你认为一个好教师的人格魅力是:(最多选3项)

    A. 友善的态度   B. 尊重课堂内每一个人   C. 耐心

D. 兴趣广泛   E. 良好的仪表   F. 公正

G. 幽默感   H. 良好的品性   I. 对学生的关注

J. 坦率   K. 宽容   L. 有方法

33. 你认为以下教师身上哪种情形对你的影响最大？（最多选 3 项）

A. 丰富的知识   B. 敬业态度   C. 优秀品质   D. 治学态度

E. 思想品德   F. 人格魅力   G. 精神风貌   H. 气质

34. 你喜欢什么样的老师：（最多选 3 项）

A. 有爱心   B. 有上进心   C. 有责任心   D. 有智慧

E. 有高尚的师德   F. 学识渊博   G. 善良   H. 慈爱

35. 你最喜欢下列哪种类型的师生关系：（最多选 2 项）

A. 平等的善待每一个学生

B. 不会因为学习成绩的好坏与家庭背景的不同高看或歧视某些学生

C. 胸怀博大，容得下性格脾气各不相同、兴趣爱好互有差异的学生

D. 是学生的良师，也是慈爱的长者，更是学生的知心朋友

E. 不仅关注学生的学业成绩，也关心学生的思想品德与行为习惯，关注学生的喜怒哀乐

36. 请你选出下列言行举止中你的老师曾有的行为：（最多选 2 项）

A. 在课堂上挠头弄发、挖耳朵、抠鼻孔、提裤子等

B. 随地丢垃圾

C. 坐着讲课

D. 上课时随意走出教室干其他事情

E. 扔学生的作业本

F. 斜视学生

G. 随意叫学生干这干那

H. 看到学生有一点不好的行为就发脾气

37. 你认为你现在的老师，普遍具有的缺点是：（最多选 2 项）

A. 形象欠佳   B. 教学方法欠缺   C. 沟通能力弱   D. 教学水平差

E. 变相体罚学生   F. 整体素养差   G. 道德品质差   H. 其他

以下为高中生回答

38. 你在多大程度上同意或不同意下列关于你们学校教师的说法？

序号	内　容	非常不同意	不同意	同意	非常同意
(1)	我和大部分教师相处得都很好。				
(2)	大部分教师关心我的健康成长。				
(3)	大部分教师都会认真听我要讲的话。				
(4)	当我需要额外帮助时,教师就会帮我。				
(5)	大部分教师对我很公平。				

39. 你的课上发生下列事情的频率是多少?

序号	内　容	没有或几乎没有	在有些课上	在大部分课上	在所有课上
(1)	学生不听教师在讲什么。				
(2)	有吵闹声和捣乱。				
(3)	教师要等很长时间才能让学生安静下来。				
(4)	学生在上课后很长时间仍然不开始学习。				
(5)	教师会提出鼓励学生积极参与的问题。				

40. 你在多大程度上同意或不同意下列关于你们学校教师的说法?

序号	内　容	非常不同意	不同意	同意	非常同意
(1)	责任心强,教学认真。				
(2)	既教书又育人,以自身的榜样影响学生。				
(3)	关心爱护学生,有亲和力,师生关系融洽。				
(4)	关注学生心灵,对学生教育具有艺术性。				
(5)	能调动学生学习积极性和激发兴趣,促进学生自主学习。				
(6)	课堂教学气氛活跃且不空泛,教学内容扎实且对学生适切。				
(7)	知识面广,能引导和帮助学生解决学习中产生的问题。				
(8)	对学生个体学习指导针对性强,有效程度高。				
(9)	科学选择和处理学习内容,精选习题,不搞题海战术。				

续　表

序号	内　　容	非常 不同意	不同意	同意	非常 同意
(10)	备课充分,善于创设恰当的学习环境和问题情景。				
(11)	恰当有效地运用现代教学技术、实验手段和学习资源。				
(12)	关爱每一名学生,尊重学生人格,平等公正对待学生。				
(13)	保护学生安全,关心学生健康,维护学生权益。				
(14)	能让课堂上充满了欢乐,让学生轻松愉快地接受知识。				
(15)	乐观向上,热情开朗,有亲和力。				
(16)	善于自我调节情绪,保持平和心态,不乱发脾气。				
(17)	注重培育学生的主动精神,鼓励学生的创造性思维。				
(18)	主动与学生家长联系,认真听取意见和建议,取得支持与配合。				
(19)	自尊自律,以身示范,以人格魅力和学识魅力教育感染学生。				
(20)	对学生有耐心,循循善诱,诲人不倦,因材施教。				
(21)	教师积极向上,有进取心,没有职业懈怠。				
(22)	培养学生良好品行,不以分数作为评价学生的唯一标准。				
(23)	不对任何学生有偏见,对男女生、优差生一视同仁。				
(24)	善于抓住学生的闪光点而激励他上进,鼓励学生,扬长避短。				
(25)	愿意与学生交朋友,与学生经常进行交流,学生乐于把自己的真心话对他们说。				
(26)	具有良好的师生关系,普遍受到学生、家长的喜爱。				
(27)	严于律己,作风正派,以身作则,注重身教,廉洁奉公。自觉抵制有偿家教。				
(28)	有广博的知识,在授课时旁征博引,让学生有兴趣、长见识。				
(29)	敢于在教学中独辟蹊径,用全新的风格授课。				

续　表

序号	内　容	非常 不同意	不同意	同意	非常 同意
(30)	仪态大方,为人师表,衣着得体、整洁,举止文明礼貌。				
(31)	漂亮、潇洒、充满时代气息,已经成为学生的偶像,学生因此会爱上这门功课。				
(32)	关心学生成长进步,帮助学生树立信心。				
(33)	不讽刺、挖苦、歧视学生,不体罚或变相体罚学生。				
(34)	尊重个体差异,主动了解和满足中学生的不同需要。				
(35)	信任学生,积极创造条件,促进学生的自主发展。				
(36)	课堂教学有激情,激发学生的求知欲和好奇心,培养学生学习兴趣和爱好,营造自由探索、勇于创新的氛围。				
(37)	能熟练掌握学科的知识体系,了解最新的学术动态。				
(38)	具备多方面的知识储备,具有广泛的兴趣爱好。				
(39)	在教学活动中表情丰富,善于利用手势、身体姿态等肢体语言。				
(40)	勇于批评与自我批评,敢于承担责任,说到做到。				

二、家长问卷

尊敬的家长:

　　您好!

　　对学生的教育与培养是学校与家庭共同致力的一项工程。教师教育魅力对于学生成长有着密切关系。为使您的孩子更加健康地成长,请您在百忙之中完成这份问卷。本问卷仅用于教育教学研究,不作其他用途。您所有的回答都会保密。

　　衷心感谢您的支持与合作!

教师教育魅力项目组
2012 年 5 月

说明:没有特别的说明,请只选择一项打勾。

1. 您是学生的父亲还是母亲?

    A. 父亲　　　　　　　　　B. 母亲

2. 您的学历是?

    A. 大学以上　　　　　B. 大专　　　　　　　C. 中专　　　　　　　D. 高中

    E. 初中

3. 您的住所是郊区还是中心城区?

    A. 中心城区　　　　　B. 远郊　　　　　　　C. 近郊

4. 您的孩子目前就读的学段是:

    A. 小学　　　　　　　B. 初中　　　　　　　C. 高中

5. 您认为教师职业是受人尊敬的职业吗?

    A. 完全同意　　　　　B. 基本同意　　　　　C. 基本不同意　　　　D. 完全不同意

6. 一个好教师最吸引您的方面是:

    A. 人格魅力　　　　　B. 师爱　　　　　　　C. 学识魅力　　　　　D. 形象魅力

7. 您喜欢或接受您的孩子的老师吗?

    A. 很喜欢　　　　　　B. 喜欢　　　　　　　C. 不喜欢　　　　　　D. 很不喜欢

8. 您和老师的关系是:

    A. 很融洽　　　　　　B. 较融洽　　　　　　C. 不太融洽　　　　　D. 不融洽

9. 在您的心目中,老师有什么样的地位:(只能选 1 项)

    A. 很神圣,非常值得尊敬　　　　　　　　B. 一般,只是一种工作而已

    C. 厌恶,道貌岸然,口是心非　　　　　　　D. 痛恨,误人子弟,耽误孩子的大好青春

10. 您如何看待老师收个别学生礼金的行为:(只能选 1 项)

    A. 可以理解,毕竟大家都不容易　　　　　B. 非常厌恶,这种老师没有师德

    C. 予以举报,有关部门应该严惩　　　　　D. 无所谓,见多了

11. 您心目中有魅力(吸引力)的教师应具备的条件是:(最多选 3 项)

    A. 教学认真　　　　　B. 和蔼可亲　　　　　C. 教学方法好　　　　D. 富有责任感

    E. 了解学生心理　　　F. 尊重学生　　　　　G. 热心帮助学生　　　H. 人格高尚

    I. 有学问　　　　　　J. 幽默风趣　　　　　K. 形象好

12. 您认为有魅力的教师在道德方面应具有的素养是:(最多选 3 项)

    A. 爱岗敬业　　　　　B. 乐于助人　　　　　C. 大公无私　　　　　D. 鞠躬尽瘁

    E. 任劳任怨　　　　　F. 淡泊名利　　　　　G. 真诚守信　　　　　H. 一视同仁

I. 循循善诱   J. 作风正派   K. 甘于奉献   L. 以身作则

13. 您认为一个有魅力的教师在对待学生方面应具有的素养是:(最多选3项)

     A. 宽容   B. 呵护   C. 严厉   D. 宠爱

     E. 等待唤醒学生   F. 激励   G. 给学生尊严   H. 信任

     I. 理解

14. 您认为一个有魅力的教师在学识方面应具有的素养是:(最多选3项)

     A. 丰富的本学科知识   B. 娴熟的教学技巧和方法

     C. 兴趣广泛,勤于学习   D. 不断进取,开拓创新

     E. 了解学生认知、身心发展特点   F. 有智慧

     G. 有组织能力   H. 重视发展学生智力

15. 您认为一个有魅力的教师在形象方面的体现是:(最多选3项)

     A. 衣着大方,整洁得体   B. 语言规范健康   C. 良好仪表

     D. 和蔼可亲,平易近人   E. 有幽默感   F. 性格开朗

     G. 年轻漂亮   H. 很精神

16. 您认为一个好教师的人格魅力是:(最多选3项)

     A. 友善的态度   B. 尊重课堂内每一个人   C. 耐心

     D. 兴趣广泛   E. 良好的仪表   F. 公正

     G. 幽默感   H. 良好的品性   I. 对学生的关注

     J. 坦率   K. 宽容   L. 有方法

17. 您喜欢什么样的老师:(最多选3项)

     A. 有爱心   B. 有上进心   C. 有责任心   D. 有智慧

     E. 有高尚的师德   F. 学识渊博   G. 善良   H. 慈爱

18. 您最喜欢下列哪种类型的师生关系:(最多选2项)

     A. 平等的善待每一个学生

     B. 不会因为学习成绩的好坏与家庭背景的不同高看或歧视某些学生

     C. 胸怀博大,容得下性格脾气各不相同、兴趣爱好互有差异的学生

     D. 是学生的良师,也是慈爱的长者,更是学生的知心朋友

     E. 不仅关注学生的学业成绩,也关心学生的思想品德与行为习惯,关注学生的喜怒哀乐

19. 您认为现今老师普遍具有的缺点是:(最多选2项)

     A. 形象欠佳   B. 教学方法欠缺   C. 沟通能力弱   D. 教学水平差

     E. 变相体罚学生   F. 整体素养差   G. 道德品质差   H. 其他

20. 您在多大程度上同意或不同意下列关于教师的说法？

序号	内　容	非常不同意	不同意	同意	非常同意
（1）	责任心强，教学认真。				
（2）	既教书又育人，以自身的榜样影响学生。				
（3）	关心爱护学生，有亲和力，师生关系融洽。				
（4）	关注学生心灵，对学生教育具有艺术性。				
（5）	知识面广，能引导和帮助学生解决学习中产生的问题。				
（6）	关爱每一名学生，尊重学生人格，平等公正对待学生。				
（7）	保护学生安全，关心学生健康，维护学生权益。				
（8）	主动与学生家长联系，认真听取意见和建议，取得支持与配合。				
（9）	自尊自律，以身示范，以人格魅力和学识魅力教育感染学生。				
（10）	对学生有耐心，循循善诱，诲人不倦，因材施教。				
（11）	教师积极向上，有进取心，没有职业懈怠。				
（12）	严于律己，作风正派，以身作则，注重身教，廉洁奉公。自觉抵制有偿家教。				
（13）	不讽刺、挖苦、歧视学生，不体罚或变相体罚学生。				
（14）	尊重个体差异，主动了解和满足中学生的不同需要。				
（15）	信任学生，积极创造条件，促进学生的自主发展。